Gabriele Waste

Hans Hermann Kardinal Groër:

Realität und Mythos

Bildnachweise

S. 2 (s.o.) von einem Erinnerungs-/Gedächtnisbild (farbig)
S. 16 *profil* (Karikatur von Deix) (sw)
S. 19 IDU-Bild (sw)
S. 34 Archiv „Der 13." (farbig)
S. 46 eigenes Foto d. Hg. (farbig)
S. 85 IDU-Bild (sw)
S. 146 eigenes Foto d. Hg. (farbig)
S. 147 eigenes Foto d. Hg. (farbig)

Gabriele Waste

Hans Hermann Kardinal Groër:

Realität und Mythos

Verlag Kardinal-von-Galen-Kreis e.V.

Bibliographische Information Der Deutschen Bibliothek

Die Deutsche Bibliothek verzeichnet diese Publikation in der
Deutschen Nationalbibliographie, detaillierte bibliographische Daten
sind im Internet über http://dnb.ddb.de abrufbar

ISBN 978-3-9812187-8-7

© Verlag: Kardinal-von-Galen-Kreis e.V.
www.kvgk.de

Alle Rechte vorbehalten. Das Werk einschließlich seiner Teile ist urheberrechtlich geschützt. Jede Verwertung außerhalb der engen Grenzen des Urheberrechtsgesetzes ist ohne Zustimmung des Verlages unzulässig und strafbar. Das gilt insbesondere für Vervielfältigungen, Übersetzungen, Mikroverfilmungen und die Einspeicherung in elektronische Systeme.

Herstellung:
Books on Demand GmbH
NORDERSTEDT

Inhalt

Vorwort 7
1. Die Causa Groër: ein Mythos als Symbol
 eines Kirchenkampfes 9
2. Die Realhistorie 11
2.1. Innerkirchliche Situation in Österreich zur Zeit der Bischofsernennung von P. Hans Hermann Groër: Extreme Linksorientierung
2.2. Bischofsernennung und Bischofsweihe (1986):
 Zeichen des Widerspruchs
2.3. Das Wirken von Kardinal Groër als Erzbischof:
 eine Ära der Pastoral und der „Re-Spiritualisierung"
2.4. Die Medienkampagnen (1995 und 1998):
 Initiatoren einer „Re-Säkularisierung"
2.4.1. Die Kampagne von 1995: ein künstlicher „Karfreitag" im Zeichen von „Reformbestrebungen"
2.4.2. Die Kampagne von 1998: die völlige Isolierung Kardinal Groërs als Vollendung der „Reform"
2.5. Die Zeit nach dem Tod von Kardinal Groër (24. März 2003):
 Festschreibung eines Mythos
3. Das Realprinzip: Die Unschuldsvermutung und
 ihre erhärtenden Faktoren 47
3.1. Rechtliche Aspekte
3.1.1. Fehlende Zeugen und Beweise für die Aussagen der Ankläger
3.1.2. Entlastende Aussagen zum allgemeinen menschlichen Verhalten von Kardinal Groër
3.2. Personbezogene Aspekte
4. Der Mythisierungsprozess als progressiv-verzerrte
 Darstellung der Realität 67
4.1. Der rechtliche Freiraum durch latente Unterminierung der Unschuldsvermutung
4.2. Die Legende vom „schweigenden Kardinal"
 und die Umkehr der Beweislast
4.3. Die innerkirchliche Ausgrenzung
 und Vorverurteilung von Kardinal Groër
4.4. Die definitive Verurteilung von Kardinal Groër
 außerhalb des Rechtswegs

5. Die Mechanismen der Mythisierung:
   Begriffsverdrehung und Beichtsiegel   84
5.1. Die Begriffsverdrehung: Angriff auf die Morallehre der Kirche
   unter dem Vorwand der Bekämpfung sexuellen Missbrauchs
5.1.1. Die dialektische Großstruktur der Medienkampagne:
   Multi-Perspektivik von *profil* (27.3.95) und
   Begriffsverdrehung durch Josef Hartmann
5.1.2. Die Unstimmigkeiten der weiteren Anschuldigungen
   und deren kirchenpolitische Instrumentalisierung
5.1.3. Die „Göttweiger Revolte": Verdichtung des Angriffs auf
   die kirchliche Morallehre
5.2. Die Bindung Kardinal Groërs durch das Beichtsiegel
5.2.1. Der Fall Josef Hartmann: verwischte Grenzen der Beichte
   kombiniert mit Begriffsverdrehung
5.2.2. Gesteuerte Verdrehung und Instrumentalisierung des
   Beichtsiegels?
6. Die symbolische Bedeutung der Causa Groër   114
6.1. Der Symbolbegriff und seine Anwendung in der Causa Groër
6.2. Der Mechanismus der symbolischen Bedeutung:
   Negierung der kognitiven Dissonanz
6.3. Die Symbolebenen der Causa Groër
6.3.1. Die Grundlage der Symboldeutung:
   nominalistische Umkehr der Wirklichkeit
6.3.2. Die unterste Symbolebene:
   Die Projektionen Josef Hartmanns und der übrigen Ankläger
6.3.3. Die mittlere Symbolebene: Säkularisierungsbestrebungen
   der Kirche durch bestimmte Interessengruppen
6.3.3.1. Die Reaktionen aus dem politischen Umfeld
6.3.3.2. Das Kirchenvolksbegehren und seine Forderungen
6.3.4. Die oberste Symbolebene: Anteil der österreichischen Bischöfe an
   der Säkularisierung des Kirchenbildes
Zeittafel   147
Anhänge: Neue Kronen-Zeitung und Schreiben der Chefredaktion   166
   Dokumentation zum Fall Josef Hartmann   169
   Eidesstattliche Erklärungen   184
   Kondolenztelegramm des Papstes und Trauerbrief   192
Literaturverzeichnis   194
Nachwort   197

Vorwort des Herausgebers

Dieses Buch bringt Ereignisse zur Sprache, die den Vorgängen in St. Pölten zeitlich vorausliegen. Was schon für den Skandal in St. Pölten galt: „Der Wahrheit die Ehre!", gilt für den an den Pranger gestellten Hans Hermann Kardinal Groër noch viel mehr. Die Art der Verfolgung führte schließlich zu seiner Eliminierung und Vernichtung, daher drängt sich unwillkürlich die Vorstellung einer Hinrichtung auf. Auf das Schicksal dieses exzellenten Kirchenmannes paßt der Auszug aus dem Buch der Weisheit, der eigentlich eine prophetische Vorausschau auf den Tod Jesu ist:

> Laßt uns dem Gerechten nachstellen, denn er ist uns unbequem. Er tritt unserem Treiben entgegen; er klagt uns der Gesetzesübertretung an und macht uns zum Vorwurf, daß wir uns gegen die Zucht verfehlen. ... Er ist für uns eine Anklage unserer Gesinnung; schon sein Anblick ist uns lästig. Denn sein Lebenswandel weicht von dem des andern ab, und ungewöhnlich sind seine Wege. ... Durch Höhnen und Mißhandlung wollen wir ihn prüfen, damit wir seine Sanftmut kennenlernen und seine Geduld erproben. Zu schimpflichem Tod wollen wir ihn verurteilen; denn nach seinen Worten wird ihm Gottes Schutz zuteil. (Weish 2,12.14-15.19-20; zitiert nach der Herder-Bibel, [7]1965)

Hier bewahrheitet sich, was Jesus seinen Jüngern angekündigt hat: Haben sie mich verfolgt, werden sie auch euch verfolgen (Joh 15,20).
Die Vorgänge um Kardinal Groër konnten nur anhand des reichhaltigen Pressematerials untersucht werden, das der tüchtige, leider zwischenzeitlich verstorbene Martin Humer gesammelt hatte. Dafür sei ihm noch posthum inniger Dank gesagt!
Und es bedurfte einer Fachkraft, die dieses reichhaltige Material mit wissenschaftlichen Methoden, aber allgemeinverständlich aufarbeitete. Frau Dr. Gabriele Waste, die Kommunikationswissenschaft studiert und ihr Studium mit der Promotion in diesem Fachbereich abgeschlossen hat, hat mit ungeheurem Fleiß viele mit Presseveröffentlichungen zur „Causa Groër" gefüllte Ordner gesichtet und herausgefiltert, was an Widersprüchen, Halbwahrheiten und offensichtlichen Verdrehungen hinsichtlich der Person des Kardinals darin enthalten war. Die Autorin hat aus dem gesammelten Material erarbeiten können, dass die Unstim-

migkeiten sowohl in den Behauptungen des Hauptanklägers Josef Hartmann als auch im gesamten *profil*-Artikel, der die Kampagne gegen Kardinal Groër auslöste, weder von den übrigen Medien noch innerkirchlich jemals zur Sprache gebracht wurden.

Nur so konnte sie eruieren, daß man mit einem regelrechten Spitzelsystem ausgelotet hat, wie Kardinal Groër „fertiggemacht" werden konnte. Es ist symptomatisch für unsere Zeit, daß man sich des Beichtgeheimnisses bediente, um ihn mundtot zu machen.

Wer der in diesem Buch dargestellten Realität etwas entgegensetzen möchte, kann nur mit wissenschaftlichen Methoden antworten.

Daß Kardinal Groër einmal rehabilitiert werden könnte und würde, hat wohl nach seinem nach langem Krebsleiden erlittenen Tod niemand wirklich angenommen. Er selbst hat dies noch vor seinem Tod im Gespräch mit einem französischen Bischof angedeutet, der Ähnliches wie er selbst erlitten hat. Aber es war ihm klar, daß die Rehabilitierung erst nach seinem Tode erfolgen würde. Vor jeder menschlichen Rehabilitierung erfolgt die himmlische: Dafür zeugen bis Sommer 2012 23 Danktafeln seitwärts seines Grabes im Kloster Marienfeld in Maria Roggendorf, die erste auf den Tag genau 3 Monate nach seinem Tod, also am 24. Juni 2003, die letzte im Jahre 2012. Wir haben einige Bilder in diesem Buch dokumentiert.

Als Hilfe zur leichteren Übersicht bietet sich die Zeittafel an. Da sich die Ereignisse um die Verleumdung Kardinal Groërs über einen längeren Zeitraum hinziehen, haben wir wichtige Entwicklungspunkte in der Zeittafel **fett** hervorgehoben.

Obwohl Kleingedrucktes (Fußnoten!) häufig gerne überlesen wird, ist zu empfehlen, diese wegen darin enthaltener zusätzlicher Informationen nicht pauschal zu übergehen.

24. März 2013
Am zehnten Jahrestag des Todes von Hans Hermann Kardinal Groër

Kardinal-von-Galen-Kreis e.V.
Reinhard Dörner

Gabriele Waste

Hans Hermann Kardinal Groër: Realität und Mythos

1. Die Causa Groër: ein Mythos als Symbol eines Kirchenkampfes

Wenn sich Anschuldigungen nicht beweisen lassen und die realen Gegebenheiten nicht mehr zu ermitteln sind, so muss die Unschuldsvermutung als einzig rechtsverwertbare Grundlage für die Entscheidung einer Causa herangezogen werden. Dieses Prinzip gilt in allen Rechtsstaaten und funktionierenden Rechtssystemen.
Kirchenintern gab es in Österreich in den letzten Jahrzehnten zwei Fälle, in denen das Festhalten an der Unschuldsvermutung aufs gröbste verletzt wurde: die sog. „Causa Groër" und die damit unter gewissen Aspekten in ursächlichem Zusammenhang stehende „Causa St. Pölten". In der letzteren Causa konnten aber einstweilen die realen Ereignisse zum Großteil rekonstruiert werden. Die Weltöffentlichkeit war zuvor, im Jahre 2004, mit Meldungen über vorgebliche Skandale im Priesterseminar von Bischof Kurt Krenn konfrontiert, ja nahezu bombardiert worden. Die österreichischen Bischöfe drängten daraufhin auf eine Apostolische Visitation, die mit dem erzwungenen Rücktritt von Bischof Krenn endete. Die Wirklichkeit, die inzwischen anhand von Zeugenaussagen, Protokollen und Zeitungsberichten rekonstruiert werden konnte, sieht aber anders aus: Kirchliche Würdenträger selbst hatten die Presse mit „Skandalmeldungen" beliefert.
Diese mediale Konstruktion unter Mitwirkung einiger österreichischer Bischöfe, im Buch *Der Wahrheit die Ehre* zur Causa St. Pölten als gut begründete These formuliert, wird erhärtet durch die Aussage des „Kronzeugen" dieser Causa, Remigius Rabiega, bei seiner Einvernahme vor dem Linzer Landesgericht für Strafsachen in der Causa Dr. Alexander Pytlik gegen die Albert Engelmann GmbH am 10. Januar 2011:

Ich habe die Affäre im Priesterseminar aufgezeigt. Ich habe mich mit anderen Bischöfen beraten, die haben es nach Rom getragen. Wir haben es auch über die Medien versucht, und es gab einen Artikel im *profil*.[1]

Auf die diesbezügliche Frage des Richters nach den Informanten nannte Rabiega unter anderen Kardinal Christoph Schönborn, Weihbischof Heinrich Fasching und den damaligen Weihbischof von Wien und jetzigen Diözesanbischof von Linz, Dr. Ludwig Schwarz. Derselbe „Zeuge", Rabiega, hatte allerdings seinerzeit bei seiner Zeugeneinvernahme im Medienprozess der ehemaligen Seminarleiter von St. Pölten, Prälat Ulrich Küchl und Dr. Wolfgang Rothe, gegen das Boulevardblatt *profil* zugegeben, niemals eine homosexuelle Szene im Seminar gesehen zu haben.[2]
Schon anhand dieser Aussagen Rabiegas lässt sich das Prinzip des Verleumdungsfeldzuges gegen Bischof Krenn und die Leiter seines Priesterseminars erkennen: Mehrdeutige Indizien, Halbwahrheiten, aus dem Kontext gerissene Bilder und Aussagen werden an die Medien weitergeleitet, von diesen zu Wahrheiten hochstilisiert und mit der Aufschrift „Skandal" versehen. Die Berufung auf den vorgeblichen Skandal war also nur vordergründig. In Wirklichkeit hatte die Medienkampagne ein ganz anderes Ziel: die Säkularisierung der Kirche, die letztlich auf die Zerstörung der Kirche, ihrer Traditionen und ihrer Struktur hinausläuft. Diese Zielsetzung der Medienkampagne lässt sich anhand der Entwicklung in der Gesamtkirche Österreichs seit 2004, also seit dem erzwungenen Rücktritt Bischof Krenns, immer klarer nachweisen.
Diese Absicht, nämlich die Säkularisierung der Kirche, profiliert sich in der sogenannten „Causa Groër" schon von Anfang an, und zwar bereits in den Medienberichten zur Bischofsernennung des Benediktinerpaters Dr. Hans Hermann Groër. In dieser Causa gibt es wegen der zeitlichen Distanz zu den behaupteten Vorwürfen bis heute keinerlei An-

---

[1] Diese am 10.1.2011 im Landesgericht Linz getätigte Aussage Rabiegas ist protokolliert unter AZ 24 Hv 66/10a. - Vgl. auch *Kleine Zeitung* vom 22. Januar 2005, 3: „Enttäuschung. - Mit der Sexaffäre im Priesterseminar von St. Pölten erfuhr Schönborn, wie schwer es sein kann, in Rom etwas durchzusetzen, was aus der Nähe betrachtet nur zu selbstverständlich war, nämlich die Absetzung von Bischof Krenn. Der Kardinal verhehlte seine Enttäuschung darüber nicht, wie zögernd und spät der Vatikan seinem Drängen auf die Abberufung Krenns nachgab."
[2] Die zitierte Aussage Rabiegas, nie eine homosexuelle Szene gesehen zu haben, wurde im Landesgericht Wien am 2.12.2004 unter der AZ 095 Hv 96/04 i protokolliert. Eine ähnliche Aussage tätigte Rabiega aber bereits am 9.9.2004 im Landesgericht St. Pölten unter der AZ 17 Ur 235/04 m.

haltspunkte für einen möglichen Beweis, im Unterschied zur Causa St. Pölten, wo Schein-Beweise und Schein-Argumente im Zuge der Medienanalysen erst entkräftet werden mussten. Die Unschuldsvermutung als einzig rechtsverwertbares Prinzip hat daher in der Causa Groër noch größeres Gewicht und mangels Beweisen bis heute Geltung und lässt sich zudem durch Faktoren rechtlicher wie personbezogener Art erhärten. Wegen der fehlenden Anhaltspunkte für die gegen den Kardinal vorgebrachten Anschuldigungen hat aber die gesamte Causa a priori eine symbolische, d.h. über sich selbst hinausweisende Bedeutung: Sie erweist sich zunehmend als Symbol eines Kampfes, den ein ganzes System in der Kirche und gegen die Kirche führt.
Die symbolische Verdichtung ist zudem mangels realer Anhaltspunkte so ausgeprägt, dass die Causa Groër zunehmend die Form eines Mythos im Sinne einer nicht mehr hinterfragbaren Größe annimmt, deren generative Mechanismen und symbolischer Gehalt sich jedoch aus heutiger Sicht rekonstruieren lassen.[3]
Wegen ihrer ursächlichen Verbundenheit mit der Causa St. Pölten wird in den folgenden Analysen auch auf strukturale Ähnlichkeiten der beiden Medienkampagnen verwiesen: Beide Male tritt der gleiche Hauptkläger auf, nämlich Kardinal Christoph Schönborn, und in beiden Fällen publiziert das gleiche Medium, das kirchenkritische Boulevardmagazin *profil*, Enthüllungen über vorgebliche Skandale. Es ist daher nicht verwunderlich, dass sich die Entsprechungen der beiden Fälle auf allen Ebenen und sogar bis in den Bereich der Wortwahl hinein feststellen lassen.

2. Die Realhistorie

Die Medienkampagne gegen Kardinal Groër ist in ihren kausalen Zusammenhängen nur vor dem Hintergrund der innerkirchlichen Strömungen und der Gesamtlage der Kirche zur Zeit seiner Bischofsernennung zu verstehen. In der geschichtlichen Rückschau wird klar, dass Kardinal Groër von Anfang an keine Chance hatte, sich gegen den Lob-

---

[3] Der Terminus „Mythos" bezeichnet im folgenden den Versuch, „Moralisches, Existentielles […] in Symbolen zu gestalten". Daher geht es auch nicht um die Mythenrezeption bzw. Deutung des Stoffes, sondern im Sinne der modernen Mythenforschung um die Erklärung der Entstehung dieses Mythos als einer Größe, deren bestimmendes Element die Ausschaltung der rationalen Ebene bzw. die „Synthese von Imagination und Reflexion" darstellt. Vgl. Eberhard Täschler: „Mythos". In: METZLER LITERATURLEXIKON.

byismus der kirchenkritischen Presse und deren Hintermänner durchzusetzen.

In der folgenden Darstellung der realhistorischen Ereignisse, die dem Verständnis der Causa Groër dienen, werden einzelne Ereignisse oft mehrmals aus komplementären Perspektiven erwähnt. Die entsprechenden Medienberichte werden jeweils dort zitiert, wo es für den Gesamtzusammenhang sinnvoll erscheint.

2.1. Innerkirchliche Situation zur Zeit der Bischofsernennung von P. Hans Hermann Groër: extreme Linksorientierung

Zehn Monate vergingen zwischen der Annahme des Rücktrittsgesuchs von Kardinal Dr. Franz König, Erzbischof von Wien (16. September 1985), und der Ernennung des Benediktinerpaters Dr. Hans Hermann Groër zu seinem Nachfolger (16. Juli 1986). Schon allein diese relativ lange Zeitspanne lässt vermuten, dass der Heilige Stuhl einen Kurswechsel in der Leitung der Erzdiözese Wien wünschte.

Kardinal König, von bestimmten innerkirchlichen Gruppierungen und vor allem den Linksparteien in Österreich sehr geachtet, wurde über seinen Tod hinaus zu einer Symbolfigur des Dialogs und der Versöhnung hochstilisiert. Noch beim Gedenken an seinen 100. Geburtstag im Jahre 2005 wurde der am 13. März 2004 Verstorbene als leuchtender „Funke Gottes" gerühmt, der sich überall bemüht habe, „das Gemeinsame zu finden". Diese Lobsprüche sind verständlich angesichts seiner Präferenzen, nämlich „Ökumene, Dialog mit den Weltreligionen [und] die Einheit Europas"[4]. Es ist deshalb nicht verwunderlich, dass seine Persönlichkeit auch in liberalen und freidenkerischen Kreisen in hohen Ehren stand.[5] Das kirchenfeindliche Boulevardblatt *news* bezeichnete

---

[4] *Kirchenzeitung der Diözese Linz*, 28.7.2005, 7. – In ähnlicher Weise äußerte sich Bischof Dr. Klaus Küng bei der Gedenkmesse zum 100. Geburtstag von Kardinal König: „... Knüpfung ökumenischer Beziehungen, aber auch seine Offenheit für neue seelsorgliche Ansätze, Initiativen und Einrichtungen [...]" (vgl. *Kirche Bunt*, 32/2005, 3). – Zur Vorliebe des Kardinals für Ökumene folgendes Detail (*Kronenzeitung* vom 3. Juli 2005, 53): „Der Dalai-Lama hatte im Gästezimmer des Erzbischöflichen Palais übernachtet. Von seinem Hofstaat war ausbedungen worden, dass er ein fabriksneues Leintuch bekommt. Kardinal König erfüllte ihm natürlich diesen Wunsch." – Zur Sexualmagie als Prinzip des tantrischen Buddhismus vgl. das aufschlussreiche Buch von Bruno Waldvogel-Frei, *Das Lächeln des Dalai Lama... und was dahinter steckt*. Witten ²2008.

[5] Vgl. http://www.swanksigns.org/mythen-und-irrtuemer-ueber-die-freimaurer.htm (Stand vom 19.1.2013): „Erst 1970 kam es auf Initiative des Wiener Erzbischofs Kardinal Franz König zu einem ersten vorsichtigen Dialog zwischen den Freimaurern und der katholischen Kirche, der

ihn als „moralisches Gewissen" und betrauerte seinen Tod als „Verlust des Vorbilds": „Es sind vor allem Sozialdemokraten, die das ausgleichend-staatspolitische Wirken Königs akzentuiert würdigen".[6] Viele glaubenstreue Katholiken hingegen gingen auf kritische Distanz zu seiner Person. Denn sein Wirken als Bischof stand im Zeichen dessen, was man in diesen Kreisen als „**Irrtum der ‚Äquidistanz'** und des ‚**Dialogs'** sowie die **Anpassung an Strukturen des Unrechts**"[7] bezeichnete.

So wurde unter seiner Amtszeit u.a. von den Bischöfen die sog. Maria-Troster-Erklärung (22. September 1968) herausgegeben, deren „bedauerliche Inkonsequenz" nach den Worten von Bischof Krenn im Versuch bestand, „ein irrendes und im Widerspruch zur Lehre der Kirche stehendes Gewissen als rechtes Gewissen dennoch zuzulassen und ihm eine gewisse allgemeine und objektive Gültigkeit zuzugestehen"[8]. Königs vorgebliche Äquidistanz zu allen politischen Parteien, gepaart mit dem sog. „historischen Kompromiss" zwischen ihm und dem damaligen sozialistischen Bundeskanzler Bruno Kreisky, sprengte das Bündnis zwischen Kirche und christlich-sozialer Partei (ÖVP) und verhalf den Sozialisten zu jenem entscheidenden Wahlsieg, der die Einführung der Fristenlösung am 23. Januar 1974 ermöglichte. Später kritisierte Kardinal König zwar das Abtreibungsgesetz, das er allerdings zuvor leicht hätte verhindern können.[9] Doch diese Kritik war offensichtlich nur vordergründig; denn ansonsten hätte er wohl kaum wenig transparente Vorwände ins Treffen geführt, um einen Pfarrer, der als dekla-

---

   in der so genannten Lichtenauer Erklärung manifestiert wurde. 1983 nahm der damalige Kardinal Joseph Ratzinger (der im Februar 2013 abgedankte Papst Benedikt XVI.) Abstand von der Lichtenauer Erklärung. In seiner Funktion als Präfekt der Glaubenskongregation erklärte er am 26. November 1983, dass ein Katholik, der Freimaurer wird, eine schwere Sünde begeht." Über die Rolle von Kardinal König im Rahmen dieser Erklärung vgl. http://freimaurer-wiki.de/index.php/Die_Lichtenauer_Erklärung (Stand vom 19.1.2013): „Bei Schrefler wird dies so zitiert: ‚Kardinal König nimmt die Erklärung mit Dank entgegen... Er wiederholt dabei, dass ihm von höchster Stelle zu verstehen gegeben worden sei, dass im Canon der Kirche die Verdammung der Freimaurerei nicht mehr enthalten sein werde'." (Originaltext: Schrefler, *Die Katholische Kirche und die Freimaurerei*, Wien 2009, 117-118).

[6] *News* 14/04 vom 1.4.2004, 37.
[7] *Die Weiße Rose*: Kirche in Österreich 2004. Franz Kardinal König, Anmerkungen zu Fiktion und Wirklichkeit. (Nr. 7/2004). (Herv. G.W.)
[8] Pastoralschreiben von Bischof Kurt Krenn vom 25.7.1993. Vgl. dazu auch Waste, *Die Kirche als Gefangene*, 15.
[9] Kardinal König war zwar zuvor im Parlament erschienen und hatte sich die Debatte angehört. Doch ehe es zur Abstimmung kam, verschwand er rasch und unauffällig.

rierter Lebensschützer tätig war, seines Amtes zu entheben.[10] Auf der anderen Seite geht auf die Ära König auch jene „Linksorientierung" des Religionsunterrichts und der Katholischen Kirche insgesamt zurück, die bis in unsere Tage bewirkt, „dass im gegenwärtigen Klerus in Österreich Linkstendenzen zum guten Ton ‚Kirchlicher' Aufgeschlossenheit gehören"[11].
Diese Tendenzen prägten schon jahrelang das Bild der Kirche in Österreich, als der Heilige Stuhl am 16. September 1985 das Rücktrittsgesuch von Kardinal König annahm. Zum Diözesanadministrator wählte das Wiener Domkapitel Weihbischof Dr. Helmut Krätzl. Die Stimmung in diesen Monaten bis zur Ernennung eines neuen Erzbischofs schildert der Kirchengeschichtler Prof. Dr. Winkler folgendermaßen:

> Ein fiebriges Raten ging um. Die Furcht vor angeblich „reaktionären" Möglichkeiten war nicht nur von der ungetrübten Sorge um Glauben und Kirche gelenkt, sondern auch von den in ähnlichen Fällen nicht unbekannten Privatinteressen. Bischöfe und Starredner wurden bemüht, die Gemüter zu beruhigen. Kardinal König betonte wiederholt, die Anstöße des Zweiten Vatikanischen Konzils seien „irreversibel", obwohl nach dem Konzil mit Nachdruck festgestellt wurde, dass dieses „Pastoral-Konzil" erstmals keine unfehlbaren Lehren (*dogmata irreformabilia*) erlassen habe. Die Österreichische Bischofskonferenz bekenne sich vorbehaltlos zum Konzil und seinen Intentionen, hieß es weiter. Die Absichten des Konzils müssten weitergeführt werden. Kardinal Suenens wurde eingeflogen, um in Graz zu beteuern, das *Konzil sei noch nicht zu Ende*.[12]

Dies war die Situation der Kirche in Österreich, als Dr. Hans Hermann Groër auf Wunsch Papst Johannes Paul II. die Nachfolge von Kardinal König antrat.

---

[10] Mit Dekret vom 31. Juli 1984 enthob Kardinal König den Herausgeber des Rundbriefs „Stimme der Ungeborenen", Pfarrer Johann Grüner, seines Amtes unter dem Vorwand, ein Großteil seiner Pfarrangehörigen hege eine nicht behebbare Abneigung gegen ihn. Auf vorgeblicher Beunruhigung des Kirchenvolkes beruht auch die Absetzung von Prälat Ulrich Küchl als Pfarrer von Eisgarn durch Bischof Küng mit Dekret vom 24. Dezember 2005. Beiden Fällen ist gemeinsam, dass Priester, die als Gefährdung der eigenen Kirchenpolitik empfunden werden, unter Berufung auf eine vorgebliche Beunruhigung des Kirchenvolkes bzw. auf einen imaginären Schaden für die Kirche kaltgestellt werden.
[11] *Die Weiße Rose*, ebd.
[12] Winkler, *Die katholische Kirche in Österreich*, 210.

2.2. Bischofsernennung und Bischofsweihe (1986): Zeichen des Widerspruchs

Als die Ernennung des Benediktinerpaters Dr. Hans Hermann Groër zum Erzbischof von Wien am 16. Juli 1986 offiziell bekannt gegeben wurde, ging eine Welle der Empörung durch die kirchenfeindliche und linksgerichtete Presse.[13] Seine Person war offensichtlich - wie später Bischof Krenn - Zielscheibe von Aggressionen gegen die Kirche insgesamt:

> Die ersten Angriffe stammten von namentlich bekannten Ex-Seminaristen, Ex-Legionären und ungraduierten Ex-Theologen. „**Apostaten**" bildeten von Anfang bis zu Ende die **Speerspitze der Kampagne**.[14]

Die Vorreiterrolle hatte das Boulevardmagazin *profil*, auf dessen Konto auch die spätere mediale Hinrichtung Bischof Krenns und seiner Mitarbeiter (2004) geht: Der Redakteur Josef Votzi, selbst ehemaliger Groër-Schüler, sprach in seinem Beitrag zur Bischofsernennung sofort von einer „Wende nach innen" und zog dabei die allen bekannte einwandfreie Lebensweise des neu Ernannten zusammen mit der von ihm geführten Legio Mariens ins Lächerliche.[15] Die linkslastige *Initiative Schülerzeitung (ISZ)* legte P. Hans Hermann sogar ein fingiertes Interview in den Mund, in dem er in voyeuristischer Manier sich zu Fragen der Geschlechtlichkeit geäußert haben soll.[16] Die *Wochenpresse* bringt unter dem Titel „Was Priester verdienen" einen hetzerischen Beitrag, der mit

---

[13] Vgl. dazu die Parallele in der Causa St. Pölten: Die Medienkampagne gegen Prälat Küchl, Propst von Eisgarn, setzte ein, als Bischof Krenn ihn zum neuen Regens des Priesterseminars ernannte. Vgl. dazu Waste, *Die Kirche als Gefangene* 18. Auf Hochtouren lief auch eine Kampagne, als bekannt wurde, dass Bischof Krenn sowohl Prälat Küchl als auch den Pfarrer von Windischgarsten, Dr. Gerhard Maria Wagner, dem Apostolischen Stuhl als künftige Weihbischöfe vorgeschlagen hatte. Die Bischofsweihe von Pfr. Wagner, bereits designierter Weihbischof von Linz, wurde Anfang 2009 ebenfalls durch medialen Druck von Kreisen verhindert, die eine Öffnung der Kirche zur Welt anstrebten.

[14] Winkler, *Die katholische Kirche in Österreich*, 212. (Herv. G.W.)

[15] *Profil* vom 21. Juli 1986, Nr. 30, 21: „‚Dass sich Groër bisher gerne hauptsächlich mit frömmelnden Ja-Sagern umgeben hat', lässt viele wenig Gutes erwarten." So lautet die Bildunterschrift unter einem Photo, das P. Hans Hermann Groër, bekleidet in Chorrock und Stola, mit zwei Ordensfrauen zeigt.

[16] In jener Nummer der Schülerzeitung, die zum Zeitpunkt der Bischofsernennung erschien, fehlen das genaue Datum sowie die entsprechenden Seitenzahlen. Eine Kopie dieses Artikels liegt der Autorin vor.

unterschwelligem Lob für Kardinal König endet, über den vorgeblichen Reichtum gewisser katholischer Kreise und eine Karikatur des designierten Erzbischofs.[17]

Die Zeitschrift *Basta* veröffentlicht schließlich ein simuliertes Beichtgespräch, das auf einem versteckt mitlaufenden Tonband den „wahren Pater Hermann" und seine Einstellung „enttarnen" sollte.[18] Auch wenn sich das katholische Volk davon in seiner Wertschätzung für den designierten Erzbischof nicht beeindrucken ließ, blieb „die Neigung zum ‚schamlosen' Umgang mit einer Persönlichkeit, die manchen gerade missfiel"[19], bestehen und ebnete den Weg für die späteren Medienkampagnen.

Die Reaktionen der österreichischen Bischöfe auf diese Bischofsernennung kann man als zwielichtig, ja zwiespältig bezeichnen: „Die österreichische Bischofskonferenz (Salzburgs Erzbischof Karl Berg) sprach - eher kühl - von einer ‚Überraschung'", heißt es im *Kurier*.[20] Der bisherige Diözesanadministrator Weihbischof Dr. Krätzl äußerte sich zunächst lobend über die pädagogischen und pastoralen Fähigkeiten des designierten Erzbischofs.[21] Jahre danach, in einem Interview mit *profil* anlässlich des Todes von Kardinal König, gab er allerdings zu Protokoll, sich über „Groërs Bestellung schon gewundert, aber nie aus Rom gehört [zu haben], welcher Kurswechsel da angestrengt wurde"[22]. Erst

---
[17] *Wochenpresse*, vom 26. August 1986, Nr. 35, 18-22.
[18] *Basta*, Sept. 86, Nr. 9, 23-25.
[19] Winkler, *Die katholische Kirche in Österreich*, 212.
[20] *Kurier* vom 17. Juli 1986, 2.
[21] Vgl. Winkler, *Die katholische Kirche in Österreich*, 211.
[22] *Profil* vom 22. März 2004, Nr. 13, 40: „‚Fast mit Selbstironie'. Weihbischof Helmut Krätzl über Kardinal Königs Verhältnis zu sich als Legende, den liberalen Weg und die Abrechnung

zu einem wesentlich späteren Zeitpunkt bekennt er doch, dass die Kirche Österreichs auf Wunsch des Heiligen Stuhles eine Richtungsänderung vornehmen sollte, die er jedoch - in den geistigen Fußstapfen von Kardinal König - nicht mitgetragen hätte.[23] Symptomatisch ist daher vor allem die Einstellung Kardinal Königs seinem designierten Nachfolger gegenüber: „Kardinal Franz König meinte, Aufgabe des neuen Erzbischofs werde es sein, ‚sich über den von ihm bisher seelsorglich betreuten Kreis der Legio Mariens hinaus der ganzen Vielfalt der Diözese zu öffnen'."[24] Noch zwei Tage vor der Bischofsweihe, am 12. September 1986, berichtet der *Osservatore Romano*, Kardinal König dementiere eine angebliche „päpstliche Missbilligung" des Kurses, den der damalige österreichische Episkopat eingeschlagen hatte.[25] Diese Worte können einerseits als Beschwichtigungsversuch, aber auch als versteckte Drohung an P. Groër gewertet werden, am etablierten Linkskurs in der Kirche Österreichs keinerlei Änderung vorzunehmen. In Wirklichkeit hatte nämlich der Heilige Stuhl doch eine gewisse Kritik an der Amtsführung von Kardinal König vorgenommen:

> Zwei Punkte waren Kardinal König in Rom zum Vorwurf gemacht worden: Gesellschaftspolitisch, dass es der katholischen Kirche in Österreich nicht gelungen sei, die Fristenregelung zu verhindern. Kirchenpolitisch, dass die katholischen Bischöfe Österreichs an ihrer differenzierten Haltung zur Empfängnisregelung festgehalten haben – und dies auch noch nach „Familiaris consortio" vom 22. November 1981.[26]

Daher ist es verständlich, warum „für Kardinal König der neue Erzbischof und der neue Kirchenkurs eine ‚Enttäuschung ganz besonderer Art' (war). So schrieb Dr. Fenzl im 11. Band der ‚Faszinierende Ge-

---

aus Rom."

[23] Vgl. Krätzl, *Mein Leben für eine Kirche*, 63f.: „Erst später ließ Kardinal König mir persönlich gegenüber durchblicken, dass ich in seinen Augen der Erbe dessen war, was er in der Erzdiözese Wien seelsorglich im Sinne des Zweiten Vatikanums aufgebaut hatte - und dass er mich deshalb auch vorzüglich als seinen Nachfolger gesehen hätte. Aber gerade das wollte man ja in Rom vermeiden. Ausschlaggebend für die Ernennung Groërs und auch für die folgenden Bischofsernennungen unter Cecchini war, dass Rom einen neuen Kurs wollte. Da stand ich aber für Rom dezidiert auf der falschen Seite."

[24] *Kurier* vom 17. Juli 1986, 2.

[25] Vgl. *L'Osservatore Romano* vom 12. September 1986/ Nummer 37/11.

[26] Vgl. Krätzl, *Mein Leben für eine Kirche*, 66.

stalten der Kirche Österreichs'. Die Unterstützung durch Kardinal König blieb auch - wenigstens öffentlich - weitgehend aus."[27]
Mehr noch als für die bisherige Kirchenführung Österreichs kam dieser päpstliche Entscheid für P. Hans Hermann Groër selbst völlig unerwartet: „Mit allen teile ich die große, ja totale Überraschung, die uns Papst Johannes Paul II. bereitet hat."[28] Die erstaunten Reaktionen werden verständlich, wenn man sich gewisse Hintergründe vergegenwärtigt: P. Groër war nämlich nach 32 Jahren im Diözesanklerus von Wien 1974 ins Benediktinerstift Göttweig eingetreten, „und zwar nicht zuletzt aus Protest gegen die Diözesanführung unter Kardinal König und um sich der direkten Unterstellung unter ihn und sein Team zu entziehen".[29] Er hatte sich in seinem bisherigen priesterlichen Wirken als „Schulreformer, Gymnasialdirektor, erfolgreicher Katechet, als Klostergründer, rastloser Beichtvater, Förderer geistlicher Berufungen und Wallfahrtsleiter beispielgebend verdient [gemacht]."[30] Eigentlich hätten seine Kritiker und die linksgerichteten Medien aufhorchen müssen, als sich die „erste(n) Konturen des Programms von P. Groër" abzeichneten: Denn

> ein **klares Bekenntnis zum Konzil und seinen Reformen** waren in den ersten Äußerungen P. Hermann Groërs nach seiner Ernennung enthalten. Die Konzilstexte seien noch viel zuwenig bekannt, die Liturgiereform noch zuwenig verstanden. Gleichzeitig lehnte P. Groër aber jedes „Herumbasteln" an der Liturgie ab.
> In diesem **Spannungsfeld der Reform ohne Übertreibung** bewegen sich auch die anderen Aussagen des künftigen Erzbischofs. [...]
> Dementsprechend sieht P. Groër eine „ungemein große Vielfalt" der Wirkungsmöglichkeiten für die Frau in der Kirche, ohne dass es ihm darum gehen könne, das Priesteramt für die Frau „im Al-

---

[27] Flavia Zinke, *Meine Erinnerungen an Hans Hermann Kardinal Groër*, 7. Anm.: Frau Dr. Annemarie Fenzl war langjährige Sekretärin Kardinal Königs.
[28] Rubrik „Kirche präsent" vom 24. Juli 1986, Nr. 30, 6. Die genaue Zeitschrift konnte aus den vorhandenen Angaben nicht eruiert werden.
[29] Planyavsky, *Gerettet vom Stephansdom*, 151. – Vgl. auch Krätzl, *Mein Leben für eine Kirche*, 72: „Hans Groër war durch mehr als 30 Jahre Weltpriester unserer Diözese und hat intensiv, aber sehr eigenwillig priesterlich gewirkt. Zeichenhaft für ihn war, dass er nie in einem diözesanen Gremium mitgearbeitet hat, sondern stets nur eigene Bereiche betreute und die Arbeit in der Diözese selbst und deren Leitung immer stark, sozusagen von außen kritisierte. Es ist eine weit verbreitete Meinung, dass er dann mit 57 Jahren mit einigen anderen Priestern, nicht zuletzt aus Protest gegen die Diözese, in das Stift Göttweig eingetreten ist." Es handelt sich um einen Brief Krätzls vom 30. September 1987 an Papst Johannes Paul II.
[30] Winkler, *Die katholische Kirche in Österreich*, 211.

leingang zu verwirklichen"; vielmehr sei Maria ein Beispiel der „höchsten Form des Priesteramtes". [...]
P. Groër spricht sich für einen kollegialen Führungsstil und für Zusammenarbeit mit den Laien aus, die alle – auch die Kinder – am allgemeinen Priestertum Anteil hätten.[31]

Der designierte Erzbischof ist sich der Schwere seiner Aufgabe wohl bewusst: „Das Volk ist ganz gehörig verunsichert", – „es ist aber viel gläubiger, als man meint" – so schätzt er das katholische Volk ein, dem er „eine Art Glaubensinjektion geben [will], durch das Gebet, durch die gottesdienstliche Gemeinschaft, um den Glauben zu stärken".[32] Die Bindung der Kirche an eine Partei lehnt er ab, erklärt sich aber bereit, zu jedweder politischen Gruppierung zu sprechen, weil er darin eine Chance sieht, das Evangelium zu verkünden.[33]

---

[31] „Kirche präsent" vom 24. Juli 1986, Nr. 30, 6.
[32] *Kurier* vom 17. Juli 1986, 2.
[33] Vgl. „Kirche präsent" vom 24. Juli 1986, Nr. 30, 6.

Die Bischofsweihe am 14. September 1986 erfolgt im Beisein von 28 Bischöfen in einer relativ entspannten Atmosphäre und wird nur von einer kleinen Störszene unterbrochen. Der neu geweihte Erzbischof ist sich bewusst, dass er gerade durch die Angriffe gegen seine Person an Rückhalt unter den Katholiken gewonnen hat, wie er in der Schlussansprache des Festaktes zu seiner Weihe feststellt: „Diese Teilnahme an der heutigen Feier ist die Antwort auf Spott, Hohn und andere böse Dinge, die immer wieder der Kirche entgegengeschleudert werden."[34] Er bleibt offensichtlich im Herzen Seelsorger, zumal er gleich nach dem Weiheakt den Kontakt zur Bevölkerung sucht.[35] Diese pastorale Ausrichtung, getragen von tiefer Spiritualität, wird zur bestimmenden Ausrichtung seines Episkopats.

2.3. Das Wirken von Kardinal Groër als Erzbischof: eine Ära der Pastoral und der „Re-Spiritualisierung"

Die Bischofsernennung eines Benediktinerpaters vom Format Dr. Hans Hermann Groërs kann und muss vor allem als Wunsch des Heiligen Vaters gedeutet werden, die Kirche Österreichs wieder auf spirituelle Geleise zurückzuführen. Die dabei bestimmende Linie von Erzbischof Groër, nämlich pastorale Offenheit in Treue zum kirchlichen Lehramt, ist von Anfang an klar: Schon ein paar Tage nach seiner Weihe melden die Medien, er spreche sich „deutlich gegen Schwangerschaftsunterbrechung und voreheliche Beziehungen aus", verwehre sich aber dagegen, „als Konservativer abgestempelt zu werden"[36]. Seine auch später oft wiederholte Forderung nach Umsetzung des II. Vatikanums bedeutete

---

[34] *Salzburger Nachrichten* vom 15. September 1986, 3. – Vgl. auch *Neue Kronenzeitung* vom 14. September 1986, 3: „Doch unmittelbar nach der Ernennung des neuen Erzbischofs haben Österreichs Katholiken eine ungewohnte Erfahrung gemacht. Dr. Groër wurde in der Öffentlichkeit kritisiert, seziert, ja sogar verspottet, wie das bis dahin undenkbar war. Aber diese Angriffe hatten einen ungewollten Effekt. Viele ursprünglich skeptische Katholiken scharen sich jetzt um den Erzbischof, stehen zu ihm..."

[35] Vgl. *Volksblatt* Nr. 212 vom 13. September 1986, 3: „Auf persönlichen Wunsch Groërs wird es nach der Feier im Stephansdom auf dem Stephansplatz noch eine informelle Begegnung des neuen Oberhirten mit der Bevölkerung geben. [...], hat sich Groër vorgenommen, bei dieser ‚Agape' [...] so lange zu bleiben, bis er doch mit möglichst vielen Menschen gesprochen hat." – Vgl. *Neue Kronenzeitung* vom 15. September 1986, Titelblatt (mit einem Photo des Erzbischofs): „Ein Erzbischof zum Anfassen ist der neue Oberhirte von Wien, Hans Hermann Groër: [...] Nach der eindrucksvollen Feier lud der neue Oberhirte zu einem Gläschen Wein und Würstel vor dem Dom ein."

[36] *Neue Kronenzeitung* vom 21. September 1986, 2.

für ihn nämlich im Gegensatz zu vielen seiner Zeitgenossen keinen Bruch mit der Tradition. Denn die „horizontale" Beziehung zu den Mitchristen und zur Menschheit seien im Zuge des Konzils neu gesehen worden, doch „die vertikale Beziehung zu Gott" in keiner Weise gemindert.[37] Mit diesem Kommentar erteilt Erzbischof Groër allen innerkirchlichen Säkularisierungsbestrebungen, die sich auf das II. Vatikanum berufen, eine klare Absage.

Im Marianischen Jahr 1987/88 intensiviert er seinen seelsorglichen und geistlichen Einsatz, wird aber von den Medien kaum beachtet oder höchstens lächerlich gemacht. Symptomatisch dafür ist ein Beitrag in *Die Presse* mit der Titelüberschrift „Groër mit ‚G' wie Geduld, Gebet, Gottesmutter".[38] In diesem zu einem tendenziösen Kommentar verformten Interview bekennt sich Groër zur marianischen Ausrichtung seines Episkopats, die er nicht als ökumenisches Hindernis betrachtet, und fordert eine Pastoral in Form von Direktkontakten, die auch Ausgetretene und Fernstehende mit einbezieht und sich an Menschenwürde bzw. Menschenrechten orientiert. Sein Verbot an die Legio Mariens, an Demonstrationen gegen die Fristenlösung teilzunehmen, werde von militanten Vereinigungen kritisiert; er halte aber daran fest, dass Gebet, Liturgie und Gottvertrauen, also die spirituelle Linie, die tragenden Pfeiler sein müssen, auch wenn dies „vielleicht nicht journalistisch griffig" sei. In einem fast zeitgleichen Interview mit dem *Kurier* äußert Erzbischof Groër erneut seine Sorge um diejenigen, die sich von der Kirche abgewendet haben (Groër: „Enttäuschte wieder zurückholen!"), und bezeichnet dabei Gebet, Fasten und Entsagung als „Hauptmittel, um gewisse Übel zu überwinden".[39] Er betont zwar die Mitverantwortung der einzelnen Gläubigen, aber nicht in der Linie der von Journalisten angesprochenen kollektiven Vergebungsbitte für das Versagen der Kirche nach dem Vorbild von Kardinal König. Angesichts solcher von einer Perspektive des Glaubens getragenen Äußerungen ist es nur allzu verständlich, dass Erzbischof Groër trotz seiner Offenheit für die Nöte von Kirche und Welt von den Medien - abgesehen von sporadischen

---

[37] „Buchstaben und Geist des Konzils in Einheit sehen". Bericht über ein ausführliches Gespräch von KATHPRESS mit Kardinal Dr. Hans Hermann Groër über das Zweite Vatikanum. Wien, 18. Dezember 1990. Idu Nr. 52 vom 27. Dezember 1990.

[38] *Die Presse* vom 12. März 1987, 3.

[39] *Kurier* vom 22. März 1987, 5.

Ausnahmen[40] – nicht als populär präsentiert wurde.[41] Im katholischen Volk selbst war er allerdings sehr beliebt.

Ein neuer Entrüstungssturm macht sich vor allem in den liberalen Medien breit, als Erzbischof Groër am 26. April 1987 dem Regensburger Philosophieprofessor Dr. Kurt Krenn die Bischofsweihe erteilt und ihn bald darauf zu seinem Bischofsvikar für Wissenschaft, Kunst und Kultur ernennt. Erzbischof Groër und Weihbischof Krenn nehmen den Weiheakt zwar zum Anlass, zu Einheit und Versöhnung aufzurufen, aber umsonst.[42] Sie werden aufgrund des von ihnen eingeschlagenen Kurses ein Stein des Anstoßes bleiben:

> Österreichs Kirche befindet sich voll im Umbruch. Nach der Ära Kardinal Franz König geht es den neuen Spitzenmännern des Episkopats um eine „Verinnerlichung" und eine stärkere Betonung des Lehramts. Das kommt im Gespräch mit Militärbischof Dr. Alfred Kostelecky klar zum Ausdruck, der als Sekretär der Österreichischen Bischofskonferenz neben Erzbischof Hermann Groër und Weihbischof Kurt Krenn an den Schalthebeln der innerkirchlichen Macht sitzt.[43]

Dieser „Umbruch" findet offensichtlich auch die Zustimmung des Heiligen Vaters, den Erzbischof Groër im Juni 1988 bei seinem Österreichbesuch in Wien begrüßen darf. Denn bereits am 28. d. M. erhält Erzbischof Groër in Rom die Insignien der ihm verliehenen Kardinalswürde. Diese offenkundige Wertschätzung von Papst Johannes Paul II. für diesen Kirchenfürsten, der ebenso wie er eine marianische Ausrich-

---

[40] Vgl. *Präsent* vom 14. Juli 1988, Nr. 28, 3: „Auch als Kardinal hat der Wiener Erzbischof nichts von seiner Natürlichkeit und Schlichtheit eingebüßt." Im Kommentar zu diesem Interview werden auch sonst wenig beachtete Aktivitäten Groërs wie etwa seine Ostkontakte positiv gewürdigt.

[41] Vgl. *profil* vom 31. Januar 1989 (Nummer und Seitenzahl sind aus den vorliegenden Angaben nicht zu rekonstruieren): „Für die Abgesandten allzu weltlicher Publizistik ist im Herzen des Nachfolgers von Kardinal Franz König kein Platz mehr." Dieser Beitrag von Josef Votzi mit dem Titel *Ein Zeichen der Bekehrung* entstand anlässlich eines Journalistentreffens, das Kardinal Groër zum Fest des hl. Franz von Sales, des Patrons der katholischen Presse, veranstaltet hatte, bei dem er allerdings zu den Journalisten von *profil* auf spürbare Distanz ging.

[42] Krätzl, *Mein Leben für eine Kirche,* 64: „Bei seiner [Krenns] Weihe am 26. April 1987 war ich nicht dabei, ich blieb an diesem Nachmittag auf einer Pfarrvisitation in Niederösterreich. Ich hätte ja sonst dem neuen Weihbischof im Rahmen der Weihezeremonie die Hände auflegen müssen. Ich wollte aber keine ‚sakramentale Handlung' vollziehen, zu der ich innerlich nicht stand."

[43] *Kurier* vom 30.Dezember 1987. Wie aus dem Artikel hervorgeht, wird diese Linie der Verinnerlichung von Militärbischof Kostelecky mitgetragen.

tung vertrat, wurde von manchen Medien ebenfalls kritisch kommentiert und als Gefahr für innerkirchliche Reformbestrebungen gewertet,[44] ebenso dessen Loyalität gegenüber dem Heiligen Stuhl und dem Nachfolger Petri.[45]
Am 13. März des darauffolgenden Jahres wird Kardinal Groër vom österreichischen Episkopat als Nachfolger von Erzbischof Karl Berg zum Vorsitzenden der Bischofskonferenz gewählt, was wiederum Unbehagen in manchen Kreisen auslöst.[46] In dieser Stellung sieht er sich zwar entsprechend seiner pastoralen Orientierung als „Koordinator und nicht Befehlshaber", hält aber ungebrochen an der Lehre der Kirche etwa in Fragen des Lebensschutzes bzw. der Abtreibung fest.[47] Die Gründung eines „Diözesanforums" zur Erörterung pastoraler Fragen sollte seinem Anliegen noch mehr Effizienz verleihen, erwies sich aber als praktisch wirkungslos. Auch das Eintreten des Kardinals für sozial Schwache und Flüchtlinge wurde kaum gewürdigt.

---

[44] *Die ganze Woche* vom 9. Juni 1988, 21: „Im Vatikan bestätigt man, was alle Welt weiß: ‚Die Liebe zur Muttergottes als eine hervorstechende Eigenschaft des Wiener Erzbischofs hat den Papst durchaus für ihn eingenommen.' Worüber freilich in Rom nicht gesprochen wird, darüber schweigt sich der immer noch öffentlichkeitsscheue Wiener Oberhirte ebenso konsequent aus: Die Marienverehrung wird als eine Verehrung ihres Sohnes verstanden. Und keineswegs als eine emanzipatorische Entwicklung in der Kirche, in der seit Jahr und Tag die Frau nach einem neuen Platz sucht. Auch darin sind der Papst und Österreichs dritter Kardinal spürbar eines Sinnes: Sie mögen nicht einmal Ministrantinnen." – Vgl. auch *Kurier* vom 21. Juni 1988, 8: „Der innere Zustand der österreichischen Kirche wurde in Rom jahrelang schlechtgemacht. Tatsächlich hat er sich aber durch die nach dem ersten Papstbesuch 1983 getroffenen Maßnahmen verschlechtert." In diesem Beitrag werden Kardinal König und der Salzburger Erzbischof Karl Berg zu Leitbildern bzw. „Integrationsfiguren" hochstilisiert. Selbst wenn darin auch Erzbischof Groër „mehr Konsensbereitschaft und Einsicht, als man ursprünglich annahm", zugestanden wird, ist die Kritik an den Personalentscheidungen des Papstes nicht zu überhören.

[45] Als der Wiener Diözesanpriester Rudolf Schermann den Papst wegen der letzten Bischofsernennungen öffentlich als „Diktator" bezeichnet, verlangt Kardinal Groër von ihm einen öffentlichen Widerruf. Da Schermann dazu nicht bereit ist, will Groër sich an seiner Stelle beim Heiligen Stuhl entschuldigen. Vgl. *Kurier* vom 14. Januar 1989 und *Die Presse* vom 26. Januar 1989 (die genauen Seitenzahlen waren nicht mehr zu ermitteln). Kardinal Groër weiß sich mit dieser Forderung vom Konsens des katholischen Volkes getragen (vgl. *Kurier*, ebd.)

[46] *NZ* vom 14. März 1989, 4: „Wie berichtet, war Groër als einziger österreichischer Kardinal der Kandidat der ‚Papierform', doch hatte es bis zuletzt geheißen, der steirische Bischof Weber könnte als Alternativkandidat zu Groër gewählt werden. Eine solche Entscheidung wäre auch als Protest der österreichischen Bischöfe gegen die zuletzt von Rom aus erfolgten Ernennungen zu interpretieren gewesen, da Rom bei der Wahl des Vorsitzenden einer Bischofskonferenz kein offizielles Mitspracherecht hat. Wie das Ergebnis von gestern zeigt, war zumindest keine ausreichende Mehrheit der Bischöfe zu einem solchen Protest bereit."

[47] Vgl. *Präsent* vom 7. September 1989, Nr. 36, 3.

Im Hinblick auf eine echte Reform seiner Diözese traf Kardinal Groër aber andere wenig populäre Maßnahmen wie etwa die Absetzung des Regens seines Priesterseminars. Über die Hintergründe wurde offiziell nicht berichtet und diese Entscheidung Groërs mit seiner sogenannten „konservativen" Einstellung in Zusammenhang gebracht.[48] In Wirklichkeit aber soll die Leitung des Seminars, die noch aus der Ära Kardinal Königs stammte, den Seminaristen regelmäßig Pornomaterial präsentiert haben.[49] Groërs „entscheidendste Amtshandlung" bestand aber sicherlich darin, bereits zu Beginn seiner Amtszeit den obersten Finanzkontrolleur der Kirche Österreichs wegen seiner Zugehörigkeit zur Loge zu entlassen, „vielleicht der größte Fehler Groërs, letztlich doch aber das Beste, was er jemals tat"[50]. Auch seine Warnungen vor einer „unchristlichen EG" dürften ihm manche Feindschaft eingetragen ha-

---

[48] Vgl. *Oberösterreichische Nachrichten* vom 19. August 1992, 2: „*Kardinal Groër will in seinem Priesterseminar aufräumen lassen.* [...] Der konservative Wiener Kirchenboden zieht nämlich auch angehende Priester an, die mit fortschrittlichem Kirchendenken oder gar Kritik am Papst wenig am Hut haben." Auf die Anfrage von Journalisten hin ließ Generalvikar Prälat Rudolf Trpin mitteilen, dass „kein besonderer Grund vorliegt". – Diese zurückhaltende Stellungnahme zeugt von der Noblesse des Erzbischofs, kircheninterne Konflikte nicht in die Öffentlichkeit zu tragen.

[49] Die Autorin ist über die Vorführung des pornographischen Materials durch mehrere Kontaktpersonen zu Kardinal Groër informiert worden. Vgl. dazu auch folgendes Schreiben von Bischof DDr. Klaus Küng vom 23. Oktober 2007 an die Autorin: „Sie vergleichen die Situation des Wiener Seminars, die Kardinal Groër vorgefunden hat, mit den Vorfällen in St. Pölten. Die damaligen Wiener Vorfälle sind mir im Detail nicht bekannt, daher kann ich sie auch nicht beurteilen. In Wien hat es jedenfalls damals – Gott sei Dank – keinen Medienskandal gegeben: Dadurch war eine andere Vorgangsweise möglich." Die Autorin hatte in einem an Bischof Küng gerichteten Brief vom 4. Oktober 2007 nachgefragt, warum der Apostolische Stuhl angesichts der ihr vorliegenden Hinweise, dass die Seminaristen des Wiener Priesterseminars regelmäßig mit pornographischem Material konfrontiert wurden, keinen Apostolischen Visitator geschickt hat.

[50] Vgl. *Der 13.*, Sondernummer vom 26. August 2004, 2f.: „Er (Kardinal Groër) befreite die römisch-katholische Kirche Österreichs kurzerhand und mit einem Schlag vom Wirtschaftsprüfer Dkfm. Josef Böck, Hochgradfreimaurer der Loge Carnumtum. Nichts drang davon in die Öffentlichkeit, der Schlag gegen die Loge war kurz und hart. [...] Er wurde, sagte mir Böck damals, von einem Experten des rechten bürgerlichen Lagers 1974 für die Loge geworben. Erzbischofkoadjutor Dr. Franz Jachym hatte die Erlaubnis zum Beitritt gegeben. Aber auch Kardinal König hatte von der Mitgliedschaft Böcks gewusst."

ben⁵¹, ebenso seine Weigerung, einen Amnesty-Appell zur Abschaffung der Todesstrafe zu unterschreiben.⁵²
Der Heilige Vater verlängerte die Amtszeit von Kardinal Groër, nachdem dieser den kirchenrechtlichen Vorschriften entsprechend zu seinem 75. Geburtstag am 13. Oktober 1994 seinen Rücktritt eingereicht hatte. Diese päpstliche Entscheidung musste selbstverständlich jenen Kreisen missfallen, die in diesem Augenblick auf eine Wiederbelebung des seinerzeit unter Kardinal König eingeschlagenen Kurses hofften.⁵³ Vor diesem Hintergrund ist die weltweite Medienkampagne gegen Kardinal Groër zu sehen, die ein halbes Jahr nach diesem päpstlichen Entscheid ihren Anfang nahm.

2.4. Die Medienkampagnen (1995 und 1998): Auslöser einer „Re-Säkularisierung"

Das mediale Image von Kardinal Groër war schon seit dessen Bischofsernennung tendenziös verzerrt. Dieser Angriffe auf seine Person, die in Wirklichkeit dem Heiligen Vater und der Gesamtkirche galten, war sich der Kardinal wohl bewusst, wie aus einem von ihm verfassten Antwortbrief vom 5. November 1986 geschlossen werden kann:

> Ich habe im übrigen die schwersten Angriffe in den Medien *profil, Basta* etc. [...] zu erleiden, weil ich gegen die vorehelichen Beziehungen, gegen die Antikonzeption, Pillen, gegen die Abtreibung (wann immer, vom ersten Tag an bis zur „Euthanasie"), gegen die Wiederverheiratung Geschiedener Stellung genommen habe.
> Verhütung, Abtreibung, etc. ist alles aus einer Wurzel: Verlust der

---

⁵¹ *Oberösterreichische Nachrichten* vom 3. August 1991, 2: „Groër sprach im Zusammenhang mit den möglichen Entwicklungen der EG von einer ‚totalen Herrschaft' über die vom Genussstreben vernebelten Gewissen', einem ‚Reich der alten Brutalität'. Es drohe die Gefahr, dass ein ‚entchristlichtes vereintes Europa' zu einem ‚schrecklichen Beispiel eines neuen Kollektivismus' werden könnte, warnte Österreichs oberster Seelenhirte."
⁵² *Kurier* vom 5. September 1989, 19: „Zur Verwirklichung seiner Intentionen [...] stünden dem Kardinal ‚andere Wege zur Verfügung als Unterschriftenlisten'."
⁵³ Vgl. dazu auch *profil* vom 11. Oktober 1994, Nr. 41, 44ff: „Wem Maria schlägt. An seinem 75. Geburtstag feiert Kardinal Hans Hermann Groër auch das 25jährige Bestehen seiner Wallfahrt in Maria Roggendorf". Ein ehemaliger, anonymer Mitarbeiter der Erzdiözese Wien äußert sich in einem Nachwort über den Kardinal auf eine abfällige bis ehrenrührige Weise.

Beziehung zum liebenden Gott, Mangel an Liebe zum Nächsten, Verabsolutierung des eigenen Ich.[54]

Von diesen Medien gingen auch jene Kampagnen gegen Kardinal Groër in den Jahren 1995 und 1998 aus, die von Anfang an im Zeichen eines Kirchenkampfes standen, der auf eine „Re-Säkularisierung" der Kirche Österreichs hinauslief.

2.4.1. Die Kampagne von 1995: ein künstlicher „Karfreitag" im Zeichen von „Reformbestrebungen"

Die zeitlichen Koordinaten der ersten Medienkampagne von 1995 deuten auf eine Konvergenz verschiedener inner- und außerkirchlicher Interessen hin. Sicher nicht von ungefähr berichtet der *Kurier* vom 16. März 1995, also zehn Tage vor Ausbruch der Medienkampagne, über die Möglichkeiten einer medien- und linkskonformen Neubesetzung des Bischofsstuhls von Wien, wobei bewusst Ressentiments gegen Bischof Kurt Krenn geschürt werden („Der Umstrittene"). Der damalige Diözesanbischof von Kärnten, Egon Kapellari, wäre hingegen der „Favorit". Der Wiener Weihbischof Christoph Schönborn hingegen, der spätere Nachfolger von Kardinal Groër, wird zwar als „Reservist" dargestellt, dem man jedoch gute Chancen einräumt („gut im Rennen").[55] Zu diesem Zeitpunkt war jedoch von einer Ablöse oder einem Rücktritt Kardinal Groërs offiziell noch keine Rede, da Papst Johannes Paul II. im Oktober 1994 dessen Amtszeit bis auf weiteres verlängert hatte. Die Medienkampagne gegen Kardinal Groër setzte also in Wirklichkeit schon wesentlich früher ein und kam, wie sich in einem geschichtlichen Rückblick feststellen lässt, erst nach der Amtsübernahme Schönborns am 1. Oktober 1995 zum Abschluss.[56]

Die eigentliche Kampagne beginnt am 27. März 1995, drei Wochen vor Ostern, als die Wochenzeitschrift *profil* die Missbrauchsvorwürfe des ehemaligen Groër-Schülers Dipl. Ing. Josef Hartmann gegen den Wiener Erzbischof veröffentlicht. Die erste Reaktion des österreichischen

---

[54] Eine Abschrift dieses Briefes liegt der Autorin vor.
[55] Vgl. *Kurier* vom 16. März 1995, 3.
[56] Darin lässt sich auch eine auffallende Parallele zur Causa St. Pölten feststellen: Auch die Medienkampagne gegen Bischof Krenn kam erst mit der Amtseinführung des ehemaligen Visitators von St. Pölten, Bischof Klaus Küng, zum Stillstand. Vgl. dazu auch Waste, *Die Kirche als Gefangene*, 30.

Episkopats erweckt den Anschein von Solidarität: Die Wiener Weihbischöfe Christoph Schönborn und Helmut Krätzl nehmen am 26. März 1995 bereits gegen die Vorausmeldungen von *profil* Stellung und vergleichen die Anschuldigungen gegen den Kardinal mit den Priester-Prozessen der NS-Zeit.[57] Auch die Bischöfe Johann Weber, Paul Iby und Klaus Küng, das Wiener Domkapitel, die Dechantenkonferenz sowie zahlreiche kirchliche Gruppierungen und Organisationen stellen sich spontan hinter den Kardinal.[58] Laienratspräsident Dr. Franz Stadler ruft Bischöfe, Priester und Laien dazu auf, sich um Kardinal Groër zu sammeln, da die Anschuldigungen gegen Kardinal Groër zugleich ein Angriff auf die ganze Kirche seien.[59] Tags darauf, am 29. März, erklä-

---

[57] Vgl. KATHPRESS-Tagesdienst vom 28. März 1995, Nr. 73, 2: „Die beiden Wiener Weihbischöfe Dr. Helmut Krätzl und Dr. Christoph Schönborn haben am Sonntag zur *profil*-Titelgeschichte ‚Der Fall Groër' Stellung genommen. Wörtlich heißt es in der gemeinsamen Stellungnahme der beiden Weihbischöfe: ‚Wo sind wir hingekommen? Seit der Zeit des Nationalsozialismus, als Priesterprozesse unter dem Vorwand homosexueller Verfehlungen geführt wurden, hat es in Österreich derlei Verleumdungspraktiken gegen die Kirche nicht mehr gegeben. Auf das Entschiedenste muss ein sogenannter ‚Enthüllungsjournalismus' zurückgewiesen werden, der den Angeschuldigten wehrlos entehrenden Verdächtigungen ausliefert. Wir appellieren an alle recht und billig denkenden Menschen in unserem Land, gegen solche menschenunwürdigen Praktiken mit allen ihnen zur Verfügung stehenden Mitteln Widerstand zu leisten. Es geht um die Würde eines Menschen, die Ehrfurcht vor seinem geistlichen Amt, und es geht nicht nur um die Kirche, sondern um Österreich. Es darf nicht dazu kommen, dass Menschen in unserem Land ‚Freiwild' werden'." - Diese Stellungnahme wurde bereits zwei Tage zuvor veröffentlicht. Vgl. dazu auch Czernin, *Das Buch Groër*, 78.

[58] Vgl. *Die Presse* vom 28. März 1995, 7: „Bischöfe, Domkapitel, Dechanten verteidigen Wiens Kardinal Groër. Gegen Vorwürfe, er habe vor zwanzig Jahren einen Schüler sexuell missbraucht, nahmen gestern zahlreiche Amtsträger der katholischen Kirche Kardinal Groër in Schutz. – Nach den Wiener Weihbischöfen Helmut Krätzl und Christoph Schönborn haben sich gestern, Montag, unter anderen die Diözesanbischöfe Johann Weber (Graz), Klaus Küng (Feldkirch), Paul Iby (Eisenstadt) schützend vor Kardinal Groër gestellt. Daneben sprachen das Wiener Domkapitel, die Dechantenkonferenz, Bischofsvikar Anton Berger und der Familienverband Wien dem Erzbischof von Wien ihr Vertrauen aus."- Vgl. auch KATHPRESS-Tagesdienst vom 28. März 1995, Nr. 73, 3: „Bischöfe solidarisch mit Kardinal Groër. Bischof Iby: ‚Wehre mich, dass unser Vorsitzender durch solche Artikel in seiner Ehre geschändet wird' – Bischof Weber: Recht eines jeden Menschen auf seinen guten Ruf. […]: ‚Ich unterstreiche mit ihnen in Solidarität für den Herrn Kardinal das Recht eines jeden einzelnen Menschen auf seinen guten Ruf, der nicht leichtfertig durch öffentliche Behauptungen geschädigt werden darf', sagte Weber. […] *profil*-Vorwürfe: Welle der Solidarität mit Kardinal Groër. Wiener Domkapitel bekundet Loyalität und Vertrauen – Dechantenkonferenz: Frage nach dahinterstehenden Interessen' – Familienverband: Eine Sudelkampagne'." – Vgl. auch *Kurier* vom 28. März 1995, 12: „Kardinal schweigt, aber Bischöfe verteidigen ihn."

[59] Vgl. KATHPRESS-Tagesdienst vom 29. März 1995, Nr. 74, 4: „Stadler sagte, er kenne Kardinal Groër seit vielen Jahren, die Anschuldigungen seien ungeheuerlich und unglaubwürdig. In jedem Fall stelle sich die Frage, ob ein ‚Medien-Tribunal ohne Appellationsmöglichkeit', wie es das *profil* gegen den Wiener Erzbischof eröffnet habe, nicht eine Gefährdung des Rechts-

ren sich auch die Bischöfe Egon Kapellari (Klagenfurt-Gurk) und Maximilian Aichern (Linz) solidarisch mit Kardinal Groër.[60] Am entschiedensten von allen stellt sich Bischof Krenn hinter den Beschuldigten: Für ihn sind die Anschuldigungen angesichts der Denkweise und des Lebensstils des Kardinals völlig undenkbar.[61] Der Apostolische Nuntius, Erzbischof Donato Squicciarini ruft in einer Erklärung zur Mäßigung auf und weist auf die verantwortungsvolle Rolle der Medien in der Gesellschaft hin.[62] Auch lässt er wissen, dass eine Verlängerung

staates darstelle. [...]. ‚Bewusster Rufmord'. P. Peter Lier, Generalsuperior der Kalasantiner, erklärte gegenüber dem ‚Pressedienst der Erzdiözese Wien', dass es ‚beschämend und verwerflich sei, wie journalistische Möglichkeiten verantwortungslos missbraucht würden'. Eine unbewiesene Einzelaussage genüge, sagte P. Lier, um nicht nur einem Menschen, sondern einer gesellschaftlichen Größe, der katholischen Kirche zu schaden. Unter dem Vorwand der Wahrheitssuche würde ‚bewusst Rufmord betrieben', es stelle sich die Frage, welche Absichten verfolgt würden, meinte P. Lier. [...] ‚Nicht im geringsten glaubhaft'. Für die Cursillo-Bewegung stellte sich der Claretiner-Pater Josef Garcia Cascales hinter den Wiener Erzbischof. Er kenne Kardinal Groër seit 35 Jahren, die diffamierenden Aussagen Johann [sic!] Hartmanns seien ‚nicht im geringsten glaubhaft'."

[60] Ebd., 3: „Der Kärntner Diözesanbischof Dr. Egon Kapellari hat am Montagabend nach der Rückkehr von einer Auslandsreise gegenüber *Kathpress* zur Auseinandersetzung um die *profil*-Titelgeschichte über Kardinal Groër Stellung genommen. Wörtlich sagte Bischof Kapellari: ‚Alle, denen es in der jetzigen Auseinandersetzung um Kardinal Groër nicht um Marktanteile für ihre Medien oder um Politik, sondern um die Achtung vor dem zerbrechlichen Menschen und um Gott geht, werden dankbar auf jene differenzierten Stimmen aus Kirche und Publizistik hören, die die Kirche und die Gesellschaft vor noch größerem Schaden bewahren und nicht zulassen wollen, dass ein Mensch zum Freiwild wird'." Der Feldkirchner Diözesanbischof Dr. Klaus Küng betonte in einer Erklärung, er ‚stehe voll zu Groër, den ich seit vielen Jahren als überaus integre Person und sehr gottverbundenen Menschen kenne und schätze'. Vom *profil* sei es – so Küng – ‚verantwortungslos', der Öffentlichkeit eine solche Geschichte zu präsentieren, die auf der unüberprüfbaren Aussage eines einzelnen beruhe. Bischof Küng wörtlich: ‚Ich protestiere gegen eine solche Vorgangsweise, die die primitivsten Regeln der Gerechtigkeit außer acht lässt und für ein demokratisches Land untragbar ist.'" – Vgl. *Oberösterreichische Nachrichten* vom 29. März 1995, 2: „Solange das Gegenteil nicht bewiesen sei, sei an die Unschuld eines Menschen zu glauben, erklärte der Linzer Bischof Maximilian Aichern: ‚Daher bringe ich meine Solidarität mit Kardinal Groër nachdrücklich zum Ausdruck.'"

[61] Vgl. KATHPRESS-Tagesdienst vom 29. März 2995, Nr. 74, 3: „Auch der St. Pöltner Diözesanbischof Dr. Kurt Krenn verteidigte Kardinal Groër gegen die Anschuldigungen. Für ihn seien die Schilderungen im *profil* völlig undenkbar. Sie passten mit dem Denkweise und dem Lebensstil Kardinal Groërs überhaupt nicht zusammen, sagte Krenn für die Dienstag-Ausgabe der *Kronen-Zeitung*. Der St. Pöltner Diözesanbischof über den *profil*-Artikel wörtlich: ‚Man ist sprachlos vor solch abgrundtiefer Bosheit. Man muss sich beim Kardinal entschuldigen.'"

[62] Vgl. ebd., 10ff: „Mit einer Würdigung für den ‚positiven Beitrag' Medien zur Entwicklung der Gesellschaft hat der Apostolische Nuntius in Österreich, Erzbischof Dr. Donato Squicciarini, am Montag in unausgesprochener Anspielung auf die Causa ‚*profil*'/Kardinal Groër die ‚Einladung' verbunden, ‚Maß zu halten und die Ehre und Würde von Persönlichkeiten zu schützen, die viele Verdienste um Kirche und Staat in Österreich haben'. Wie der Nuntius fest-

der Amtszeit Groërs „denkbar" sei.[63] Kardinal Groër selbst denkt in diesem Augenblick nach Aussage seines Generalvikars Trpin nicht daran, sein Amt niederzulegen.[64] Aus den Reihen der Katholischen Männerbewegung kommen jedoch bereits die ersten Rücktrittsforderungen unter Berufung auf das „Wohl der Kirche".[65] Auch sind einige Bischöfe für eine Stellungnahme nicht erreichbar.[66]
Nachdem Kardinal Groër selbst zu allen Anschuldigungen den Medien gegenüber vorläufig geschwiegen hat, veröffentlicht sein Sekretär, Dipl.-Ing. Michael Dinhobl, am 29. März eine kurze Erklärung, dass der Kardinal mediale Lynchjustiz und folglich ein Tribunal dieser Art,

stellte, sei die ‚Allianz der Menschen guten Willens' stets in Gefahr. Dies gelte auch im Bereich der Medien. Wer Verdächtigungen, Verleumdungen und Missverständnisse verbreite, trage ‚nicht zum Aufbau einer besseren Welt' bei, sondern er störe die Entwicklung der Menschheit." – Auch in einem späteren Interview mit *profil* (10. April 1995, Nr. 15, 37: „ Nuntius: ‚Schweigen ist Gold'.") ruft Erzbischof Squicciarini zur Sachlichkeit auf („heiter und sachlich bleiben"): „Es wird in diesen Tagen immer die Aussage zitiert: ‚Wer schweigt, stimmt zu.' Es gibt auch das andere Sprichwort, das sagt: ‚Schweigen ist Gold'." Zum Zeitpunkt dieses Interviews war Kardinal Groër allerdings schon als Vorsitzender der Bischofskonferenz zurückgetreten.

[63] Vgl. *Wiener Zeitung* vom 30. März 1995, 4: „Fall Groër: Angriffe gegen Hartmann – Nuntius Squicciarini: Verlängerung für Groër denkbar. [...] Der Apostolische Nuntius in Österreich, Erzbischof Donato Squicciarini ist überzeugt, dass die Vorwürfe gegen Kardinal Groër unbegründet sind und sieht keinen Grund für einen Rücktritt. Vielmehr sei es denkbar, dass Groërs Amtszeit ‚in Anerkennung seiner guten Taten' noch um eine Periode verlängert wird, meinte Squicciarini Dienstag abend in der ‚Zeit im Bild'."

[64] KATHPRRESS-Tagesdienst vom 29. März 1995, Nr. 74, 3: „Generalvikar Trpin schloss einen Rücktritt Kardinal Groërs als Erzbischof von Wien aus, es gebe ‚keine Veranlassung dazu'. Nach den heutigen Gesprächen mit dem Kardinal habe er nicht den Eindruck gewonnen, dass der Wiener Erzbischof einen solchen Schritt überlege. Ein Rücktritt zum jetzigen Zeitpunkt käme zudem einem Schuldeingeständnis gleich. [...] Welche Entscheidungen Kardinal Groër in näherer oder fernerer Zukunft treffen wird, könne niemand sagen und abschätzen. Es sei einzig und allein Sache Groërs, und er werde sicher eine Entscheidung treffen, die seinem Gewissen entspricht, unterstrich Trpin." – Vgl. auch *Neues Volksblatt* vom 28. März 1995, 2: „Groër denkt nicht an Rücktritt: Generalvikar Rudolf Trpin schloss **gestern** einen Rücktritt Groërs als Erzbischof von Wien aus [...]." (Herv G.W.) Wie aus der letzteren Meldung hervorgeht, hatte sich Generalvikar Trpin bereits am gleichen Tag, an dem die Vorwürfe Hartmanns veröffentlicht wurden, dahingehend geäußert.

[65] *Oberösterreichische Nachrichten* vom 29. März 1995, 2: „Kardinal zwischen Sünde und Unschuld. Erste zarte Aufforderung zum Rücktritt. – Zum Wohle der Kirche sollte Kardinal Hans Hermann Groër ‚eher das Amt zurücklegen – in aller Demut', sagte am Dienstag der Präsident der Katholischen Männerbewegung, Vinzenz Strasser.

[66] Vgl. *Volksblatt* vom 28. März 1995, 2: „Für eine Stellungnahme nicht erreichbar waren die Bischöfe Maximilian Aichern (Linz), Georg Eder und Andreas Laun (Salzburg), Reinhold Stecher (Innsbruck) und Egon Kapellari (Kärnten)." Bischof Kapellari konnte sich allerdings wegen einer Auslandsreise nicht früher äußern und bezog bald nach seiner Rückkehr Stellung. Auch Bischof Aichern bekundete bald darauf seine Solidarität mit Kardinal Groër.

nämlich außerhalb des normalen Rechtswegs, nicht anerkennen könne. Schließlich weiß sich der ins Kreuzfeuer der Medien geratene Kirchenmann im Gegenzug von der Unterstützung vieler treuer Katholiken[67] und insbesondere von der ungebrochenen Loyalität Bischof Krenns getragen.[68]
Bald darauf bröckelt die anfangs bekundete Verbundenheit der meisten österreichischen Bischöfe mit dem Kardinal ab. Am 31. März teilt das Sekretariat der Bischofskonferenz zwar mit, dass in der für die darauffolgende Woche anberaumten Frühjahrssitzung der Österreichischen Bischofskonferenz „weder eine Beratung noch eine Erklärung" über die Vorwürfe gegen Kardinal Groër auf der Tagesordnung stehe. Doch schon im Vorfeld der Bischofskonferenz rückt Weihbischof Krätzl von dieser anfänglichen Linie ab, indem er unter Berufung auf sogenannte „Transparenz" ein „Umdenken" in der Kirche fordert, verbunden mit der Bereitschaft zum Eingeständnis von „Fehlern in der Lehre oder im Tun". Auch Caritas-Präsident Schüller, der den Kardinal noch ein paar Tage zuvor verteidigt hatte, drückt seine Hoffnung auf ein „klärendes Wort" des Kardinals aus, verbindet dies aber schon zu diesem Zeitpunkt mit der Forderung nach Abschaffung des Pflichtzölibats.[69] Und

---

[67] Vgl. *Kurier* vom 1. April 1995, 11: „Im Stephansdom brach Groër sein Schweigen. Auftritt des Kardinals geriet zum turbulenten Spektakel/Keine Stellungnahme zu Vorwürfen. [...] Am Ende des Gebetsabends trat Groër vor die Gläubigen: Ein Christ habe ihm geschrieben und sich für sein beharrliches und treues Schweigen bei dem Kardinal bedankt. Weitergehende Erklärungen zu seinem Fall gab der Erzbischof keine ab und mischte sich unters Volk." – Vgl. KATHPRESS-Tagesdienst vom 1. April 1995, Nr. 77, 2: „Stephansdom: Applaus für Kardinal Groër. – Erzbischof von Wien kniete bei ,Gebet für Bischof und Kirche' mitten unter den Gläubigen – Initiativgruppe wollte ,christliche Antwort' auf die Bedrängnis der letzten Tage geben. – Mehr als 2.000 Katholiken sind am Donnerstagabend der Einladung einer Initiativgruppe zu einem ,Gebet für Bischof und Kirche' im Wiener Stephansdom gefolgt. Kardinal Dr. Hans Hermann Groër war bei dem Gebetsabend selbst anwesend, er kniete beim Rosenkranz-Gebet mitten unter den Gläubigen im Mittelschiff des Doms. Der Kardinal war mit langanhaltendem Applaus begrüßt worden."
[68] Vgl. KATHPRESS-Tagesdienst vom 31. März 1995, Nr. 76, 7: „Krenn: Stimme des Volkes eindeutig für Groër. St. Pöltner Bischof verteidigt Schweigen des Wiener Erzbischofs. [...] Auf die Frage, ob Kardinal Groër nach den Anschuldigungen noch ,voll handlungsfähig' sei, antwortete Krenn: ,Daran habe ich überhaupt keinen Zweifel.' Man müsse einmal hören, ,was die Menschen sagen'. Die Stimme des Volkes sei – wenngleich auf diese Weise keine Wahrheitsfindung möglich sei – eindeutig für Kardinal Groër. Krenn: ,Die Menschen stehen hinter ihm, und auch wir stehen hinter ihm.'"
[69] Vgl. *Kurier* vom 27. März 1995, Titelblatt: „Und Caritas-Chef Schüller sagt ganz offen: ,innerkirchlicher Machtkampf'."

bereits im Vorfeld der Bischofskonferenz werden Spekulationen über einen Nachfolger angestellt.[70]

Nach Abschluss der Bischofskonferenz tritt Kardinal Groër am 6. April als Vorsitzender zurück, obwohl er zwei Tage zuvor - wenn auch erst im dritten Wahlgang mit einfacher Mehrheit - wiedergewählt worden war. Zu seinem Nachfolger wird der liberale, medienkonforme und dadurch mit einem positiven Image versehene Grazer Diözesanbischof Johann Weber gewählt. Trotz ihrer Ankündigung, sich während der Bischofskonferenz nicht mit der Causa Groër zu beschäftigen, geben die Bischöfe gleich nach der Frühjahrssitzung eine Erklärung ab, das Schweigen von Kardinal Groër aufgrund der von ihm vorgebrachten Gründe zu respektieren, zumal Schweigen als solches in keiner Rechtsordnung als Schuldeingeständnis betrachtet werde.

Ungeachtet dieser Erklärung fordert der neue Vorsitzende der Bischofskonferenz am 7. April die Einsetzung eines „Weisenrates" zur Klärung der Vorwürfe. Kardinal Groër weist tags darauf, am 8. April, in einer Erklärung im Hinblick auf das öffentliche Ansehen der Kirche alle gegen ihn erhobenen Diffamierungen sowie die vernichtende Kritik an seiner Person in Inhalt und Gestalt zurück. Diese Erklärung wird aber nur von der *Kronenzeitung,* die sich als einziges Medium nicht an den Angriffen gegen den Kardinal beteiligt hatte, im vollen Wortlaut publiziert. Diese Stellungnahme löst empörte Reaktionen bei einigen anderen Medien und gewissen österreichischen Bischöfen aus. Nur Bischof Krenn steht ungebrochen zu Kardinal Groër: Er teilt unter Hinweis auf die Rechtslage mit, dass er der Einrichtung eines „Weisenrates" nicht zustimmen werde,[71] und verleiht seiner Überzeugung deut-

---

[70] Vgl. *Die Presse* vom 4. April 1995, 7: „'Fall Groër': Schatten über Bischofstreffen. Die heute beginnende Frühjahrssession der Bischofskonferenz wird von der Diskussion über Wiens Kardinal überschattet. – Auch in der katholischen Kirche wächst der Druck auf die Bischofskonferenz, entgegen ursprünglicher Planung doch eine Stellungnahme zum Vorwurf gegen den Vorsitzenden, Kardinal Hans Hermann Groër, abzugeben. [...] Indes wird in Kirchenkreisen bereits ein weiterer möglicher Kandidat für das Amt des Wiener Erzbischofs genannt: Feldkirchs Diözesanbischof Klaus Küng, der in der Bischofskonferenz für die Familienfragen zuständig ist."

[71] Vgl. *Kleine Zeitung* vom 9. April 1995, 3: „Bischof Krenn: Veto gegen Untersuchung. ‚Angriffe' gegen Kirche, nicht gegen Groër. [...] Auf die Frage an Krenn, ob er dagegen ein Veto einlegen würde, antwortete er wie aus der Pistole geschossen: ‚Das habe ich bereits.' Aber nicht in Form eines Vetos, sondern er habe lediglich ‚auf die Rechtslage aufmerksam gemacht'. – Auch sonst blieb er bei seiner Strategie: Er halte es ‚nicht für richtig, die Sache formal oder inhaltlich zum Volksanliegen zu machen', auch richteten sich die Angriffe insgesamt ‚gegen die Kirche und nicht gegen den Kardinal'. Wenn Groër nicht Kardinal, sondern noch immer Wallfahrtsdirektor in Maria Roggendorf wäre, hätte ‚dies alles nicht stattgefun-

lich Ausdruck, dass der Kardinal im Amt bleiben werde.[72] Daraufhin fordert Bischof Weber am 9. April nochmals einen Untersuchungsausschuss, wobei er von einigen Gruppierungen Unterstützung erfährt. Schon am 10. April legen Bischof Stecher (Innsbruck) und Bischof Kapellari dem Kardinal den freiwilligen Amtsverzicht unabhängig vom Wahrheitsgehalt der Beschuldigungen einzig um des „Wohles der Kirche willen" nahe. Tags darauf schließt sich der Salzburger Weihbischof Andreas Laun den Rücktrittsforderungen an. Nur Bischof Krenn verteidigt Kardinal Groër auch weiterhin ohne jeglichen Vorbehalt und übt Kritik an der Vorgehensweise bzw. am unbegründeten Gesinnungswechsel der betreffenden Bischöfe.[73]

Eine besondere Rolle, die zugleich die Hintergründe der Medienkampagne vermuten lässt, spielt Kardinal König. Auf Drängen von Bischof Krenn muss er zwar zugeben, während seiner Amtszeit als Erzbischof von Wien nie mit Missbrauchsvorwürfen gegen P. Hans Hermann Groër befasst worden zu sein. Dennoch spricht er am 14. April von einem „langen Karfreitag" der Kirche, der mit den Missbrauchsvorwürfen gegen Kardinal Groër eingesetzt habe und in großen Kraftanstrengungen überwunden werden müsse. Tags darauf fordern die Initiatoren des am 20. Mai von der Plattform „Wir sind Kirche" gestarteten Kir-

---

den', glaubt Krenn."
[72] Vgl. KATHPRESS-Tagesdienst vom 11. April 1995, Nr. 84, 6f.: „Krenn würde Untersuchungsausschuss nicht zustimmen. St. Pöltner Bischof ‚überzeugt, dass der Kardinal bleibt'. [...] ‚Ich würde nicht zustimmen, andere auch nicht', sagte Krenn. Weder ein einzelner Bischof noch der Vorsitzende – der Grazer Diözesanbischof Johann Weber – könnten ‚als Bischofskonferenz' handeln. In den Interviews zeigte sich Dr. Krenn überzeugt, dass Kardinal Groër als Erzbischof von Wien bleiben werde. Auf die Frage, ob er ein Veto gegen die Einsetzung eines Ausschusses einlegen würde, meinte Krenn, es liege kein Beschluss vor, es sei bei der Bischofskonferenz über keinen Ausschuss gesprochen worden. Dr. Krenn meinte auf die Frage, ob der Druck auf Kardinal Groër zu groß werden könnte, dies sei nur der Fall, wenn der Druck der Medien weiter so groß bleibe."
[73] *Kleine Zeitung* vom 12. April 1995, 3: „Groër-Verteidiger Krenn agiert als Einzelkämpfer. Auch Weihbischof Laun für Rücktritt: ‚Sich stellen statt schweigen'. – Er werde Kardinal Hans Hermann Groër die Unterstützung ‚nie versagen', bekräftigte Kurt Krenn, doch steht der St. Pöltner Bischof als Verteidiger bald isoliert da. Nach den Bischöfen Reinhold Stecher (Innsbruck) und Egon Kapellari (Klagenfurt) sprach sich auch der neue Salzburger Weihbischof Andreas Laun für den Rücktritt des Wiener Erzbischofs aus. Er hätte, sagte Laun, ganz anders gehandelt: ‚Nicht geschwiegen, sondern mich gestellt.' Krenn seinerseits bezichtigte Stecher und Kapellari übers Fernsehen, ein ‚unwürdiges Spiel' zu treiben. In der Bischofskonferenz hätten alle ‚nette Worte' für Groër gefunden, doch sei dann wie ‚nach einer durchfeierten Silvesternacht ein Schweizerkracher beim Hausherrn hinterlegt' worden. [...] Obwohl einräumen musste, Groër zu den Vorwürfen nie direkt befragt zu haben, zeigte er sich von der Unschuld des Kardinals überzeugt. [...] Auf die Frage, in welchem Fall er Groër seine Unterstützung entziehen würde, antwortete Krenn: ‚Dieser Fall kann niemals eintreten.'"

chenvolksbegehrens, drei Tiroler Religionspädagogen, öffentlich eine Erneuerung der Kirche u.a. durch Abschaffung des Pflichtzölibats und Zulassung der Frauen zum Priestertum. Bischof Krenn ist der einzige Vertreter des österreichischen Episkopats, der sich klar von diesen Bestrebungen distanziert. Das Ergebnis dieser Initiative, die vom 3. bis 25. Juni dauert, wird am 5. Juli unter großer medialer Beteiligung präsentiert: Es haben angeblich eine halbe Million Menschen aus allen Diözesen unterschrieben.

Infolge des zunehmenden Drucks auf ihn selbst und die Kirche ersucht Kardinal Groër Papst Johannes Paul II. um einen Koadjutor. Der Heilige Vater entspricht dieser Bitte und bestellt am 13. April den bisherigen Weihbischof Schönborn zum Erzbischof-Koadjutor mit dem Recht der Nachfolge; das Ernennungsdekret wird am 9. Mai vom Apostolischen Nuntius vor dem Domkapitel im Beisein von Kardinal Groër verlesen. Anlässlich der Pressekonferenz bei seinem Amtsantritt am 15. Mai wechselt Schönborn ebenso die Front wie bereits andere Bischöfe vor ihm, indem er bei den Klägern von Kardinal Groër um Verzeihung bittet für seine seinerzeit vorgebrachten „pauschalen und unüberprüften Anschuldigungen" gegen sie. Der auf diese Weise als potentiell schuldig deklarierte Kardinal Groër veröffentlicht noch am selben Tag eine Erklärung, worin er sein Schweigen mit der Unmöglichkeit einer wirksamen Verteidigung begründet und dadurch die gegen ihn gerichteten Anklagen nochmals als unwahr zurückweist.

Am 14. September nimmt Papst Johannes Paul II. den schon im Vorjahr angebotenen Rücktritt Kardinal Groërs an. Daraufhin tritt Koadjutor Schönborn das Amt des Nachfolgers an. Der Kardinal zieht sich in das von ihm gegründete Zisterzienserinnenkloster Marienfeld zurück, wird aber bereits am 1. September 1996 durch Wahl Prior des nahegelegenen Benediktinerklosters Maria Roggendorf, das zum Stift Göttweig gehört. Bald nach der Übernahme dieses neuen Kirchenamtes gerät er wiederum ins Visier der Medien und bestimmter kircheninterner Kreise. Wie man aus den weiteren Ereignissen schließen kann, war ein ganzes System bestrebt, Kardinal Groër vollständig aus der Öffentlichkeit zu verbannen.

2.4.2. Die Kampagne von 1998: die völlige Isolierung Kardinal Groërs als Vollendung der „Reform"

Bereits im Vorfeld des Amtsantritts von Kardinal Groër als Prior von Maria Roggendorf setzt die mediale Hetze erneut ein, die später dessen völlige Isolierung zur Folge hat. Das Ziel ist offenkundig: Kardinal Groër soll seine durch die Bischofsweihe übertragenen Vollmachten nicht mehr öffentlich ausüben dürfen und möglichst ganz aus dem Blickfeld bzw. dem kirchlichen Leben verschwinden.[74] Schon am 14. April 1996 berichtet nämlich *profil* über angebliche Proteste von Eltern aus dem Umkreis von Maria Roggendorf gegen die an Kardinal Groër gerichtete Bitte, ihren Kindern das Firmsakrament zu spenden.[75] Bestimmten Kreisen ist es ein Dorn im Auge, dass Kardinal Groër Einladungen aus ganz Österreich für Vorträge und Exerzitien erhält.[76] Und nachdem die Medienwelt Kunde davon erhalten hat, dass Kardinal Groër am 1. September 1996 Prior des Benediktinerklosters Maria Roggendorf werden soll, bricht ein Sturm der Entrüstung los: Man sieht darin eine Bestärkung jener Kreise, welche die „ohnedies zaghaften Reformbemühungen der Kirchenhierarchie ... aussitzen wollen", vor allem aber eine voreilige Rehabilitierung ohne Aufklärung der angeblichen Missbrauchsfälle.[77] Die Tatsache, dass Abt Lashofer das

---

[74] Vgl. die Parallele zur Causa St. Pölten: Im Zuge einer „damnatio memoriae" soll alles aus der Diözese St. Pölten verschwinden, das an Bischof Krenn erinnert.

[75] Vgl. *profil* vom 1. April 1996, Nr. 14, 25: „'Ich lass' doch meinem Buben nicht von dem die Hand auflegen', ärgert sich eine Mutter. Fast die Hälfte der Eltern revoltierte, vorerst freilich erfolglos, weil an der Einladung des Kardinals nicht gerüttelt wird. [...] Kurz vor seinem Wiener Abtritt musste Groër mit ähnlichen Problemen kämpfen, als sich ein elterlicher Stoßtrupp aus der Donaustädter Pfarre St. Georg gegen die Eminenz als Firmspender wehrte und die Kinder woanders firmen ließ."

[76] Ebd., 26: „Konservative Ultras haben den Kardinal längst zu ihrer neuen Ikone erkoren."

[77] *Profil* vom 5. August 1996, Nr. 32, 30: „Am 1. September wird Hans Hermann Groër in allen Ehren als Klosterchef inthronisiert und damit in den Augen der breiten Öffentlichkeit voll rehabilitiert. Einen Tag danach eröffnet sein Nachfolger als Wiener Erzbischof, Christoph

Amt des Priors an Kardinal Groër nach Befragung der Mitbrüder übertragen hatte, wird in der späteren Kampagne verschwiegen.[78] Spätestens zu diesem Zeitpunkt hätten nämlich alle behaupteten „Missbrauchs-opfer" und/oder „Mitwisser" Gelegenheit gehabt, Abt Lashofer zu informieren. Besonders negativ äußern sich P. Udo Fischer[79] und Vertreter jener kirchlich linksliberalen Kreise, die hinter dem Kirchenvolksbegehren stehen, zur Erhebung Groërs in ein neues Kirchenamt. Doch vorläufig bietet sich keine Möglichkeit, erneut Beschuldigungen gegen ihn vorzubringen.

Diese Gelegenheit ergibt sich für die Medien und deren Hintermänner, als Kardinal Groër am 8. Dezember 1997 zwei Mönchen des Stiftes Göttweig die Diakonatsweihe erteilt: „Der Weiheakt am 8. Dezember 1997, der einmal mehr signalisieren sollte, dass **Groërs Hände unschuldig** seien, legte dann in der Abtei über Nacht tiefsitzende Emotionen frei."[80] In der Folge wird Abt Lashofer von P. Udo Fischer und weiteren drei Patres mit dem Vorwurf konfrontiert, bereits seit 1985 von Groërs „einschlägigen Neigungen" gewusst, aber nichts dagegen unternommen und auch seine Bischofsweihe nicht verhindert zu haben. Die Anschuldigungen, die sich auf 15 – 20 Jahre zurückliegende „Vorfälle" beziehen, sind sehr massiv und mit der Forderung verbunden, Kardinal Groër als Prior von Maria Roggendorf abzusetzen. Dieser weist jedoch in einem Gespräch mit Abt Lashofer (19. Dezember) alle gegen ihn erhobenen Vorwürfe zurück.

Schönborn, einen Veranstaltungsreigen zur moralischen Aufrüstung der zerrütteten Diözese – als ‚Einstimmung auf eine neue Wegstrecke der Kirche in Richtung Jahr 2000', so das offizielle Wiener Diözesanblatt ‚thema Kirche'." – Vgl. auch ebd. 11: „… klammheimliche Rehabilitierung ohne Aufklärung der schwerwiegenden Beschuldigungen…".

[78] Vgl. dazu die Stellungnahme von Abt Lashofer gegenüber KATHPRESS-Tagesdienst vom 5./6. August 1996, Nr. 180, 3: „'Dr. Groër […] war bis zu seiner Ernennung zum Erzbischof von Wien im Jahre 1986 Hausoberer. […] Der bisherige Prior von Maria Roggendorf, P. Clemens M. Reischl, wird ab 1. September als Leiter des Exerzitienhauses St. Altmann im Stift Göttweig benötigt und wird gleichzeitig Subprior im Stift. Aufgrund dieser Tatsache sind mit diesem Zeitpunkt die Ämter des Priors, des Pfarrers und des Wallfahrtsseelsorgers in Maria Roggendorf vakant. Das **Amt des Priors** wurde nach den in den Ordensstatuten vorgesehenen **Befragung der Mitbrüder** neu besetzt: Nach der Befragung und der Beratung in den zuständigen Gremien habe ich Kardinal Groër, der ja weiterhin Mitglied unseres Klosters ist, mit Wirksamkeit vom 1. September zum Prior bestellt.' **Kardinal Groër** genieße, so Abt Lashofer, ‚trotz der gegen ihn 1995 erhobenen Vorwürfe weiterhin **in vielen Teilen der Bevölkerung große Wertschätzung**'." (Herv. G.W.)

[79] Vgl. *profil* vom 5. August 1996, Nr. 32, 31: „Für Lashofer ist Groërs Kür als Klosterchef ‚nicht negativ', für Fischer eine ‚Mischung aus Geschmacklosigkeit und Irrsinn'."

[80] *Profil* vom 12. Januar 1998, Nr. 3, 19. (Herv. G.W.)

Bereits zwei Tage später trifft Prior Gottfried Schätz von Göttweig Erzbischof Schönborn zu einem vertraulichen Gespräch,[81] nachdem er einige Tage zuvor eine „Sachverhaltsdarstellung" an Erzbischof Schönborn, Bischof Krenn und Kardinal Meisner geschickt hatte.[82] Aufgrund des klosterinternen - und womöglich auch von außen kommenden Drucks - sieht sich Abt Lashofer gezwungen, am 3. Januar via *kathpress* die Nachricht zu veröffentlichen, dass Kardinal Groër sein Amt als Prior von Maria Roggendorf mit Wirkung vom 5. Januar zurücklegen wird. Am gleichen Tag verlangt Bischof Weber, der neue Vorsitzende der Bischofskonferenz, eine „objektive" Prüfung" der erneuten Vorwürfe gegen den Kardinal. Der von mehreren Seiten in die Enge getriebene Abt Lashofer verkündet daraufhin am 12. Januar, dass er beim Heiligen Stuhl eine Apostolische Visitation seines Stiftes beantragen wird. Und bereits am 10. Februar teilt die Apostolische Nuntiatur mit, dass die Religiosenkongregation die erbetene Visitation genehmigt hat, die unter dem Vorsitz von Abtprimas Marcel Rooney und einem Helfer stattfinden soll.

Bereits im Vorfeld der Visitation verhärten sich die Fronten zwischen den Gegnern und Verteidigern von Kardinal Groër. So fordert beispielsweise P. Udo Fischer am 11. Januar 1998 in «seiner» Kirchenzeitung „JA", dass die Kardinalswürde Groërs bis zu einer definitiven Aufklärung der Vorwürfe ruhen solle.[83] Im Hinblick auf die bevorstehende Visitation erteilt ihm Abt Lashofer jedoch den „Verwaltungsbefehl", ohne schriftliche Genehmigung des Abtes keine Stellungnahmen in den Medien mehr abzugeben, und droht ihm bei Zuwiderhandlung einen kanonischen Prozess mit dem Ziel der Entlassung aus dem Orden

---

[81] Der inzwischen laisierte Gottfried Schätz, verheiratet und Vater von zwei Kindern, ist im Jahr 2012 mit dem Amt des Rentmeisters der Erzdiözese Wien betraut worden. Der Autorin liegt dazu folgende schriftliche Erklärung vor: „Als ich mich wunderte, dass DI Mag. Gottfried Schätz zum Rentmeister berufen wurde, antwortete Christian Herrlich (Sekretär des Dompfarrers): ‚Manche Belohnung erfolgt eben erst später!'" Der Name der Person, von der dieser Text stammt, ist der Autorin bekannt.

[82] Vgl. Czernin, *Das Buch Groër,* 142. In diesem Werk finden sich auch die genauen Daten der „Göttweiger Revolte" (137-186).

[83] Vgl. auch *Täglich Alles* vom 12. Februar 1998, 8: „Visitation: Auch Groër muss reden. [...] Ihr Thema – die Aufklärung der Vorwürfe gegen Abt Lashofer – kritisiert Pater Udo Fischer, der streitbare Benediktiner-Pfarrer aus Paudorf mit Vehemenz: ‚Wenn sie nicht die ‚Causa Groër' zum Gegenstand hat, ist die Visitation sinnlos.'" – Vgl. dazu folgenden Leserbrief in *Neue Kronenzeitung* vom 11. Februar 1998, 26: „Kein Wort geglaubt - ‚Groër verdient keine Barmherzigkeit', geiferte bei ‚Vera' eine Pseudochristin, die vor Hass zu platzen drohte – und Pater Udo Fischer, bekanntes Sprachrohr eines bestimmten Wiener Weihbischofs, wiederholte seine Verleumdungen."

wegen hartnäckigen Ungehorsams an. Doch P. Udo hält sich nicht an diesen Befehl des Abtes. Unabhängig von den ordensinternen Schwierigkeiten um seine Person wird er am 17. Februar von Bischof Krenn als Pfarrer von Paudorf abgesetzt. Als Vertreter der „Gegenpartei" hatte Bischof Krenn bereits am 12. Januar klargestellt, dass eine „Untersuchung" gegen Kardinal Groër im Rahmen der Visitation nicht möglich sei, da seine ihm als Kardinal zustehende Immunität nur vom Papst aufgehoben werden könne. Für ihn seien die neuen Vorwürfe gegen den Kardinal „undenkbar".
Erzbischof Schönborn hingegen, zu diesem Zeitpunkt bereits designierter Kardinal, erklärt sich in der ORF-Pressestunde vom 1. Februar einerseits erfreut über die vom Stift beantragte Visitation. Zugleich verbindet er seinen „Respekt" vor dem Schweigen des Kardinals mit dem Wunsch nach „klärenden Worten". Dieser „Wunsch" entwickelt sich aber am 20. Februar zu einer versteckten Drohung: Erzbischof Schönborn, der anlässlich seiner tags darauf bevorstehenden Kardinalskreierung in Rom weilt, fordert den ebenfalls dort anwesenden Kardinal Groër zu einem Wort des Bekenntnisses und zu einer „Vergebungsbitte" auf.[84] Dieser wurde nämlich am gleichen Tag von Papst Johannes Paul II. in Privataudienz empfangen, was bei Schönborn heftigen Ärger

---

[84] *Kurier* vom 21. Februar 1998, Titelblatt: „Schönborn verlangt von Groër ‚ein Bekenntnis'. – ‚Ohne Bitte um Vergebung wird unsere Kirche keine Ruhe finden'. – Die Geduld der österreichischen Bischöfe mit Kardinal Groër ist vorbei. [...] Groër wurde gestern vom Papst zu einer Privataudienz empfangen. Es wird nicht ausgeschlossen, dass er in den nächsten Tagen die Kardinalsinsignien zurücklegen könnte." Man darf vermuten, dass hinter dem Drängen um eine „Vergebungsbitte" des Kardinals das Bestreben stand, die Rückgabe der Kardinalsinsignien zu fordern bzw. zu erzwingen. – *OÖ Nachrichten* vom 21. Februar 1998, Titelblatt: „Affäre Groër überschattet auch Kardinalsernennung Schönborns [...] Wahlberechtigt bei einer allfälligen Papstwahl sind aus Altersgründen Schönborn und Groër, wobei bei Groër ein Verzicht möglich ist." Für die nächste Papstwahl sah sich Schönborn nämlich bereits als potentieller Kandidat. Vgl. dazu *Täglich Alles* vom 19. Jänner 1998, Titelblatt (Photo Schönborns bereits mit Kardinalshut): „Heute Kardinal – Morgen Papst?" Ebd., 3: „... dessen Name [Schönborns] auch in der Nachfolgediskussion um Johannes Paul II. genannt wird." Dieser Artikel erschien bereits vor der Übergabe der Kardinalsinsignien an Schönborn. – Vgl. dazu auch Rabelbauer, *Der Vatikan ohne Maske*, 118. „Wohl in Unkenntnis der Tatsache, dass jeder Kardinal verpflichtet ist, an einem Konsistorium teilzunehmen, hat Schönborn am Tage seiner Kardinalsernennung im Fernsehen eine Pressekonferenz gegeben, in welcher er sich offensichtlich kaum beherrschen konnte und sich maßlos darüber aufregte, dass Groër sich gewagt hatte nach Rom zu kommen und gar vom Papst empfangen zu werden. **Vom Papst wurde dieses Vorgehen Schönborns überaus negativ beurteilt.** In einem vertraulichen Gespräch äußerte er sich gegenüber meinem Gewährsmann auch, [...]. Er habe Schönborn gezwungenermaßen zum Kardinal gemacht, weil er Österreich besuche und vorher doch noch das Konsistorium stattfand. Aber er habe die neuen Kardinäle so ausgewählt, dass sicher gestellt sei, **dass Schönborn unter keinen Umständen sein Nachfolger würde.**" (Herv. G.W.).

auslöst.[85] Man vermutet dahinter eine Intervention von Bischof Krenn, was allerdings nicht der Wahrheit entspricht.[86] Bei der Verleihung der Kardinalinsignien wahrt Schönborn allerdings das Gesicht, indem er seinen Vorgänger umarmt und ihm den Bischofsring küsst.[87] Beim Rückflug nach Wien erklärt Kardinal Groër ungeachtet des Drängens seiner Amtsbrüder aber, weiterhin „eisern" zu schweigen.[88] Daraufhin geben vier österreichische Bischöfe, Kardinal Schönborn zusammen mit seinen Amtskollegen Georg Eder, Johann Weber und Egon Kapellari, am 27. Februar eine Erklärung heraus, wonach sie „nun zu der moralischen Gewissheit gelangt" seien, dass die Anschuldigungen gegen Kardinal Groër „im wesentlichen zutreffen".

Die Apostolische Visitation des Benediktinerstiftes Göttweig beginnt am 2. März 1998, und bereits im Vorfeld setzt wieder eine mediale

---

[85] *Täglich Alles* vom 21. Februar 1998, 3: „Erzbischof Christoph Schönborn zeigte sich überrascht von der Rom-Reise seines Vorgängers, hatte er doch noch am Vorabend mit Groër telefoniert, ohne dass ihm dieser seine Reise-Absicht mitteilte. [...] Mit Spannung wird nun erwartet, ob Kardinal Groër [...] heute an der unter freiem Himmel auf dem Petersplatz stattfindenden Kardinalsfeier teilnimmt." Vgl. dazu auch Czernin, *Das Buch Groer*, 179f.

[86] Vgl. dazu die Stellungnahme von Rudolf Födermayr, dem Schwager Bischof Krenns, in *Der 13.*, 13. März 1998, 5: „In der *Presse* vom 3. März 1998, Seite 3, schreibt Herr Neuwirth: „... Denn der St. Pöltner Bischof Krenn war am Samstag vor der Kardinals-Kreierung Schönborn auf Geheimmission in Rom, um für Groër eine Privataudienz bei Papst Johannes Paul einzufädeln – unter völliger Umgehung des Staatssekretariats.'
Und Herr Worm berichtet in *news vom* 5. März 1998, Seite 28: ‚Am 21. Februar wurde Christoph Schönborn vom Papst zum Kardinal kreiert. Eine Woche davor war Kurt Krenn aus St. Pölten im Vatikan.'
Herr Neuwirth von *Die Presse* und Herr Worm von *news* haben mit den oben zitierten Behauptungen nachweisbar **Falschaussagen** verbreitet.
Ich bin jederzeit bereit, vor Gericht den Wahrheitsbeweis anzutreten und warte auf eine gerichtliche Klage von *Presse* und *news*. **Bischof Krenn war nicht in Rom und hat die Privataudienz Kardinal Groërs beim Papst nicht ‚eingefädelt'!**" (Herv. G.W.)

[87] *Täglich Alles* vom 22. Februar 1998, 15: „Schönborn [...] umarmte seinen strittigen Vorgänger und beschämte ihn mit einem symbolischen Kuss auf den Bischofsring... ‚Welcher Teufel hat **Groër** geritten, just zu diesem Zeitpunkt in Rom aufzutauchen und **die Feierlichkeiten zur Auszeichnung Schönborns** zu überschatten?', fragte eine kirchennahe Persönlichkeit während des Gottesdienstes. Und – erhielt aus berufenem Mund eines Kardinal-Intimus zugleich die Antwort: ‚ [...] Aber wie man sieht, genügt offenbar ein **Anruf von Bischof Krenn beim Heiligen Stuhl** und schon klappt es.' Dafür spricht die Tatsache, dass Kardinal Groër in Begleitung des Krenn-Sprechers Ing. Dinhobel nach Rom gekommen ist. Ob diese Aktion eine **beispiellose Dreistigkeit** oder geschickte **Intrige** war, wird die Geschichte entscheiden." (Herv. G.W.)

[88] *Neue Kronenzeitung* vom 3. März 1998, 2: „Groër hat aber schon nach seiner jüngsten Privataudienz bei Johannes Paul II. der ‚Krone' versichert, zu allen Vorwürfen weiterhin ‚eisern zu schweigen'."

Treibjagd gegen Kardinal Groër ein.[89] Daher macht sich Ernüchterung und Enttäuschung breit, als der Visitator, Abtprimas Marcel Rooney, gleich zu Beginn seiner Mission erklärt, dass es nicht zu seinem Auftrag gehöre, Gespräche mit Kardinal Groër zu führen. Deshalb warnt er auch davor, falsche Erwartungen in die Folgen der Visitation zu setzen; seine Sendung sehe er vielmehr im Zuhören und Helfen.[90] Auf seinem Programm steht nur ein Besuch im Priorat Maria Roggendorf.[91] Allerdings wollen sich einige Ex-Mönche, die Kardinal Groër für ihren Austritt aus dem Orden verantwortlich machen, unter medialer Begleitung bei ihm Gehör verschaffen.[92] Zum Abschluss der Visitation erklärt Abtprimas Rooney am 7. März 1998 in einer Pressekonferenz, dass ein Bericht für den Heiligen Stuhl erarbeitet wird, bei dem alle weiteren Schritte in den Angelegenheiten liegen. Auf die Causa Groër wird darin keinerlei Bezug genommen.

Die diesbezüglichen Entscheidungen des Heiligen Stuhles auf der Grundlage des Visitationsberichts werden jedoch von den österreichischen Bischöfen nicht abgewartet. Die kirchenpolitischen Hintergründe sind einem Bericht im *Kurier* zu entnehmen:

> Indes herrscht in kirchlichen Kreisen gespannte Erwartung über das Ergebnis der Visitation. [...] Tatsächlich rechnet man aber in der österreichischen Amtskirche mit einer „politischen" Lösung durch den Vatikan bereits in den nächsten Wochen. Denn trotz der offenen Erklärung der heimischen Bischöfe ist das delikate

---

[89] *Kurier* vom 15. Februar 1998, 16: „Stift Göttweig: Papst-Gesandter Rooney soll die Causa Groër klären. [...] Und erstmals nach Jahrzehnten ist ein Kardinal Anlass einer Apostolischen Visitation." *Täglich Alles* vom 1. März 1998, 16: „Auch Kardinal Hermann Groër muss demnächst ‚praesente corpore', also persönlich, gegenüber dem Visitator sein ‚eisernes Schweigen' brechen."

[90] Vgl. *Kurier* vom 3. März 1998, 3: „Die Hoffnung auf wirkliche Klärung der Affäre Groër zerstörte Rooney bereits bei seinem Antrittsstatement." – Vgl. auch *Neue Kronenzeitung* vom 3. März 1998, 2: „Groër unterstehe als Kardinal der Gerichtsbarkeit des Papstes, begründete das der aus den USA stammende Visitator. Nur wenn der Kardinal von sich aus zu ihm käme, werde er ihm zuhören."

[91] Vgl. *Täglich Alles* vom 3. März 1998, 10: „Göttweig-Sprecher Koloman Hirsch: ‚Rooney wird auch das Priorat in Maria Roggendorf besuchen.'"

[92] Vgl. *Kurier* vom 3. März 1998, 3: „Ehe der Visitator wieder hinter der Klosterpforte verschwindet, drücken ihm zwei Männer ein Kuvert in die Hand. Es sind die Stellungnahmen von mehreren Ex-Mönchen. Die beiden Überbringer waren ebenfalls jahrelang im Kloster. Sie sprechen von ‚Signalen', dass auch die ‚Ehemaligen' in die Untersuchung einbezogen werden. Offiziell war dazu gestern nichts zu erfahren." – Vgl. auch *Täglich Alles* vom 4. März 1998, 10: „‚Bei der Befragung sei es sehr wohl um die Affäre Groër gegangen,' so Ex-Mönch Kimmel, der mit dem päpstlichen Visitator gesprochen hatte."

Grundproblem ungelöst: **Wie vermeidet man die Peinlichkeit öffentlicher Auftritte von Groër beim Papst-Besuch im Juni?**[93]

Einige österreichische Bischöfe setzen nun alle denkbaren Hebel in Bewegung, um Kardinal Groër aus der Öffentlichkeit zu verbannen. Kardinal Schönborn ruft am 27. März seinen Vorgänger auf, „vorerst von bischöflichen Handlungen wie Firmungen Abstand zu nehmen", und begründet dies mit der Rücksicht auf Opfer menschlichen Versagens in der Kirche.[94] Doch der eigentliche Zweck, nämlich eine Teilnahme Kardinal Groërs am Papstbesuch zu verhindern, ist evident.[95] Die Diözese St. Pölten schließt sich diesem Aufruf Schönborns allerdings nicht an.

Kurz darauf tritt die Bischofskonferenz auf den Plan:[96] Noch vor Beginn der Sitzungen am 31. März spricht Bischof Weber als Vorsitzender die Hoffnung aus, dass der Papst der „Affäre Groër" bald ein Ende setzen werde, und setzt sich für eine „Zuwendung für Opfer" ein.[97] Zu diesen Opfern zählt Weber jene Menschen, die im Zusammenhang mit dem Fall Groër „**Schaden erlitten haben**, sei es **direkt oder in einem weiteren Sinn von Enttäuschung**".[98] Bereits am 7. April wird Kardinal Schönborn zusammen mit Erzbischof Eder und Bischof Weber we-

---

[93] *Kurier* vom 7. März 1998, 2. (Herv. G.W.)

[94] *OÖ Nachrichten*, 28. März 1998, 2: „Somit soll Groër auch keine Weihe von Priestern oder Diakonen vornehmen. Schönborns Begründung: ‚Wir sind in der letzten Zeit viel mit Fehlern von Menschen in der Kirche konfrontiert gewesen. Zuwenig wurde dabei an die gedacht, die durch menschliches Versagen in der Kirche Schaden leiden.'" – Vgl. auch *Kurier* vom 4. April 1998, 3: „Kardinal Schönborn: ‚Groër weiß, dass die **Bitte**, er möge auf bischöfliche Handlungen verzichten, mit Rom abgestimmt ist.' [...] ‚Das ist die Konsequenz, die man jedem Priester in dieser Situation **empfehlen** muss.'" (Herv. G.W.) Aus der Diktion Schönborns geht deutlich hervor, dass es sich um keine kirchenrechtliche, sondern eine kirchenpolitische Maßnahme handelt. Nur *news* (15/98 vom 9. April 1998, 43) interpretiert diese „Bitte" dahingehend, dass dies „in Wirklichkeit ein Befehl des Papstes" sei. Wie diese Aussage Schönborns Anlass zu Fehlinterpretationen war, verdeutlicht ein Bericht in *Die Presse* vom 4. April 1998: „Groër hat die Bischofswürde niedergelegt" (zitiert nach: *Der 13.*, 13. April 1998, 7).

[95] Vgl. *Der Standard*, 4./5. April 1998, 7: „Österreichs Bischöfe drängen Papst, in der Causa Groër rasch zu entscheiden – Groër fehlt bei Besuch des Papstes – Keine bischöflichen Handlungen."

[96] Vgl. *Kurier* vom 28. März 1998, 2: „Schönborn drängt Groër zum Rückzug. Frühjahrstagung der Bischöfe berät die ‚Affäre Groër', den Papstbesuch und den Dialog für Österreich."

[97] *Oberösterreichische Nachrichten* vom 1. April 1998, 2: „Weber: Zuwendung für Opfer, Einheit nicht um jeden Preis. [...] Gestern, zu Beginn der eigentlichen Versammlung, wieder deutliche Worte: Johann Weber eröffnete die Konferenz mit dem Ausdruck der Hoffnung, dass der Papst der Belastung durch die Affäre Groër ein Ende setze."

[98] *Täglich Alles* vom 1. April 1998, 3. (Herv. G.W.)

gen der „Causa Groër" beim Heiligen Stuhl vorstellig. Die Bischöfe werden allerdings aufgefordert, der Öffentlichkeit mitzuteilen, dass die Belange von Kardinal Groër „allein in der Hand des Papstes liegen" und dieser eine Lösung finden werde, die „von Gerechtigkeit und Liebe getragen ist." Mit einem Schreiben gleichen Datums (7. April) würdigt die Religiosenkongregation im Anschluss an den Visitationsbericht von Abt Rooney die Amtsführung von Abt Lashofer sowie dessen Wertschätzung im Konvent, den guten monastischen Geist des Klosters und die apostolische Tätigkeit der Stiftsmitglieder. Zugleich spricht der Präfekt der Kongregation dem Abt das Vertrauen aus, die durch P. Udo Fischer entstandenen Schwierigkeiten im Konvent zu lösen. Dieses Dokument ist nicht nur ein „Persilschein" für Abt Lashofer,[99] sondern indirekt auch für Kardinal Groër.[100]

Unter Bezugnahme auf diese außerordentliche Visitation gibt die Apostolische Nuntiatur am 14. April 1998 ein Kommuniqué heraus. Im Anschluss daran wird mitgeteilt, dass Kardinal Groër eine Erklärung abgegeben hat, wonach es in den letzten drei Jahren oft unzutreffende Behauptungen zu seiner Person gegeben habe und er Gott und die Menschen um Vergebung bitte, wenn er Schuld auf sich geladen habe. Selbstverständlich sei er bereit, einer Bitte des Heiligen Vaters zu ent-

---

[99] Vgl. *Kurier* vom 10. April 1998, 2: „Denn der Brief des Kongregations-Präfekten Eduardo Martinez Somalo liest sich wie ein ‚Persil-Schein' für Göttweig und Abt Clemens Lashofer, die ‚Causa Groër' wird nicht einmal erwähnt." – Vgl. *Die Presse* vom 10. April 1998, 23: „Causa Groër. Während sich Göttweigs Abt Lashofer über den ‚Persilschein' des Vatikans freuen darf, würde Bischof Krenn Groër auch Firmungen vornehmen lassen. – Große Erwartungen waren in die Schlussfolgerungen des Vatikans nach der Visitation des Stiftes Göttweig gesetzt worden. Sie wurden **enttäuscht**. In einem Brief an Abt Clemens Lashofer bedankt sich die vatikanische Ordenskongregation für dessen Amtsführung und bekundete das ‚Vertrauen' in Lashofers ‚Fähigkeiten, Schwierigkeiten zu begegnen'. **Zum Fall Groër äußerte sich die Kongregation nicht**." (Herv. G.W.)

[100] Vgl. *Neue Kronenzeitung* vom 10. April 1998, 3: „In dem Brief wird der Fall Groër mit keinem Wort erwähnt." – Der Tenor dieses Briefes wäre anders gewesen, wenn Abt Lashofer rechtsverwertbaren Anzeichen von Missbrauch durch den damaligen P. Hans Hermann Groër nicht nachgegangen wäre. Daher wird folgender Bericht (*Oberösterreichische Nachrichten* vom 11. April 1998, 3) den Tatsachen nicht gerecht: „Voll rehabilitiert ist hingegen der Göttweiger Abt Clemens Lashofer. Im Bericht zur Apostolischen Visitation sei er vom Vorwurf, Mitwisser der sexuellen Übergriffe Groërs gewesen zu sein, freigesprochen." Zunächst hier der Visitationsbericht mit dem Schreiben der Religiosenkongregation verwechselt; zweitens hätte dieses Schreiben anders gelautet, wenn überhaupt Beweise für Vergehen durch Kardinal Groër vorgelegen hätten. Noch tendenziöser äußert sich *News* (15/98, vom 9. April 1998, 42) zum Abschluss der Visitation: „Nach dem **schonungslosen Bericht**, den Abtpräses Marcel Rooney dem Papst überbrachte, beginnt auch beim Kardinalstaatssekretär ein Umdenken über Groër." (Herv. G.W.) Die späteren Ereignisse dementieren nämlich eine Verurteilung von Kardinal Groër durch den Heiligen Stuhl.

sprechen, seinen bisherigen Wirkungskreis aufzugeben. Diese Erklärung löst einen medialen Entrüstungssturm aus. Zwei Tage darauf, am 16. April 1998, „entschuldigt" sich daher Kardinal Schönborn für die (mutmaßlichen) Vergehen seines Vorgängers und anderer kirchlicher Amtsträger. Gleichzeitig verleiht er dem „Wunsch des Papstes" bzw. seiner eigenen Forderung Nachdruck, dass Kardinal Groër Österreich verlässt. Dies bedeute auch, dass er nicht mehr als Kardinal oder Bischof in Erscheinung treten werde.

Am 5. Mai 1998 tritt Kardinal Groër sein als „Erholungsaufenthalt" deklariertes Exil in einem Kloster in Goppeln nahe Dresden an. Damit ist das offenkundige Ziel erreicht, Kardinal Groër zu isolieren[101] und seine Teilnahme am bevorstehenden Papstbesuch zu verhindern.[102] Kardinal Schönborn erklärt nämlich bereits in der ORF-Pressestunde vom 14. Juni 1998, dass er ein dauerndes Exil von Kardinal Groër nicht für nötig halte.[103] Ferner spricht er die Hoffnung aus, dass der Papst die Probleme der Kirche in Österreich ansprechen werde: „In Anspielung auf Kardinal Hans Hermann Groër setzte Schönborn hinzu: ‚Wenn wir einen Menschen besonders mit Schuld belasten, sind auch die anderen mit verwoben.'"[104] Doch die Ereignisse beim Besuch des Heiligen Vaters dementieren diese Hoffnung: „Lob für Krenn, kein Wort zur Kirchenkrise" – wird der Besuch von Johannes Paul II. in St. Pölten am 20. Juni 1998 kommentiert:[105]

---

[101] Vgl. news 16/98, 27: „Die Angst der **Hirten** [Bischöfe], Groër könnte zum Märtyrer hochstilisiert und seine Bleibe zum Pilgerzentrum umfunktioniert werden, dominierte monatelang die interne Diskussion." (Herv. G.W.)

[102] Vgl. news, 11/98, 27: „Ein durch den Fall Groër belastetes Land besucht der Papst mit Sicherheit nicht. Die Bilder von demonstrierenden Menschenmassen würden auf der ganzen Welt verbreitet werden – eine **Horrorvision** der mediengeeichten PR-Strategen in Rom. Ein homosexueller Kardinal – der Jugendliche sexuell missbraucht, der Mitbrüder in Abhängigkeiten gebracht und der auch das Beichtgeheimnis verletzt hat: **Eine derartige Begleitmusik zu einem Papstbesuch ließen sich die internationalen Medien sicher nicht entgehen.**" (Herv. G.W.)

[103] Vgl. news 25/98, 7: „Groër: Rückkehr gleich nach dem Papstbesuch?" – Vgl. auch *Täglich Alles* vom 15. Juni 1998, 3: „Ob Groër, der zur Zeit im Exil in Dresden weilt, wieder nach Österreich zurückkommen wird, darüber hat der Papst das letzte Wort. ‚Ich glaube aber nicht, dass es notwendig ist, dass Kardinal Groër auf Dauer im Exil bleibt', sagt Schönborn." – Vgl. die Parallele zur Causa St. Pölten: Prälat Ulrich Küchl und Dr. Wolfgang Rothe wurden vom Ex-Visitator Bischof Küng ein halbes Jahr ins Exil in den Schwarzwald geschickt. Die beiden Priester sollten offensichtlich in der Versenkung verschwinden, damit die Öffentlichkeit nicht an die Opfer der Medienkampagne gegen Bischof Krenn erinnert wurde. Vgl. Waste, *Die Kirche als Gefangene*, 35.

[104] *Kleine Zeitung*, 18. Juni 1998, 9.

[105] *Kleine Zeitung*, 21. Juni 1998, 2: „Die Ansprache des Papstes stärkte den umstrittenen Kurs des St. Pöltner Bischofs Kurt Krenn."

Als er [Bischof Krenn] dazu aufforderte, auch Kardinal Hans Hermann Groër „in unser Gebet" einzuschließen, gab es demonstrativen Applaus. An die Printmedien richtete er die Bitte „um eine gerechte Information". Der Papst würdigte in seiner sehr pastoralen Ansprache das Wirken der Priester, Diakone und Ordensgemeinschaften und hob den Wert der christlichen Ehe hervor.[106]

Auch in Bezug auf den „Dialog" enttäuschte der Papst wahrscheinlich die Erwartungen mancher Kreise. Denn er warnte davor, den Dialog als harmlose Spielart einer „oberflächlichen Anpassung" zu betrachten. Denn ohne Bereitschaft, sich zur Wahrheit zu bekehren, verkümmere jeder Dialog zum „faulen Kompromiss".[107] Mit dieser Erklärung stärkte der Heilige Vater zumindest indirekt erneut die Position Bischof Krenns, ohne auf die Ansprache Kardinal Schönborns vom Vortag anlässlich von drei Seligsprechungen irgendwie einzugehen.[108]

Nachdem Kardinal Groër offenbar nicht mehr als Hindernis für kirchenpolitische Bestrebungen betrachtet wird, kehrt er schwer krebskrank am 20. Oktober 1998 endgültig ins Zisterzienserinnenkloster Marienfeld nach Maria Roggendorf zurück.[109] Der Zeitpunkt seiner Heimkehr, nämlich kurz vor Beginn des „Dialogs für Österreich", sorgt jedoch in gewissen Kreisen wieder für Unmut.[110] Da sich Kardinal Groër aus dem öffentlichen Leben zurückgezogen hatte und keine bischöflichen Handlungen mehr ausübte,[111] konnte er einigermaßen unbehelligt

---

[106] Ebd., 3.
[107] *Kleine Zeitung*, 23. Juni 1998, 3.
[108] *Kleine Zeitung*, 22. Juni 1998, 2: „Was Johannes Paul II. in seiner Rede tunlichst vermied, nannte Kardinal Christoph Schönborn gleich bei seiner kurzen Begrüßungsrede beim Namen. Er erinnerte an die ‚Gräben, die Österreich in verfeindete Lager geteilt haben' und an die Konflikte, die nicht nur ‚die Kirche', sondern bei manchen Menschen auch ‚das Vertrauen in den Papst und in uns Bischöfe erschüttern'."
[109] *Salzburger Nachrichten* vom 31. Oktober 1998, 4: „Der umstrittene 79jährige Kardinal Hans Hermann Groër befindet sich wieder in Österreich. [...] Die Erzdiözese Wien teilte mit, dass sie seitens des Vatikan über die Rückkehr Groërs informiert worden sei. Als Grund wird eine Verschlechterung des Gesundheitszustands des Kardinals angegeben."
[110] *Der Standard* vom 14. Oktober 1998, 8 (Hubertus Czernin): „Der Zeitpunkt, wieder einmal österreichischen Boden zu betreten [...] könnte nicht schlechter gewählt sein. In wenigen Tagen beginnt die Salzburger Dialogkonferenz, die das nach Ausbruch der Affäre Groër aufständische Kirchenvolk etwas befrieden soll." – *Täglich Alles* vom 19. Oktober 1998, 10: „Kardinal Hans Hermann Groër (79) – knapp eine Woche vor Beginn des ‚Dialogs für Österreich', bei dem Wege aus der Kirchen-Krise gesucht werden sollen, kehrte er nach Österreich zurück. Zufall oder wohlkalkulierte Absicht konservativer Kreise?"
[111] Bei seiner Rückkehr taufte er in Wiener Neustadt die Nichte eines Mitarbeiters. – Vgl. *Kurier* vom 15. Oktober 1998: „Groër in Österreich zu Behandlung und Taufe." – Vgl. dazu den

von neuen medialen Attacken seinen Lebensabend im Kloster Marienfeld verbringen. Doch die Legende vom Kardinal, der angeblich Kinder missbraucht hat, wurde bis über dessen Tod hinaus aufrechterhalten.

2.5. Die Zeit nach dem Tod von Kardinal Groër (24. März 2003): Festschreibung eines Mythos

Noch in den letzten Lebensjahren wurde Kardinal Groër von einer Aura der Mythisierung umgeben, womit zugleich die gegen ihn vorgebrachten und zu keiner Zeit bewiesenen Vorwürfe je nach Bedarf instrumentalisiert werden konnten.
So präsentieren die österreichischen Bischöfe bei ihrem turnusmäßigen Ad-limina-Besuch beim Heiligen Stuhl im November 1998 die Causa Groër als „unbewältigten Konflikt" im Sinne eines kircheninternen Versagens, um damit die Forderung nach Strukturreformen zu verknüpfen.[112] Ferner erhält Josef Hartmann, der wichtigste Ankläger des Kardinals, in den Jahren 1998-2001 von Kardinal Schönborn 150.000 Schilling für ein „neues Leben" und die Ausbildung zum Waldorflehrer in der Schweiz.[113] Bereits im Mai 2002, also noch vor dem Tod des

---

Kommentar in *Der Standard* (ebd.): „Damit unterläuft Groër nicht einmal die Bitte seines Nachfolgers Christoph Schönborn, keine bischöflichen Handlungen mehr zu setzen. Denn Taufen kann jeder Priester."

[112] *Oberösterreichische Nachrichten* vom 14. November 1998, 2: „Bischöfe beichten dem Papst Fehler in der Causa Groër. – ‚Höchst ungeschickt' sei die Causa Groër kirchenintern behandelt worden, heißt es in dem Bericht, den die katholischen Bischöfe nächste Woche in Rom vorlegen werden. [...] Überaus selbstkritisch wird die Causa Groër aufgearbeitet: ‚Anders als in angelsächsischen Ländern wurde dieser Konflikt höchst ungeschickt behandelt, weil es nicht gelang, ein Zusammenwirken des Beschuldigten, der Bischofskonferenz und der römischen Instanzen zu erreichen.' Auch die Folgen dieses Versagens werden ungeschminkt dargestellt: ‚Beim größten Teil der Kirchenmitglieder', heißt es in dem Bericht, sei ‚die Unzufriedenheit über die offenbar geringe Fähigkeit der Kirche zu einem tauglichen Krisenmanagement' gewachsen. Und, so die bischöfliche Einsicht: Viele Katholiken seien noch mehr auf Distanz zur Kirche gegangen. ‚Nur auf dem Boden einer derart weitreichenden Unzufriedenheit' habe das ‚Kirchenvolks-Begehren' so erfolgreich sein können, sind die Bischöfe überzeugt. Viele Unterschriften seien ‚Ausdruck des weitverbreiteten Wunsches, in der Kirche möge sich einiges ändern'."

[113] Vgl. *news* 12/99 („Hartmanns Schlussstrich". Das genaue Datum und die Seitenzahlen konnten nicht mehr eruiert werden): „Das Geheimtreffen fand in den ersten Augusttagen 1998 statt. Josef Hartmann, Auslöser des Falls Groër, traf sich erstmals seit Ausbruch der Affäre mit einem hohen kirchlichen Würdenträger: dem Wiener Generalvikar Helmut Schüller. [...] Schüller und Hartmann waren sich einig. Die Erzdiözese übernimmt die Kosten für Hartmanns persönlichen Neustart ins Berufsleben: seine Ausbildung zum Waldorf-Lehrer am Goetheanum im Schweizer Dornach unweit von Basel. Die Summe, die Hartmann in den kommenden drei Jah-

Kardinals, verlangt Hartmann außerdem – als Reaktion auf die Forderung Bischof Krenns nach einer Rehabilitierung Kardinal Groërs – „Schadenersatz nach US-Vorbild".[114] Er hat sicher nicht geringe Summen erhalten: Am 10. Mai 2011 muss Josef Hartmann in einem in *profil online* unter dem Titel „Ich war der Antichrist" veröffentlichten Interview auf entsprechende Anfrage zugeben, dass ihm „die Kirche" im Jahre 2003 circa € 40.000 überwiesen hat, die er als „Schweigegeld" bezeichnet.[115] Es melden sich später auch andere „Opfer" zu Wort: *Profil* berichtet in der Ausgabe vom 4. April 2011, dass der Psychiater Oskar Sommer für seine Behauptung, von Kardinal Groër vor ca. fünfzig Jahren im Knabenseminar Hollabrunn missbraucht worden zu sein, von der inzwischen errichteten Klasnic-Kommission für Missbrauchs-opfer € 25.000,-- erhalten hat.[116]

Beim Tod von Kardinal Groër, am 24. März 2003, halten sich die Bischöfe sehr bedeckt.[117] Schließlich hatte sich Papst Johannes Paul II. in seinem Kondolenztelegramm an Kardinal Schönborn mit keinem Wort über die gegen seinen Vorgänger erhobenen Vorwürfe geäußert.[118] Eine ausschließlich positive Würdigung kommt nur von Bischof Krenn, der auch die Wertschätzung des verstorbenen Kardinals durch den Papst

---

ren monatlich überwiesen wird, reicht gerade, um die Studienkosten an der Privat-Uni zu begleichen. Bis 2001 werden Groërs Nachfolger ihn mit insgesamt 150.000 Schilling unterstützen."

[114] Vgl. *news* 21/02 vom 23. Mai 2002, 36f: „Groër-Opfer klagt die Kirche."

[115] Vgl. http://www.profil.at/articles/1118/560/296228/ich-antichrist vom 10. Mai 2011, (Auszug aus dem Interview): „*profil:* 2003 hat Ihnen die Kirche an die 40.000 Euro überwiesen. Dafür mussten Sie schriftlich garantieren, nicht mehr an die Öffentlichkeit zu gehen? *Hartmann:* Ja, das war ein Teufelspakt. Es war Schweigegeld. Ein sittenwidriger Vertrag. Der Betrag war ein Hohn verglichen mit international üblichen Entschädigungssummen."

[116] *Profil* vom 4. April 2011, 34f. Oskar Sommer behauptet, der Kardinal habe ihn zu Massagen der Genitalien angeleitet und nach dem Tod seines Vaters zu ihm ein Abhängigkeitsverhältnis aufgebaut.

[117] Vgl. *profil* vom 31. März 2003, Nr. 14, 55: „Der Zündler Gottes. […] ‚Unbeschadet der Schatten gilt es in der Stunde des Abschieds, die Leistungen des Priesters und Bischofs zu würdigen', reagierte Erzbischof Christoph Schönborn auf das Ableben seines Vorgängers mehrdeutig. Bedeutungsschwere Worte kamen vom großen alten Kirchenmann Kardinal Franz König, der ersuchte, ‚angesichts der Majestät des Todes' davon abzusehen, ‚die Wunden der Vergangenheit aufzureißen'."

[118] Vgl. http://religion.orf.at/projekt02/news/0303/ne030324_reaktionen_fr.htm vom 24. März 2003: „In einem Kondolenztelegramm an den Wiener Erzbischof, Kardinal Christoph Schönborn, schreibt der Papst, ‚mit Trauer habe ich die Nachricht vom Heimgang Ihres Vorgängers im Amt des Erzbischofs von Wien, des hochwürdigsten Herrn Kardinal Hans Hermann Groër OSB aufgenommen.'"

zur Sprache bringt.[119] Der negative Unterton in den Medienberichten ist jedoch unüberhörbar.[120]

Die Beisetzung des Kardinals am 4. April 2003 erfolgt auch nicht wie für die Wiener Erzbischöfe üblich im Stephansdom, sondern in einer von ihm selbst entworfenen Gruft neben dem Zisterzienserinnenkloster Marienfeld. Über seinen Tod hinaus soll Kardinal Groër nach dem Willen bestimmter Gruppierungen eine Symbolfigur für das „Versagen" der Kirche sein, womit man innerkirchliche Fehlentwicklungen rechtfertigt, während er in Wirklichkeit Symbolfigur eines Kampfes gegen die Kirche war.
Diese symbolische Bedeutung der Causa Groër lässt sich ausgehend von der Unschuldsvermutung im historischen Rückblick erkennen.

---

[119] Vgl. *news* 13/03 vom 27. März 2003, 77: „Kurt Krenn hielt seinem Freund, dem Kardinal, bis zuletzt die mitbrüderliche Treue. Der Papst bestärkte ihn darin. Er ermunterte ihn, eine Achse aufrechtzuerhalten. ‚Der Papst würdigte ihn' – Bischof Kurt Krenn über seinen Freund H. H. Groër. [...] Groër sagte einmal zu Krenn: **Was mir vorgeworfen wird, ist nicht wahr.**"

[120] *Kurier* vom 25. März 2003, 7: „Der umstrittene Benediktiner [...] der Kardinal im Schatten." – *Kleine Zeitung* vom 25. März 2003, 10: „Der Kardinal, der Österreichs Kirche hart prüfte. – Hans Hermann Groër ist tot. Die ‚Causa Groër' stürzte die Kirche in eine tiefe Krise."

3. Das Realprinzip: Die Unschuldsvermutung und ihre erhärtenden Faktoren

Kardinal Groër hatte das Recht auf Unschuldsvermutung, bis das Gegenteil in einem ordentlichen Prozess erwiesen worden wäre,[121] unabhängig von seinen persönlichen, nicht im mindesten vorgeschriebenen Erklärungen. Der Kardinal hat also schon deshalb bis heute als unschuldig zu gelten, da ohne jeden Beweis gegen ihn weder von staatlicher noch von kirchlicher Seite jemals ein Verfahren eingeleitet werden konnte. Der Rechtsgrundsatz der Unschuldsvermutung, der sowohl in die „Allgemeine Erklärung der Menschenrechte der Vereinten Nationen von 1948" als auch in die „Europäische Menschenrechtskonvention" (1953) Eingang gefunden hat, gewährleistet nämlich den naturrechtlichen Anspruch eines jeden Menschen auf den Schutz seiner Würde und die Anerkennung seiner Schuldlosigkeit, und zwar nicht nur im Zusammenhang mit einem Strafverfahren.[122] Das kanonische Recht kennt zwar keinen expliziten Begriff der Unschuldsvermutung, jedoch dessen analoge Anwendung (can. 1728, § 1 CIC), indem es einen Angeklagten nicht einmal verpflichtet, eine begangene Straftat einzugestehen, und folglich noch viel weniger zu einem Kommentar über die gegen ihn vorgebrachten unbewiesenen Anschuldigungen. Ihre eigentliche Entsprechung im Kirchenrecht findet die in der profanen Rechtsordnung als „Menschenrecht" deklarierte Unschuldsvermutung in der „aequitas canonica", der „rechtlichen Billigkeit", die ebenfalls im Naturrecht verankert ist und auch Tugenden wie Liebe, Mäßigung und Menschlichkeit als allgemeine und nicht nur verfahrensrechtliche Grundsätze umfasst.[123]

---

[121] „Europäische Menschenrechtskonvention", Art. 6 Abs. 1: „Jede Person hat ein Recht darauf, dass über Streitigkeiten in Bezug auf ihre zivilrechtlichen Ansprüche und Verpflichtungen oder über eine gegen sie erhobene strafrechtliche Anklage von einem unabhängigen und unparteiischen, auf Gesetz beruhenden Gericht in einem fairen Verfahren, öffentlich und innerhalb angemessener Frist verhandelt wird. [...]"

[122] „Allgemeine Erklärung der Menschenrechte der Vereinten Nationen von 1948", Art. 11 Abs. 1: „Jeder Mensch, der einer strafbaren Handlung beschuldigt wird, ist so lange als unschuldig anzusehen, bis seine Schuld in einem öffentlichen Verfahren, in dem alle für seine Verteidigung nötigen Voraussetzungen gewährleistet waren, gemäß dem Gesetz nachgewiesen ist." – „Europäische Menschenrechtskonvention", Art. 6 Abs. 2: „Jede Person, die einer Straftat angeklagt ist, gilt bis zum gesetzlichen Beweis ihrer Schuld als unschuldig." Die Unschuldsvermutung endet erst mit der Rechtskraft der Verurteilung. Vgl. http://de.wikipedia.org/wiki/Unschuldsvermutung, Stand 22. März 2012.

[123] Vgl. „Commentarium Officiale" zum CIC 1983. „... in novo iure, preater virtutem iustitiae, ratio habeatur etiam caritatis, temperantiae, humanitatis, moderationis, quibus aequitati studea-

In der Folge muss die Unschuldsvermutung auch als alleiniges rechtsverwertbares Prinzip für einen Urteilsspruch herangezogen werden, wenn sich nichts Konkretes ermitteln lässt und keinerlei Beweise vorliegen.[124] Solange nicht durch andere reale bzw. empirisch überprüfbare Fakten das Gegenteil bewiesen ist, gilt sie auch als alleiniges Realprinzip, d.h. als Prinzip zur Einschätzung und Bewertung der Realität. Diese Unschuldsvermutung kann in der Causa Groër durch zusätzliche Faktoren rechtlicher und personbezogener Art erhärtet werden.

3.1. Rechtliche Aspekte

Als rechtliche Aspekte werden im folgenden alle jene Faktoren bezeichnet, die in einem konkreten Gerichtsverfahren zur Wahrheitsfindung herangezogen werden. Dazu gehören einerseits die Zeugenaussagen und andererseits empirisch greifbare Beweise. Beides ist in der Causa Groër nachweislich nicht vorhanden, wohl aber entlastende Aussagen verschiedener und unterschiedlichster Personen.

---

tur non solum in applicatione legum ab animarum pastoribus facienda..." Vgl. Codex Iuris Canonici, Libreria Editrice Vaticana, MDCCCCXXXIII, p. XXI Nicht offizielle Übersetzung: „...Zur bestmöglichen Förderung der Seelsorge soll im neuen Gesetzeswerk nicht nur der Grundsatz der Gerechtigkeit zur Anwendung kommen, sondern ebenso auch der Grundsatz der Liebe und der Mäßigung, der Humanität und der Angemessenheit. Die Seelenhirten sollen in ihrer amtlichen Gesetzesausübung um Ausgewogenheit und rechtes Maß in diesem Sinne bemüht sein..."

[124] Folgender Kommentar von Karl Danninger in den *Oberösterreichische(n) Nachrichten* vom 10. April 1995 (zitiert nach: Kaspar, *Das Schweigen des Kardinals*, 66f) zeugt daher von fehlendem Rechtsverständnis, und zwar sowohl des Schreibers als auch dessen, der sich auf ihn beruft: „Eine weitere taktische Sackgasse, in die sich die schweigenden österreichischen Kirchenfürsten mit Groër begeben haben, ist die Unschuldsvermutung. Schweigen sei, so hört man, in keinem Rechtssystem als Eingeständnis zu werten. Stimmt. Nur: Groër entzieht sich dem Rechtssystem. Die Unschuldsvermutung gilt für den, der sich dem Rechtssystem stellt. Für ihn gilt auch: Im Zweifel für den Angeklagten. Wer sich hingegen so beharrlich allen Untersuchungen entzieht, entzieht sich auch der Möglichkeit der Unschuldsvermutung." Wenn der Kommentar Recht hätte, würde die Unschuldsvermutung für praktisch niemanden mehr gelten, da schließlich kein Angeklagter verpflichtet ist, sich selbst der Justiz zu stellen, sondern von der Justiz verdächtigt und angeklagt werden muss. Es ist nicht die Aufgabe des Angeklagten – zumal eines zu Unrecht Angeklagten –, sich dem Rechtssystem zu stellen, um seine Unschuld zu beweisen, sondern es ist die genuine Aufgabe des Rechtssystems, die vermutete Schuld des Angeklagten zu beweisen.

3.1.1. Fehlende Zeugen und Beweise für die Aussagen der Ankläger

In der Causa Groër gibt es für die Aussagen der Ankläger keine unmittelbaren Zeugen und keinerlei Beweise. Der damalige Sekretär der Österreichischen Bischofskonferenz, Msgr. Michael Wilhelm, weist gleich zu Beginn der Medienkampagne auf dieses Faktum und damit auf die wirkliche Rechtslage hin:

> Monsignore Michael Wilhelm, Sekretär der Österreichischen Bischofskonferenz, bezeichnete am Dienstag die Anschuldigungen von Josef Hartmann als vollkommen haltlos. Daher müsse der Kardinal keine Stellungnahme abgeben. Auch die Ankündigung von *profil*-Herausgeber Hubertus Czernin, dass er Zeugen für die Vorwürfe habe, erschüttert Wilhelm nicht. Wenn es stimmen würde, was Hartmann erzählt, könne es **keine Zeugen** geben, weil sich diese Dinge **nur unter vier Augen** abgespielt haben können.[125]

Der Hauptgrund dafür, den Msgr. Wilhelm allerdings nicht nennt, ist die Tatsache, dass sich die behaupteten Vorkommnisse im Rahmen der Beichte abgespielt haben sollen.[126] Daher kann es von vornherein keinen Zeugen geben, der die Anschuldigungen von Josef Hartmann aus unmittelbarer Anschauung bestätigen könnte. Selbst *news* muss anerkennen, dass es keine Zeugen gibt, ohne jedoch die Ursachen einsichtig zu machen:

> Einen Zeugen für einen tatsächlichen sexuellen Missbrauch von Hartmann durch Groër gibt es nach dem derzeitigen Stand der Informationen nicht.[127]

Auf diese Weise konnte *news* aber zumindest suggerieren, dass vielleicht doch noch Zeugen auftauchen würden. Dadurch war den Medien und ihren Hintermännern aber zugleich die Möglichkeit gegeben, weitere unüberprüfbare Anschuldigungen zur Rechtfertigung der Angriffe

---

[125] *Der Standard* vom 29. März 1995, 6: „Neuer Zeuge gegen Groër – Kirchenvertreter sieht Kampagne gegen Kardinal: ‚Hartmann will Groër bewusst schaden'."
[126] Vgl. dazu Kapitel 4.2.2.
[127] *News* 13/95 vom 30. März 1995, 14. Gemeint sind hier Augen- und Ohrenzeugen.

auf Kardinal Groër zu präsentieren, was als wichtiges Indiz der künstlichen Inszenierung der gesamten Causa Groër zu werten ist. Es hat aber nachweislich keine Augen- und Ohrenzeugen der behaupteten Vorkommnisse gegeben, was auch angesichts des Zusammenhangs mit der Beichte höchst unwahrscheinlich ist. Die Aussagen jener Personen, die von *profil* und *Der Standard* zur Erhärtung der Vorwürfe Hartmanns angeführt werden, sind daher nicht als exakte Zeugenaussagen zu werten, sondern nur als Berichte nach dem Hörensagen.[128] Dasselbe gilt auch für die später erhobenen Vorwürfe der (Ex)Mönche von Göttweig, die in keinem funktionierenden Rechtssystem und in keinem ordentlichen kirchlichen Verfahren als Beweismittel weder für die eigenen Angaben und noch viel weniger für jene von Josef Hartmann angenommen worden wären. Denn keiner dieser vorgeblichen „Zeugen" hätte jenen Kriterien entsprochen, die das Kirchenrecht (can. 1572) für die Würdigung von Zeugenaussagen festlegt:

    1° die **persönlichen Verhältnisse** und die **sittliche Lebensführung** des Zeugen;
    2° ob dieser aus eigenem Wissen, insbesondere ob er als **persönlicher Augen- und Ohrenzeuge** aussagt oder ob er seine eigene Meinung, ein Gerücht oder vom Hörensagen berichtet;
    3° ob der Zeuge **beständig** ist und **sich standhaft treu bleibt** oder ob er unbeständig, unsicher und schwankend ist;
    4° ob er **Mitzeugen** für seine Aussage hat oder ob diese durch **andere Beweiselemente bestätigt** wird oder nicht. (Herv. G.W.)

Bei Betrachtung der persönlichen Verhältnisse und der sittlichen Lebensführung der Ankläger des Kardinals ist auffällig, dass es sich hauptsächlich um Apostaten handelt, als Menschen, die von der Kirche abgefallen und erst Jahre später mit ihren Anschuldigungen an die Öf-

---

[128] Vgl. *Der Standard* vom 29. März 1995, 6: „Beim STANDARD hat sich ein weiterer Ex-Schüler aus Hollabrunn gemeldet, der aus den Jahren 1980 bis 1982 von Übergriffen Groërs zu berichten weiß. ‚Wir alle haben gewusst, dass es gefährlich ist, wenn Groër mit dir ein Gespräch beginnt', erinnert sich der heute 31jährige Wolfgang S. aus Salzburg." Diese Passage ist typisch für die Verbreitung von medialen Gerüchten nach dem Prinzip des Hörensagens: Alle scheinen es zu wissen, aber keiner hat etwas gesehen. Nach diesem Prinzip ist die gesamte Causa Groër konstruiert, wie sich anhand von vielen Beispielen belegen lässt. Vgl. auch *news* 13/95 vom 30. März 1995, 15: „Kritiker Pater Udo Fischer, ebenfalls am Internat: ‚Die **Gerüchte** sind seit 1972 allgemein bekannt.'" (Herv. G.W.)

fentlichkeit gegangen sind.¹²⁹ Zudem stand Hartmann im Verdacht, seinerzeit Schülerinnen sexuell belästigt zu haben:

> **Sexuelle Belästigung im Personalakt.** Tatsächlich war Josef Hartmann im Schuljahr 1991/92 Lehrer und Erzieher an der Höheren Lehranstalt für Umwelt und Wirtschaft im niederösterreichischen Ysper. Und tatsächlich findet sich in Hartmanns Personalakt unter dem Datum „*5. Dezember 1991*" folgende Eintragung: *„Hermine D. und Susanne S., zwei Internatsschülerinnen, melden, dass Herr Hartmann sie im Internat sexuell belästigt habe. Folge: Herr Hartmann darf keinen Erzieherdienst mehr machen."*
> Der Direktor der Höheren Lehranstalt in Ysper relativiert im NEWS-Gespräch diese disziplinär für einen Lehrer extrem unangenehme Eintragung: „Eigentlich ist damals gar nichts passiert. Die Tür zum Zimmer der zwei Mädchen stand offen. Die Schülerinnen haben sich gerade ausgezogen. Hartmann hat hineingeschaut. Da haben sie den Vorfall gemeldet. Und wir haben den Dienstvertrag mit Hartmann beendet."¹³⁰

Fest steht auch, dass Hartmann in seinem Lehrberuf aufgrund seines Verhaltens Probleme hatte.¹³¹ Jedenfalls darf man aus dem Leserbrief eines ehemaligen Schülers von Hollabrunn, in dem Kardinal Groër entlastet wird, den Schluss ziehen, dass Hartmann schon damals zumindest ein auffälliges Verhalten an den Tag gelegt haben muss:

> Ich kenne Erzbischof Groër noch von Hollabrunn und kann sagen, dass er stets als distanziert, korrekt und sehr streng galt. Ich glaube, das können alle im Internat bestätigen. Es gab nie Annähe-

---

[129] Vgl. Winkler, *Die katholische Kirche in Österreich*, 213: „... der Kardinal wurde auch ein Opfer seines pastoralen Charismas, seines seelsorglichen Eifers und einer teilweise affektiv verletzten neuen Generation. Dazu kam das Phänomen der Apostaten und Renegaten mit ihren ‚Sündenbockmechanismen' bei Verstößen gegen Glaube und Sitte."

[130] Vgl. news 14/95 vom 6. April 1995, 26: (Herv. orig.) „Opfer. Ein zerstörtes Leben. Josef Hartmann. Der missbrauchte Zögling von Groër und sein ‚patschertes Leben'. Als typisches Opfer." News zitiert also diese Angaben zugunsten von Josef Hartmann.

[131] Vgl. ebd., 27: „Im Personalakt des Landesschulrates gibt es in einem Jahr gleich 15 negative Eintragungen. Etwa: ‚*17.2.92: Die Schülermitarbeit ist auf dem Nullpunkt, die Schüler sind offensichtlich im Streik und gehen auf die Unterrichtserteilung von Herrn Hartmann überhaupt nicht ein.*' – ‚*Ab Dezember 1991 gibt es massive Beschwerden von allen Klassensprechern und von verschiedenen Schülern, dass sie vom Unterricht des Hrn. Hartmann vollständig verwirrt sind. Bei den Sprechtagen massive Angriffe der Eltern (...), die ankündigen, ihre Schüler aus der Schule zu nehmen, wenn dieser Lehrer an der Schule bleibt. (...)*'." (Kursiv orig.)

rungsversuche. **Ob Josef Hartmann für diese ungeheuerlichen Vorwürfe bezahlt wurde oder ob sie aus seiner gestörten Phantasie kommen, weiß man nicht.**[132]

Ein besonders eklatanter Fall ist auch Leo Pfisterer, ein Ex-Mönch von Göttweig, der Kardinal Groër im Rahmen der Visitation belastete. Dieser veranstaltete noch im Jahr der Visitation (1998) in Wien eine Ausstellung zum Teil obszöner Figuren.[133]

Das weitere Kriterium, nämlich die Beständigkeit der Zeugenaussagen, war gerade bei Josef Hartmann nachweislich nicht erfüllt. Der entscheidende Hinweis für die fehlende Kohärenz seiner Aussagen ist der Nachweis, dass sich seine These der spontanen Erinnerung rückblickend als nicht stichhaltig erweist. Hartmann hatte in seinem ersten Interview mit *profil* behauptet, dass er sich im „Fastenhirtenbrief"[134] des Kardinals von jenem Bibelzitat besonders angesprochen gefühlt habe, wonach Unzüchtige, Götzendiener, Ehebrecher, Lustknaben und Knabenschänder das Reich Gottes nicht erben werden (1 Kor 6,9). Dies habe bei ihm Erinnerungen geweckt, da nach Sigmund Freud im Unterbewusstsein keine Zeit existiere.[135] In ZIB 2 („Zeit im Bild", ORF) vom 27. März 1995 behauptet Hartmann allerdings, am *Buch der Schande* mitgewirkt zu haben,[136] das in jenem Jahr bereits in 2. Auflage auf

---

[132] *Täglich Alles* vom 8. April 1995, 14: Leserbrief von H. Bichler, St. Pölten. (Herv. G.W.)

[133] Vgl. *Der 13.*, 13. April 1998, 15 zu dieser Ausstellung: „Da sehen wir eine pudelnackte Frau, die ein körperlich dominierendes Mann-Wesen ‚ummantelt'. Dass Pfisterer seiner Skulptur den Titel ‚Verkündigung' gibt, hat den Geruch der Gotteslästerung. In der Ausstellung ‚Imago 98' stellt Pfisterer auch ein Bronze-Halbrelief aus. Es heißt ‚Lot und seine Töchter' und zeigt einen Mann mit zwei Frauen in obszöner Position. Diese Gruppensexdarstellung hat inhaltlich nicht den geringsten Bezug zum Buch Genesis des Alten Testaments, in dem das Gericht über Sodom und die Rettung Lots (Genesis 19-1-29) beschrieben werden. [...] Faktum ist, dass diese Kunstwerke in einer Ausstellung zu sehen sind, die unter dem Schutzmantel der Erzdiözese Wien steht und durch Kardinal Christoph Schönborn aus dem Rahmen des alltäglichen Kunstbetriebs gehoben wurde."

[134] Schon diese Angabe ist falsch. Der Fastenhirtenbrief in der Wiener Kirchenzeitung Nr. 9 vom 5. März 1995, 5, enthält nämlich dieses Zitat nicht. Es entstammt vielmehr dem Kommentar zum Schreiben der Glaubenskongregation über wiederverheiratete Geschiedene mit dem Titel „Überlegungen zur römischen Epistel Annus Internationalis Familiae" vom 22. Februar 1995, 10.

[135] Vgl. *profil* vom 27. März 1995, Nr. 13, 73. – Vgl. auch *news* 13/95 vom 30. März 1995, 12: „Von ‚Lustknaben' provoziert."

[136] Hartmann in ZIB 2: „*Das Buch der Schande*, erstes Kapitel, das in Amerika begonnen worden ist zu schreiben über sexuell missbrauchte Kinder, von Priestern missbrauchten Kindern, ist bereits in Österreich geschrieben worden, das erste Kapitel, ich kann nur bestätigen und die Hörer und Seher bitten, meine authentische Aussage zu lesen, sie ist von meiner Mutter bezeugt und sie ist auch, wie mein Chefredakteur gesagt hat, von anderen Menschen auch be-

Deutsch erschien, ohne jedoch zu erklären, wie er diese zeitliche Diskrepanz mit einer „spontanen Erinnerung" vereinbaren will.[137] Er verstrickt sich aber auch in weitere Widersprüche. So führt er beispielsweise in ZIB 2 seine Mutter und andere, namentlich nicht genannte Personen als Zeugen für seine Aufzeichnungen an. Auch gegenüber *news* behauptet er, seine Mutter über seine „Missbrauchs-Erlebnisse"[138] voll informiert zu haben. Abgesehen davon, dass es sich nicht um unmittelbare Zeugen handeln kann, erklärt er in seinem Interview mit *profil* genau das Gegenteil: Er habe niemandem etwas darüber erzählt, auch nicht seiner Mutter.[139] Die angebliche Zeugenschaft seiner Mutter[140] wird aber durch die Tatsache in Frage gestellt, dass Hartmanns Bruder Kardinal Groër später in Marienfeld besucht und auf den Knien um Verzeihung gebeten hat.[141] Abgesehen von den inhaltlichen und zeitlichen Widersprüchen[142] kann es sich also nicht um eine spontane Erinnerung an traumatische Erlebnisse gehandelt haben, wie Hartmann auch in ZIB 2 vorgibt („Das hat meine alte Wunde wieder aufbrechen lassen"). In krassem Widerspruch zu dieser vorgeblich „alten Wunde"

---

zeugt." Der Name Hartmann scheint jedoch weder bei den Autoren und deren Informanten noch im Personenverzeichnis des Buches auf. Bemerkenswert ist, dass auch *profil* (27. März 1995, Nr. 13, 68) auf *Das Buch der Schande* verweist, ohne jedoch Hartmann in diesem Kontext explizit zu nennen.

[137] Vgl. dazu auch den Kommentar von Laienratspräsident Dr. Franz Stadler (KATHPRESS-Tagesdienst vom 29. März 1995, Nr. 74, 4): „Auffallend sei für ihn, so Stadler, das zeitliche Zusammentreffen der ‚profil'-Story mit dem Erscheinen der deutschen Übersetzung des ‚Buches der Schande' über ‚Kinder und sexueller Missbrauch in der katholischen Kirche' in den USA."

[138] Vgl. *news* 13/95 vom 30. März 1995, 14: „Der zuletzt vielzierte ‚Zeuge' für die sexuellen Kontakte zwischen Hartmann und Groër dürfte Hartmanns Mutter Erna sein. Josef Hartmann bestätigt gegenüber NEWS, dass er seine Mutter sowohl am Beginn der Affäre (mit damals 14 Jahren) als auch am Ende seiner Beziehung zu Groër – also mit 20 und somit vor 17 Jahren – über die Missbrauchs-Erlebnisse voll informiert hat."

[139] Vgl. *profil* vom 27. März 1995, Nr. 13, 73.

[140] Denn auch die Mutter konnte kein unmittelbarer Zeuge sein. Vgl. dazu *Täglich Alles*, 28. März 1995, 10f den Beitrag: „Herr Groër hat meinen Sohn von daheim abgeholt": „Hartmanns Mutter Erna (60) bestätigt die Aussagen ihres Sohnes. [...] ‚Mein verstorbener Mann und ich wussten davon. Herr Groër war auch zweimal bei uns zuhause und hat den Buben abgeholt. Josef war 14, als ihm einmal herausgerutscht ist, was im Internat passiert." Selbst wenn Josef Hartmann seinen Eltern über das Internat berichtet hätte, ist damit noch nichts über den Wahrheitsgehalt seiner Behauptungen ausgesagt. Jene seiner Mutter sind zudem nicht überprüfbar und stehen im Widerspruch zu jenem Bild des Kardinals sowie des Seminarlebens insgesamt, das die ehemaligen Mitschüler Hartmanns vermitteln.

[141] Der Kardinal berichtete diesen Sachverhalt zwei Priestern, die bei ihm zu Besuch waren. Einer davon war der verstorbene P. Antonius (Jaroslav) Chyska OFM. **Zusatz des Hg.:** Auch uns gegenüber hat der Kardinal diese Aussage gemacht.

[142] Vgl. dazu Kapitel 4.1.1.1.

steht nämlich der Tenor jenes Bewerbungsschreibens, das Josef Hartmann kurz vor den von ihm erhobenen Anschuldigungen gegen Kardinal Groër verfasst hat. Auszüge davon sind in der *Neuen Kronenzeitung* veröffentlicht:

> Mein Vater, Bauer, ermöglichte mir mit Hilfe unseres Pfarrers ... das erzbischöfliche Knabenseminar in Hollabrunn zu besuchen. Dort durfte ich eine glückliche Mittelschulzeit verbringen. Vor allem ... Hermann Groër, mit dem mich sowohl als Religionsprofessor als auch als geistlicher Leiter der Curia der Legio Mariae eine lange Zusammenarbeit verbunden hat, ist das Fundament für mein Leben geworden und auch geblieben.
> Rückblickend glaube ich sagen zu dürfen, dass meine Unsicherheit, den Weg zum Priestertum fortzusetzen, daraus erwachsen ist, dass ich die Geborgenheit, die ich im Kleinen Seminar so wohltuend verspürt habe, im Großen Seminar leider nicht erfahren habe.[143]

Angesichts dieser Ungereimtheiten in den Darstellungen Josef Hartmanns ist daher die Aussage des damaligen *profil*-Chefredakteurs Josef Votzi in einem Streitgespräch mit Bischof Krenn, er habe mehrfach im Hinblick auf mögliche Widersprüche bei Hartmann nachgefragt, habe aber keine gefunden, nicht haltbar[144] und lässt ein mediales Konstrukt

---

[143] *Neue Kronenzeitung* vom 27. Jänner 1998, 25. Dieser Auszug ist zusammen mit dem Kommentar der Chefredaktion **im Anhang** abgelichtet. Dieses Schreiben wurde allerdings nicht immer als Entlastung für Kardinal Groër interpretiert. Vgl. dazu Butterweck, *Österreichs Kardinäle*, 205f.: „Wäre Josef Hartmann der einzige Zeuge gegen Groër, ließe sich mit diesem Brief seine Glaubwürdigkeit in Frage stellen. Doch immer mehr Betroffene und Wissende brechen nun ihr Schweigen. [...] Hartmanns Bewerbungsschreiben, in dem Groër-Verteidiger einen Beweis seiner Unglaubwürdigkeit sahen, kann man auch als das Gegenteil lesen, nämlich als Beispiel für die Verwüstungen, die Groër in den Seelen seiner Opfer anrichtete." Diese Argumentation ist rechtlich unhaltbar. Denn zunächst gibt es keinen unmittelbaren Zeugen, den Hartmann zur Erhärtung seiner Anschuldigungen aufzuweisen hätte. Die Diktion von den „Betroffenen und Wissenden" ist daher nichts weiter als Begriffsvertauschung. Außerdem stellt sich die Frage, welche „Verwüstung" ein geordnetes Internatsleben in den Seelen Heranwachsender anrichten könnte. Schließlich ist der Terminus „Verwüstung" als solcher in diesem Zusammenhang ein ideologisches Konstrukt, das in keinerlei logischem Zusammenhang mit dem von Hartmann behaupteten sexuellen Missbrauch steht.

[144] Vgl. *news* 13/95 vom 30. März 1995, 16: „Ich habe mit ihm in drei Wochen wirklich oft gesprochen, habe ihn auch bei vielen Dingen mehrfach gefragt und die Fragen von anderen Seiten gestellt, um mögliche Widersprüche herauszuarbeiten. Es kamen keine." Votzi spricht in diesem Zusammenhang auch von einem „direkten Zeugen, der die Affäre Hartmann bestätigt". Diese Diktion ist juristisch unkorrekt, da es nachweislich keinen direkten im Sinne eines Au-

vermuten. Dafür spricht auch das Bemühen Hartmanns, seine frühere Bekanntschaft mit Josef Votzi, der ebenfalls Groër-Schüler und Mitarbeiter der Legio Mariens war, zu vertuschen. Denn in ZIB 2 vom 27. März 1995 leugnet Hartmann, Josef Votzi vorher gekannt zu haben, was aber nicht stimmen kann.[145] In Schreinemakers SAT 1 vom 20. April 1995 richtet er nämlich ausdrücklich eine Grußbotschaft an seine „ganz lieben Kollegen in der *profil*-Redaktion".[146] Diese frühere Bekanntschaft zwischen Hartmann und Votzi bestätigt auch Hubertus Czernin in seinem Buch zur Causa Groër:

> In der *profil*-Redaktion trifft ein Leserbrief des früheren Hollabrunner Knabenseminaristen Josef Hartmann ein. [...] Auf der Rückseite richtet Hartmann eine **persönliche Botschaft** an *profil*-Chefredakteur Josef Votzi, der selbst seine Schulzeit im Hollabrunner Knabenseminar und bei der Legio Mariens verbracht hat. Er bitte um ‚Rücksprache über die Art und Weise der Veröffentlichung'.[147]

Im übrigen verschweigt auch Czernin die Widersprüchlichkeiten, die in Hartmanns Angaben immer deutlicher zum Vorschein kommen. Der Hintergrund dieser Inkonsequenzen und Diskrepanzen wird aber klar, wenn man sich folgende Aussage Hartmanns in einem Interview mit der Zeitschrift *Der Falter* vergegenwärtigt:

> Ich habe mich in puncto Auswahl der Medien, glaube ich, sehr kritisch verhalten. Man könnte aus der Geschichte ja wirklich Kapital schlagen, indem man zu einer wirklich auflagenstarken deutschen Illustrierten geht. Das habe ich aber ganz bewusst **abgelehnt**.[148]

---

gen- oder Ohrenzeugen gibt. Außerdem wurde dieser Zeuge von *profil* nicht namentlich genannt bzw. näher vorgestellt.

[145] Dr. Gerhard Lueghammer erwähnt, dass Josef Votzi selbst Mitschüler von Josef Hartmann war, er Votzi also gekannt haben muss. Das bestreitet Hartmann entschieden: „Dem muss ich entschieden entgegentreten." (s. Anhang) Die Feststellung von Dr. Lueghammer, dass man in einem Knabenseminar einander gekannt habe und Votzi selbst Schüler von Kardinal Groër und lange Mitarbeiter der Legio Mariens gewesen sei, wird nicht beachtet bzw. die damit verbundene Frage nicht beantwortet.

[146] „... ohne die Zuwendung dieser Leute hätte ich das enorme negative Presse-Echo nicht überstanden, auch nicht ohne diese ganz lieben Kollegen in der *profil*-Redaktion, die ich hier jetzt sehr herzlich grüßen möchte." (s. Anhang)

[147] Vgl. Czernin, *Das Buch Groër*, 77. (Herv. G.W.)

[148] *Der Falter*, 17/95, 9. (Herv. G.W.).

Diese Redeweise weist ziemlich eindeutig darauf hin, dass es sich bei Hartmann um ein von anderen gelenktes Medium und nicht um ein Opfer handelt, das sich aufgrund plötzlich eingetretener Erinnerungen bei *profil* gemeldet hätte. Denn ablehnen konnte er nur Dritten gegenüber, nicht aber *profil*, das erstmals seine Anschuldigungen veröffentlichte.[149] Aber auch *profil* selbst verwickelt sich in Bezug auf die Kontakte mit Hartmann in erhebliche Widersprüche. Josef Votzi muss nämlich seinen eigenen Angaben zufolge Hartmann schon früher in der *profil*-Redaktion selbst begegnet sein und ihn nicht nur aus der Hollabrunner Zeit kennen:

> Chefredakteur Josef Votzi: „Herr Hartmann war **schon vor drei Jahren** bei uns, um uns die Sache mitzuteilen." Damals war er aber, weil Votzi im Stress gewesen sei, doch nicht mit der Geschichte herausgerückt und gegangen. Vor drei Wochen kam er wieder.[150]

Es fragt sich also, wie diese Behauptung von Josef Votzi mit der These einer spontanen Erinnerung Hartmanns, vor allem aber mit dem positiven Tenor seines Bewerbungsschreibens vereinbar sein soll. Denn trotz seiner eidesstattlichen Erklärung, mit der Hartmann die angeblichen Vorfälle bezeugt und die zudem nur der Absicherung der *profil*-Redakteure dient, ist Hartmanns Glaubwürdigkeit höchst fragwürdig.[151] Darüber hinaus lässt sich nicht nur aus seinen eigenen Darlegungen, sondern aus der Berichterstattung von *profil* selbst vermuten, dass er von anderen Personen gesteuert bzw. instrumentalisiert worden ist. *Profil* berichtet nämlich in der nächsten Ausgabe, also eine Woche nach Publikation der Anschuldigungen Hartmanns, dass schon vor einem Jahr

---

[149] Selbst wenn sich deutsche Medien unmittelbar bei Hartmann gemeldet hätten, wären Mittelspersonen erforderlich gewesen, die sich mit diesen Medien abgesprochen und den Kontakt zu Hartmann hergestellt hätten.

[150] *Kurier* vom 28. März 1995, 12. (Herv. G.W.)

[151] Eine eidesstattliche Erklärung ist noch keine Garantie dafür, dass ihr Inhalt der Wahrheit entspricht. Außerdem muss Hartmann gewusst haben, dass er mit einem Meineid keine strafrechtliche Verfolgung riskierte. Auch der Kronzeuge der Causa St. Pölten, der damals bekennende Homosexuelle Remigius Rabiega, tätigte im Medienprozess Rothe/Küchl mehrfach einen Meineid, ohne dass dies für ihn strafrechtliche Konsequenzen hatte. Richterin Mag. Natalia Frohner konfrontierte ihn sogar mit folgender Frage: „Sie wollen Priester werden und schwören hier einen Meineid nach dem anderen und unterschreiben eidesstattliche Erklärungen, die inhaltlich falsch sind?" (Vgl. Protokoll der Hauptverhandlung vom 2. Dezember 2004, Aktenzeichen 095 Hv 96/04 1 des Landesgerichts für Strafsachen Wien, Aktenseite 15). Dennoch gründete sie ihr Urteil auf die Aussagen dieses Meineidigen.

ein Ex-Schüler Groërs, der aber nicht namentlich genannt werden wollte, in der Redaktion zu Protokoll gegeben habe, von diesem unsittlich berührt worden zu sein. Aus dem Tenor der Berichterstattung lässt sich also folgern, dass *profil* auf der Suche nach Personen war, die bereit waren, etwas Belastendes gegen den Kardinal auszusagen. In Zusammenschau mit dem Interview Hartmanns in *Der Falter* ist es naheliegend, dass *profil* im Interesse, ja vielleicht sogar im Auftrag bestimmter Kreise vorging, die im Hintergrund gegen den Kardinal agierten:

> Für eine Publikation der Vorwürfe gegen Groër war ein anonymer Zeuge eindeutig zu dünn. Auch als vor etwa einem halben Jahr ein zweiter Informant am Rande eines **Recherchegesprächs** eindeutige Hinweise gab, **reichte das für eine seriöse Berichterstattung nicht aus.** Erst als sich Josef Hartmann in der zweiten Märzwoche in der Redaktion meldete, seine Erlebnisse eidesstattlich zu Protokoll gab und bereit war, mit seinem Namen dafür einzustehen, wurde im Zuge von fast dreiwöchigen Recherchen aus einem **Puzzle** von anonym bleiben wollenden Informanten und einer Vielzahl von Gerüchten, die zunehmend zur Gewissheit wurden, der Fall Groër [...].[152]

Die Stichhaltigkeit von Hartmanns Aussagen, vor allem das plötzliche Auftauchen bisher angeblich verdrängter Erlebnisse, ist dadurch von *profil* selbst relativiert, wenn nicht sogar dementiert.[153] Wenn nämlich Hartmanns Glaubwürdigkeit nicht doch in Frage gestellt wäre, hätte sich *profil* wahrscheinlich nicht auf die Suche nach weiteren „Zeugen" machen und deren Angaben zu „Beweisen" hochstilisieren müssen. Dieses Procedere von *profil*, nämlich das Zusammentragen von neuen Schein-Argumenten, ändert aber nichts am Faktum, dass weder Hartmann noch die späteren Kläger des Kardinals einen unmittelbaren Zeugen zur Erhärtung ihrer Aussagen aufweisen können.
Abgesehen davon gibt es daher in der gesamten Causa Groër logischerweise auch keine Sachbeweise,[154] was auch Josef Votzi in einem Streitgespräch mit Bischof Krenn anerkennen muss: „Angenommen, *profil*

---

[152] *Profil* vom 3. April 1995, Nr. 14, 27. (Herv. G.W.)
[153] Vgl. http://www.profil.at/articles/1118/560/296228/ich-antichrist vom 10.5.2011: Der *profil*-Redakteur Emil Bobi im Interview mit Josef Hartmann: „1995 haben Sie Kirchengeschichte geschrieben, als Sie via profil die Causa Groër **ins Rollen brachten.**" (Herv. G.W.) Vgl. die Parallele zur Causa St. Pölten (Waste, *Die Kirche als Gefangene*, 51f. Zitat aus *profil* und Kommentar der Autorin): „... *profil* in der Vorwoche den Kirchenskandal **ins Rollen bringen konnte.**" In beiden Fällen wird die mediale Konstruktion von *profil* selbst suggeriert.

hätte einen Sachbeweis." Die Antwort Krenns: „... das Aufbringen von Zeugen ist noch kein Beweis."[155] Er ist auch der einzige Bischof, der die Glaubwürdigkeit Hartmanns und die Recherchen von *profil* entschieden in Frage stellt:

> Zur Frage, ob er Josef Hartmann für einen Lügner halte, sagte Krenn, er wolle nicht einen Menschen angreifen, den er nicht kenne. Er meine nur, dass Hartmann „ein Mensch mit einer sehr kranken Seele" sei. Dadurch könnte es sein, dass sich Hartmann an die Realität „nicht ganz erinnert oder falsch erinnert". Es wäre jetzt eine Aufgabe der Medien, die „Qualität" der Zeugen für die Anschuldigungen gegen Kardinal Groër zu prüfen. Denn die Recherchen des Wochenmagazins „profil" seien – so Krenn – „einseitig und vorurteilhaft" gewesen. Krenn wörtlich: „Es wird sich – glaube ich – herausstellen, dass die Qualität der Zeugen nicht so gut ist, wie man sie heute angibt". Bischof Krenn äußerte den Verdacht, Hartmann sei von bestimmten Leuten „nach vorne geschoben" worden: „Dort steht der arme Kerl jetzt und muss sehen, wie er mit der von ihm angerichteten Sache zurecht kommt."[156]

Bischof Krenn hat auch später, im Januar 1998, als ihm die Anschuldigungen der Ex-Mönche von Göttweig unterbreitet wurden, juristisch korrekt daran festgehalten, dass ihm keine neuen Beweise vorliegen.[157] Diese Sicht wird von Erzbischof Squicciarini im Anschluss an die von der Nuntiatur veröffentlichte Erklärung Kardinal Groërs vom 14. April 1998 bekräftigt:

> Ausdrücklich stellte Nuntius Squicciarini fest: „**Es gibt keine Beweise!**" So gibt es auch **kein Schuldbekenntnis**, sondern auf Ersuchen des Papstes den Satz: „Wenn ich Schuld auf mich geladen

---

[154] Die Behauptung von Paul Zulehner, der „Druck der Fakten auf Groër ist gigantisch" (*profil* vom 10. April 1995, Nr. 15, 37) ist daher inhaltlich nicht korrekt und juristisch nicht haltbar. Denn es gab nachweislich keinen Sachbeweis im Sinne von belastenden Fakten. Vgl. parallel dazu in der Causa St. Pölten (Waste, *Die Kirche als Gefangene*, 87) die Behauptung einer erdrückenden Beweislage, die sich bei genauerer Analyse aber nur als Wortspiel und Vermengung von Fakten herausstellt.

[155] Vgl. *news* 13/95 vom 30. März 1995, 17.

[156] KATHPRESS-Tagesdienst vom 31. März 1995, Nr. 76, 1995, 7. Es handelt sich hier um ein Resümee der TV-Sendung „Zeit im Bild 2" vom vorangehenden Mittwochabend.

[157] Zitiert nach: Czernin, *Das Buch Groër*, 143f: „Wien, 11. Januar 1998. [...] erklärt der Diözesanbischof von St. Pölten, Kurt Krenn, in der ORF-Sendung *Zur Sache*, dass der Kardinal ein ‚unschuldiges Opfer' sei. Es gebe, so Krenn weiters, keine neuen Beweise."

haben sollte, dann bitte ich dafür um Vergebung. Selbstverständlich bin ich bereit, den Wünschen des Heiligen Vaters zu entsprechen."[158]

Folglich gab es auch keine Verurteilung durch den Papst, sondern nur erzwungene kirchenpolitische Maßnahmen ohne juristische Grundlage. Parallel zu diesen fehlenden Beweisen wird aber die Unbescholtenheit und Glaubwürdigkeit von Kardinal Groër von vielen Personen bestätigt.

3.1.2. Entlastende Aussagen zum allgemeinen menschlichen Verhalten von Kardinal Groër

Noch am gleichen Tag, an dem *profil* die Anschuldigungen Hartmanns erstmals veröffentlicht, melden sich in den Medien Gegenstimmen zu Wort. Besonderes Gewicht haben dabei die Aussagen des Caritas-Direktors Helmut Schüller und des Pfarrers von Mödling, Dechant Wilhelm Müller:

> Zwei Priester, die Kardinal Groër gut kennen, hatten am Sonntag gegenüber dem „Pressedienst der Erzdiözese Wien" die Beschuldigungen des Nachrichtenmagazins *profil* gegen den Wiener Erzbischof zurückgewiesen. Sowohl Caritas-Direktor Msgr. Mag. Helmut Schüller als auch der Mödlinger Pfarrer Dechant Msgr. Wilhelm Müller – die Dr. Groër als Religionslehrer beziehungsweise als Erzieher im früheren Knabenseminar Hollabrunn erlebt hatten – sagten übereinstimmend, sie hätten **nie Anhaltspunkte** für homosexuelle **Annäherungsversuche** beobachtet, **weder bei ihnen selbst** noch bei **Mitschülern** noch auf der Ebene des **Schul-Tratsches**.[159]

Zu diesem Zeitpunkt hielt Schüller auch noch ungebrochen an der Unschuldsvermutung zugunsten des Kardinals fest, indem er forderte, dieser Vorwurf Hartmanns müsste „sehr genau bewiesen werden"[160]. Interessant ist aber vor allem der Hinweis, dass es nicht einmal auf der Ebene des Schul-Tratsches Anhaltspunkte für Annäherungsversuche gege-

---

[158] *Neue Kronenzeitung* vom 16. April 1998, 4.
[159] KATHPRESS-Tagesdienst vom 27./28. März 1995, Nr. 73, 2.
[160] *Wiener Zeitung* vom 28. März 1995, 2.

ben hat. Damit ist nämlich der Wahrheitsgehalt jenes Berichts in *news* vom 30. März 1995, in dem sich weitere angebliche Opfer zu Wort melden, mehrfach in Frage gestellt.[161]

Erstens muss *news* zugeben, dass es nach den Recherchen der ersten Tage zwar keinen mit Hartmann vergleichbaren Fall gegeben hat. Doch eine ganze Reihe ehemaliger Hollabrunner Internatsschüler würden Kardinal Groër des „Grapschens" - also der Belästigung, nicht des Missbrauchs - bezichtigen. Wenn aber auf der Ebene des Schul-Tratsches nicht einmal von Annäherungsversuchen die Rede war, dann ist damit nicht nur der Vorwurf des Missbrauchs, sondern auch jener der Belästigung hinfällig.

Ferner ist damit ist auch die Glaubwürdigkeit weiterer Personen, die sich auf die Nachfragen von *news* hin „geoutet" haben, von vornherein in Frage gestellt. Einer davon ist der Ö3-Moderator Dominic Heinzl, der zwar zugibt, selbst nie von Groër belästigt worden zu sein, doch gleichzeitig behauptet, dass „jeder wusste, was passiert". Mit diesen Ausführungen würde Heinzl - so *news* - „Hartmanns Fakten" bestätigen. Erstens suggeriert die juristisch unpräzise Ausdrucksweise, dass Heinzl ein Augen- und Ohrenzeuge gewesen sei, was aber nachweislich nicht der Fall war.[162] Gleichzeitig werden die unbewiesenen Behauptungen Hartmanns zu „Fakten" hochstilisiert, was typisch ist für die von den Medien bewusst inszenierte Begriffsverwirrung in der gesamten Causa Groër. Denn schließlich wird in diesem Beitrag der Unterschied zwischen Belästigung und Missbrauch verwischt, abgesehen davon, dass für keines von beiden ein Augen- und Ohrenzeuge vorhanden ist. Im Bestreben, den Kardinal und in weiterer Folge das katholische Internatsleben in Verruf zu bringen, wurden die unüberprüfbaren Anschuldigungen sogar auf weitere Personen ausgedehnt:[163] Ein anderer ehemaliger in diesem Kontext namentlich genannter Internatsschüler beschuldigt sogar Groërs Ko-Direktor Franz Sotola, ihn sexuell attackiert zu haben Ein weiterer ehemaliger Zögling von Hollabrunn, der allerdings nur anonym auftritt, berichtet ebenfalls, dass Annäherungen Groërs an seine Schüler ein „offenes Geheimnis" gewesen seien.[164]

---

[161] Die folgenden Zitate sind durchgehend dem genannten Artikel in *news* 13/95 vom 30. März 1995 („Sittenbild einer ‚Elite-Schule'"), 14f. entnommen.

[162] „Angreifer. Ö3-Moderator Dominic Heinzl bestätigt Hartmanns Fakten: Wir sprachen vom Betthupferl."

[163] „Tatsächlich gibt es Klassenkollegen Heinzls, die sexuelle Übergriffe an dem Internat bestätigen - aber nicht von Groër."

[164] „Der heute 33jährige Ex-Schüler, der acht Jahre das Hollabrunner Gymnasium besuchte: ‚Es war ein offenes Geheimnis in dieser kalten, strengen Schule, dass Groër sich den Schülern nä-

Schließlich befindet sich unter den von *news* zitierten „Kritikern" auch Pater Udo Fischer, der zu berichten weiß, dass die „Gerüchte" seit 1972 allgemein bekannt gewesen seien. Diesen und ähnlichen Gerüchten wird durch die Aussage von Msgr. Schüller und Dechant Müller, dass es nicht einmal auf der Ebene des Schul-Tratsches Anzeichen auch nur von Annäherungen gegeben habe, definitiv der Boden entzogen. Umgekehrt werden aber die Anschuldigungen gegen den Kardinal von einer „Mehrheit dementiert", was *news* sogar offen zugibt:

> Wenn man über die Vorwürfe gegen Groër objektiv berichtet, muss man aber auch feststellen, dass die Mehrheit der von NEWS erreichten Mitschüler Hartmanns und auch spätere Absolventen des Internats in Hollabrunn von Übergriffen Groërs nichts bemerkt haben.

Denn mehrere ehemalige Hollabrunner Schüler, die im Unterschied zu den teils anonymen Anklägern auch namentlich auftreten, verteidigen den Kardinal:

> Johannes Trauner, heute 35, damals zwei Klassen unter Josef Hartmann, betont: „Ich habe Groër sowohl als Religionslehrer als auch durch meine Mitgliedschaft bei der Legio Mariae, einer katholischen Organisation, kennengelernt. Ich war als 14- und 15-jähriger oft mit ihm zusammen - auch oft mit ihm allein im Zimmer. Ich habe wegen einer unanständigen Annäherung durch ihn nie Sorgen gehabt, es ist auch nie eine sexuelle Belästigung passiert. Natürlich hat es Berührungen gegeben, und Groër hatte nie Scheu vor menschlicher Nähe - aber er hat uns immer nur aus Herzlichkeit angefasst. Mehr als ein Schulterklopfen oder ein Tätscheln am Kopf war es nie."

News muss eingestehen, dass „überraschend viele Klassenkollegen von Hartmann sich seine Darstellung der Ereignisse nicht vorstellen" können: Die „eindeutige Mehrheit der Schüler behauptet, sexuelle Auffälligkeiten von seiten Groërs nicht bemerkt zu haben" wie etwa ein weiterer Mitschüler Hartmanns:

> Johann Hörmann, 38, war sogar Hartmanns Zimmerkollege in Hollabrunn und sagt heute: „Ich habe sowohl zu Josef Hartmann

---

herte.'"

als auch zu Groër engen Kontakt gehabt. Ich habe nie auch nur das leiseste Anzeichen für einen sexuellen Missbrauch von Josef durch den Kardinal bemerkt."

Besonders aufschlussreich sind die Ausführungen von Pater Clemens Reischl, Wallfahrtsdirektor in Maria Roggendorf, einem der engsten Freunde Hartmanns während seiner Schulzeit in Hollabrunn. Er entlastet den Kardinal nämlich auch vom Vorwurf, Hartmann in ein Abhängigkeitsverhältnis gebracht zu haben:

> Ich habe die Zeit am Hollabrunner Knabenseminar in wunderbarer Erinnerung. Wir waren eine eingeschworene Partie, eine Art Lebensgemeinschaft. Jetzt, nach Josefs Outing, habe ich einige unserer damaligen Schulkollegen angerufen. Aber es ist uns nicht der geringste Hinweis auf einen sexuellen Übergriff Groërs in Erinnerung. **Dass vor allem Josef zu ihm eine besondere Beziehung gehabt haben soll, habe ich nie bemerkt.**[165] (Herv. G.W.)

Nicht einmal ein unmittelbarer Klassenkamerad Hartmanns hatte Gerüchte über Annäherungsversuche vernommen:

> Merkwürdig: Leopold Mechtler, ein Klassenkamerad von Josef Hartmann und ebenfalls Zögling Groërs, hat von derlei Gerüchten nichts gehört: „Wir waren 14 Buben in der Klasse. Josef war ein Superbursch. Dass er vom Herrn Groër belästigt worden ist, ist mir nie aufgefallen. Ich habe den Herrn Kardinal als strengen, aber gerechten Menschen kennengelernt."[166]

Diese Korrektheit und Zurückhaltung Groërs Jugendlichen gegenüber bestätigt auch ein weiterer Ex-Zögling von Hollabrunn, Dr. Josef Wanek, in einem Leserbrief in *Die Presse:*

> Ich war von 1971 bis 1979 im Knabenseminar Hollabrunn und lernte Kardinal Groër als Religionslehrer und geistlichen Leiter

---

[165] Vgl. im Gegenzug den Kommentar in *profil* vom 27. März 1995, Nr. 13, 68: „Für den Wiener Psychiater Michael Leodolter ein klassischer Fall von ‚Hörigkeit'." Leodolter deutet an dieser Stelle Hartmanns Resümee einer „starke(n) emotionale(n) Bindung" seiner Person an Kardinal Groër. Diese Feststellung des Psychiaters kann nicht anders als einseitig sein, da er ja mit dem Beschuldigten nicht gesprochen hat und den Lebensbereich Hartmanns nicht unmittelbar kennt.
[166] *Täglich Alles* vom 28. März 1995, 10.

der Legio Maria kennen. Es gab für mich in all den Jahren nicht den leisesten Hinweis, dass sich der Herr Kardinal einem Jugendlichen gegenüber nicht korrekt verhalten hätte. **Der Herr Kardinal machte nicht den Eindruck, dass er sich jemandem aufdrängen würde.** Mit der Erziehung und Beaufsichtigung der Seminaristen waren Rektor Kurz, Präfekten und geistliche Schwestern betraut, nicht jedoch Kardinal Groër. Nur jene, die bei ihm Rat suchen oder die Beichte ablegen wollten, hatten die Möglichkeit, ihn aufzusuchen.[167]

Es stellt sich daher die berechtigte Frage, warum *profil*-Chefredakteur Josef Votzi nicht schon vor der Veröffentlichung von Hartmanns Anschuldigungen gegen Kardinal Groër mit dessen ehemaligen Schulkollegen gesprochen hat.[168] Eine nicht unerhebliche Rolle dürften dabei wohl die finanziellen Probleme von *profil* gespielt haben, das sich zu diesem Zeitpunkt in einer Existenzkrise befand und offensichtlich eine prickelnde Story benötigte.[169]

Darüber hinaus ist auch die Überzeugungskraft jenes anonymen Belastungszeugen des Kardinals, der auf die Anfrage von *news* hin sexuelle Attacken auf seine Person zu Protokoll gab, durch die Recherchen von

---

[167] Vgl. diesen Leserbrief („Groër hat sich nie aufgedrängt") in: *Die Presse* vom 15. April 1995, XIV – Spectrum. (Herv. G.W.)

[168] Vgl. *news* 13/95 vom 30. März 1995, 14.: „**Nach dem Auftauchen der Vorwürfe** gegen Groër hat NEWS in mehreren Dutzend Telefonaten eine ganze Reihe Absolventen des ‚Knabenseminars Hollabrunn' durchtelefoniert." (Herv. G.W.) – Vgl. parallel dazu in der Causa St. Pölten: Bischof Küng behauptet in seiner Stellungnahme zum Buch *Der Wahrheit die Ehre*: „**Nach Abschluss der Visitation** haben ausführliche **Voruntersuchungen** stattgefunden." (Herv. G.W.) (http://kreuz.net/article.7923.html vom 29. September 2008). Die Autorin des Buches erwidert ihm in ihrer Gegendarstellung: „Diese Untersuchungen hätte Bischof Küng aber während der Visitation durchführen müssen." (http://kreuz.net/article.8006.html vom 18. Oktober 2008, erstmals veröffentlicht auf der Homepage des Kardinal-von-Galen-Kreises, http://www.kvgk.de/dokumente.php?file=poelten).

[169] Vgl. dazu „Eine Sudelgeschichte aus der untersten Schublade". Kommentar in *Täglich Alles* vom 28. März 1995, 3: „In den siebziger Jahren war das *profil* ein angesehenes Nachrichtenmagazin und Österreichs größte Wochenzeitschrift. In den Achtzigern hat es dann nicht mehr für den ersten Platz in der Lesergunst gereicht [...]. Später ist das Blattl aber schrecklich heruntergekommen und hat seine journalistische Potenz total verloren. [...] Ausgerechnet dieses angebliche Nachrichtenmagazin hat nun eine Sensation verbreitet, die wohl aus der allerunterste Lade des Journalismus stammt: [...]" Zum Wahrheitsgehalt der Aussagen Hartmanns heißt es weiter: „Das angebliche Nachrichtenmagazin trug aber rein gar nichts dazu bei, dies aufzuklären. Es stellte eine Nachricht in den Raum, die nicht einmal die schlimmste englische Boulevard-Presse *so* veröffentlicht hätte – nach der Devise: Hauptsache eine Sensation, die vielleicht die Verkäufe des abgesackten Blattes ankurbelt! – Und das in einem Verlag, wo die angeblich ‚christliche' Raiffeisen-Organisation das Sagen hat." (Herv. orig.)

Die Presse[170] in Frage gestellt, die ebenfalls eine Umfrage unter den früheren Zöglingen des Kardinals durchführte. Das Ergebnis: „Bei einem Rundruf unter ehemaligen Groër-Schülern erinnert sich kein einziger an Übergriffe." Auch die einstigen Lehrerkollegen des Kardinals bezeichnen die Vorwürfe sexueller Übergriffe durch ihn als „infame Unterstellung":

> "Ich bin entsetzt. Diese Vorwürfe können nur als infam bezeichnet werden", erklärt Karl Höbartner, Lehrer für Mathematik und Geschichte am AG Hollabrunn. „In der Zeit, in der ich mit ihm gearbeitet habe, hat es keine Anzeichen gegeben, dass die Anschuldigungen stimmen könnten." Auch seitens der Schüler habe es nie irgendwelche Verdächtigungen, Gerüchte oder Beschuldigungen gegeben."

Eine weitere Lehrkraft schließt sich dieser Darstellung an:

> „Ich war seine Kollegin im Bundesgymnasium in den 70er Jahren, später war er mein Chef im Aufbaugymnasium. Es ist nie etwas vorgefallen", bestätigte auch Ilse Tillmann, nunmehr stellvertretende Direktorin. „Ich habe ihn als äußerst korrekten Menschen kennengelernt."

Selbst die Eltern früherer Zöglinge von Hollabrunn entlasten den ehemaligen Erzieher ihrer Kinder:

> „Für mich ist das absolut unvorstellbar", meint auch Franz Machacsek, Vater eines ehemaligen Groër-Schülers. „Mein Sohn hat nie über derartige Vorfälle oder Gerüchte berichtet." Auch andere Eltern stoßen in diese Kerbe. Aussagen wie: „Es passt nicht zu ihm" oder „Wir kennen ihn als entgegenkommenden, aufrechten Menschen" fallen.

Diese Zeugnisse zugunsten des einwandfreien Lebenswandels von Kardinal Groër haben deshalb so großes Gewicht, weil es geradezu unmöglich ist, dass bei jahrelangem Missbrauch kein Kind seinen Eltern davon erzählt hätte oder nicht zumindest Gerüchte aufgetaucht wären. Über die Angaben der unmittelbar Betroffenen hinaus stammt der wohl

---

[170] Die folgenden Angaben und Zitate stammen aus: *Die Presse* vom 28. März 1995, 7: „Empörung bei Schülern und Eltern. ‚Skandal, unfassbar, empörend'."

wichtigste Beitrag zur Entlastung Groërs von seinem ehemaligen Vorgesetzten Kardinal König, der auf wiederholtes Drängen von Bischof Krenn hin bestätigen muss, dass er während seiner Amtszeit als Erzbischof von Wien (1956-1985) „nie mit Päderastie-Vorwürfen gegen den damaligen Religionslehrer und Pädagogen Dr. Hans Hermann Groër befasst wurde"[171].
Die integre Persönlichkeit Kardinal Groërs und seine Reaktionen in der gesamten Causa verleihen diesen entlastenden Aussagen und der Unschuldsvermutung ein insgesamt entscheidendes Gewicht.

3.2. Personbezogene Aspekte[172]

Hans Groër wurde am 13. Oktober 1919 als drittes Kind des Leutnants Franz Groër und seiner Gattin Elisabeth geb. Kenda, einer Polizeihof-ratstochter, in Wien geboren. Bestimmend für seinen späteren Weg zum Priestertum war sicher der Einfluss seiner frommen Mutter von früher Kindheit an. Die Qualitäten der Mutter, tiefe Gottverbundenheit und Einfühlsamkeit, gaben verbunden mit jenen des Vaters, „soldatischer Ordnungsliebe und Disziplin", mit einem „autoritätsbewussten Führungsstil"[173], dem Familienleben seine besondere Prägung und ermöglichten den Kindern auch in den Wirren der Nachkriegszeit ein geordnetes, behütetes Heranwachsen. Beide Eltern waren sich in einem besonders einig, nämlich bei ihren Kindern niemals eine Lüge zu dulden,[174] was auf den Charakter und das religiöse Streben ihres jüngeren Sohnes sicher großen Einfluss ausübte. Reinheit und Lauterkeit hatten in der Familie ebenfalls einen hohen Wert: „Am Abend seines Lebens wird der Kardinal sich dankbar erinnern: *Ich habe von meinen Eltern nie ein schmutziges Wort gehört.*"[175] Die geordneten Familienverhältnisse liefern also keinerlei Anhaltspunkt für irgendwelche cha-

---

[171] KATHPRESS-Tagesdienst Nr. 86 vom 13. April 1995, 2: „Klarstellung des König-Sekretariats zu Krenn-Aussagen". – Bischof Krenn hatte diese Anfrage bereits im Streitgespräch mit Josef Votzi (*news* Nr. 13/95, 16) am 30. März 1995 gestellt: „**Krenn:** Die andere Frage: Haben Sie den Kardinal König gefragt? **Votzi:** Nein, warum? **Krenn:** Das war der Vorgesetzte von Kardinal Groër zu der Zeit. Warum haben Sie ihn nicht gefragt? Das wäre eine saubere Recherche gewesen. Erzbischof König war der Vorgesetzte. Das zu übergehen, finde ich unverschämt."
[172] Das folgende Resümee über den Werdegang von Kardinal Groër beleuchtet nur jene Aspekte, die dem Verständnis seiner Persönlichkeit dienen. Eine ausführliche Darstellung darüber findet sich in den Heften von P. Ildefons M. Fux OSB, auf die auch hier Bezug genommen wird.
[173] Fux, *Zum Altare Gottes will ich treten*, 11.
[174] Vgl. ebd., 13.
[175] Ebd., 21. (kursiv orig.)

rakterlichen oder seelischen Störungen von Hans Groër und entziehen damit auch den späteren Anschuldigungen weitgehend die Grundlage. Gerade im Zusammenhang mit seiner Entscheidung für das Priestertum treten aufschlussreiche Faktoren seiner persönlichen Entwicklung zutage: „Dass dies nicht ohne Kämpfe vor sich gegangen war, erhellt aus der Tatsache, dass es da auch einmal ein Mädchen gab, das ihm *besonders gefallen* hat."[176] Dadurch ist impliziert, dass er in seinem späteren Leben ein völlig normales Verhältnis zum anderen Geschlecht hatte, was mit Gerüchten über eine im Kloster zum Vorschein gekommene Homosexualität nicht vereinbar ist. Bereits in der Ausbildung zum Priestertum zeichnet sich also die in sich ruhende, harmonische und integre Persönlichkeit des späteren Kardinals ab, wozu auch die tiefgreifende spirituelle Formung im Priesterseminar wesentlich beitrug. Aufschluss über das zutiefst geistliche Lebensprogramm des Priesters Hans Groër auf der Grundlage einer gesunden Aszese gibt folgender Eintrag in seinem Notizheft:

> *Mehr Ordnung und Regelmäßigkeit auch im Äußeren.*
> *Verborgenheit - Jungfräulichkeit im vollsten und weitesten Sinn.*
> *Matrimonium spirituale - unio mystica. Letzte Hingabe. Heiligkeit. Einsamkeit des Johannes. Sammlung. Nur für Jesus.*
> *Größte Geduld, Entschiedenheit, Liebe und Güte, aber auch Unabhängigkeit gegenüber den Menschen. Nicht gekränkt sein, nichts für sich wollen, auch nicht von den Buben, der Freund des Bräutigams.*
> *Leben mit Maria.*
> *Angespannte geistige Tätigkeit.*[177]

Es fragt sich, wie diese selbstlose und zugleich spirituelle Ausrichtung mit dem späteren Vorwurf, Kardinal Groër habe zu einzelnen Seminaristen ein Verhältnis der Hörigkeit aufgebaut, im Einklang stehen soll. Durch diese Zeugnisse erhält die Unschuldsvermutung zugunsten des Kardinals ein zusätzliches Gewicht und muss daher bis dato als allein gültiger Maßstab zur Bewertung der Realität in der gesamten Causa gelten.
Ausgehend von dieser Sachlage lassen sich aber auch die Faktoren bzw. Prozesse rekonstruieren, die zur Mythisierung dieser Causa führten bzw. ihr eine symbolische Bedeutung verliehen.

---

[176] Ebd. (kursiv orig.)
[177] Fux, *Die Hollabrunner Jahre*, 41. (kursiv orig.)

4. Der Mythisierungsprozess als progressiv-verzerrte Darstellung der Realität

In der gesamten Causa Groër, und zwar schon zu Beginn der Kampagne im März 1995, ist ein vorerst latenter und schließlich manifester Mythisierungsprozess festzustellen, der auf einer progressiv-verzerrten Darstellung der realen Verhältnisse durch bestimmte Vertreter des österreichischen Episkopats in den Medien beruht. Einerseits wurde nämlich die Unschuldsvermutung zugunsten des Kardinals unter Berufung auf die ausschließliche Beweislast[178] von Josef Hartmann und der sonstigen „Kläger" weder von den Medien noch von den Bischöfen ausdrücklich eingefordert, andererseits wurden die medialen Anschuldigungen stets so präsentiert, als ob es sich um Fälle bereits erwiesener realer Vergehen handelte.

Ausgehend von der Negierung der Unschuldsvermutung lassen sich auch die einzelnen Etappen der innerkirchlichen Verurteilung von Kardinal Groër außerhalb des Rechtswegs rekonstruieren, die eben in dieser verzerrten Darstellung der Realität zum Ausdruck kommen.

4.1. Der rechtliche Freiraum durch latente Unterminierung der Unschuldsvermutung

Eine kompromisslos geltende Unschuldsvermutung zugunsten von Kardinal Groër lag offensichtlich nicht im Interesse der Medien und gewisser Bischöfe. Noch bevor nämlich die Möglichkeit zu einer Überprüfung der Anschuldigungen durch die rechtlich kompetenten Stellen bestand, wurden die Erklärungen von Kardinal Groër, in denen er seine Unschuld beteuerte, anfangs als unzureichend und schließlich als unglaubwürdig hingestellt. Vor allem aber wurde die Unschuldsvermutung zugunsten des Kardinals, und zwar mit allen rechtlichen Konsequenzen, vom Großteil des übrigen Episkopats von Anfang an nicht klar eingefordert. So drückte sich beispielsweise Weihbischof Schönborn, der sich nach Bekanntwerden der Vorwürfe vor Groër gestellt hatte, bald darauf in der ORF-Sendung „Zeit im Bild" dahingehend aus, es könne „mit Sicherheit gesagt werden, dass sich die **Vorwürfe**

---

[178] „Mit Beweislast wird im Zivilprozess die Obliegenheit, eine prozessentscheidende Tatsache zu beweisen, bezeichnet. Wird der nötige Beweis nicht geführt oder gelingt er nicht (non liquet), so geht dies zu Lasten dessen, der die Beweislast trägt." Vgl. www.lexexakt.de/glossar.

gegen den Kardinal **als ,haltlos' herausstellen werden**".[179] Auf diese Weise, nämlich durch Verwendung des Futurs, relativiert er die Unschuldsvermutung und schafft zugleich jenen rechtlichen, aber kirchenpolitisch opportunen Freiraum, in dem sich die gesamte Causa Groër abspielt. Bei genauerem Hinsehen wird nämlich klar, dass nur die Art und Weise der Berichterstattung scheinbar „verurteilt" wird, nicht aber deren Inhalt:

> Der Wiener Weihbischof Christoph Schönborn zur *Presse:* „Ich gehe davon aus, dass es zu keiner Klage kommen wird. Wenn Menschen in diesem Land einer solchen Verleumdung glauben, wird auch die beste gerichtliche Richtigstellung nichts bringen. Für den Kardinal ist klar, in welcher Haltung er diese Entscheidung trifft. Es gibt gewisse Dinge, zu denen man schweigt. **Man will offensichtlich, dass etwas hängen bleibt, und das wird es wohl auch.**" Auch Jesus habe gegenüber Pilatus zu Vorwürfen und Anklagen geschwiegen, sagte Schönborn.[180]

Diese Redeweise ist zweideutig: Die Medien sind nämlich nur Werkzeuge derjenigen, die möchten, dass etwas hängen bleibt. Zudem ist sie als Botschaft an die Adresse von Kardinal Groër zu deuten, dass eine Gegenwehr von seiner Seite zwecklos bzw. nicht erwünscht ist.[181]
Auch der Großteil der übrigen Bischöfe schließt sich dieser Diktion Schönborns an. Ebenso vordergründig und vor allem rechtlich fragwürdig ist daher die Feststellung Bischof Kapellaris, er gehe davon aus, dass Groër „in der Substanz der Anschuldigungen unschuldig ist".[182] Denn im gleichen Kontext verweist er bereits auf Fälle sexuellen Missbrauchs in kirchlichen Einrichtungen und behauptet, die Kirche sei zur Klärung dieser Fälle verpflichtet. Indem er die Schuldfrage ebenso offen lässt wie Schönborn, untergräbt er in Wirklichkeit die Unschuldsvermutung zu ungunsten von Kardinal Groër und leistet weiteren unüberprüfbaren Anklagen Vorschub. Es ist verständlich, dass sich der

---

[179] Nach den Angaben von KATHPRESS-Tagesdienst vom 28. März 1995, Nr. 73, 2 muss es sich um die ORF-Sendung vom vorangehenden Sonntag, 26. März 1995, handeln. (Herv. G.W.)
[180] Vgl. auch *Die Presse* vom 27. März 1995, 1.
[181] Auch Bischof Krenn wird vom Visitator Dr. Klaus Küng unter Berufung auf eine vorgebliche Weisung des Papstes bzw. des Präfekten der Bischofskongregation untersagt, öffentliche Stellungnahmen abzugeben. Vgl. dazu auch Waste, *Die Kirche als Gefangene*, 30. Parallel dazu wurde Prälat Küchl in seinem sog. „Strafverfahren" von Bischof Küng die Akteneinsicht verweigert und dadurch eine entscheidende Verteidigungsmöglichkeit genommen.
[182] *Wiener Zeitung* vom 29. März 1995, 4.

Kardinal gerade angesichts dieser Stellungnahmen seiner Mitbrüder, in denen die Unschuldsvermutung von Anfang an in Frage gestellt wurde, im Rahmen seiner Möglichkeiten gegen die Diffamierungen seiner Person wiederholt zur Wehr setzte, auch wenn er sich damit nicht durchsetzen konnte.

4.2. Die Legende vom „schweigenden Kardinal" und die Umkehr der Beweislast

Obwohl es rechtlich gar nicht erforderlich gewesen wäre, hat Kardinal Groër wohl um des öffentlichen Ansehens der Kirche willen seine Unschuld mehrfach beteuert, weshalb die später verbreitete Diktion vom „schweigenden Kardinal" sich schon in ihrem Ausgangspunkt als unwahr erweist. Denn die erste Reaktion erfolgt bereits zwei Tage nach dem Erscheinen des ersten Artikels in *profil*, also am 29. März 1995. Der Sekretär von Kardinal Groër, Dipl. Ing. Michael Dinhobl, äußert sich in einer kurzen, juristisch völlig korrekten Stellungnahme zu der von den Medien durchgeführten „Lynchjustiz" mit Hinweis auf die Vorschriften der rechtsstaatlichen Ordnung:

> „Wenn gegen eine Person unseres Landes der Verdacht eines strafbaren Tatbestandes vorliegt, so haben die staatlichen Gerichte über Schuld oder Unschuld zu befinden."
> Der Kardinal lässt deutlich erkennen, wie verletzt und betroffen er über die schweren Vorwürfe ist: „Eine von gewissen Medien durchgeführte Lynchjustiz, die ohne jegliche Rechtsordnung abläuft, muss als Gefährdung des Rechtsstaates mit aller Entschiedenheit abgelehnt werden."
> Der Erzbischof begründet auch, warum er sich nicht persönlich verteidigt: „Mit jeder Stellungnahme zu der jetzt gegebenen Causa würde sich der Wiener Erzbischof auf die Ebene eines solchen Tribunals begeben und es damit anerkennen. So würde einer unkontrollierbaren Mediengerichtsbarkeit Vorschub geleistet, von deren Willkür letztlich jede Person des öffentlichen wie des privaten Lebens vernichtet werden kann."[183]

---

[183] *Neue Kronenzeitung* vom 29. März 1995, 3: „Kardinal klagt über Lynchjustiz. Nuntius: Rom steht hinter Groër."

Diese erste Bekräftigung der Unschuld des Kardinals war offensichtlich nicht im Sinne der Medien und großer Teile des Episkopats und wird von medialer Seite als „Vertuschung" gedeutet, wie das Titelblatt der darauffolgenden Ausgabe von *profil*[184] suggeriert. Chefredakteur Czernin verlangt unter Berufung auf die Spielregeln der demokratischen Gesellschaft auch von Bischöfen, Politikern und Journalisten und damit indirekt von Kardinal Groër „geradezustehen" für begangenen Missbrauch.[185] Dadurch spricht er zunächst eine indirekte Vorverurteilung aus und begibt sich mangels Beweisen und Zeugen ebenso in einen rechtsfreien Raum wie Weihbischof Schönborn. Die weitere Botschaft von *profil* aus der Feder von Josef Votzi ist nämlich ebenso wie jene Schönborns eine unverhüllte Drohung an den Kardinal:

> Der Wiener Erzbischof verweigert jeden Kommentar offenbar aus Selbstschutz: **Würde Hans Hermann Groër mit einem glatten Dementi der Hartmann-Enthüllungen nicht weitere Outings geradezu provozieren?**[186]

In diesem Beitrag berichtet *profil* de facto über weitere Fälle angeblicher Belästigung durch Groër, die aber weder als Zeugenaussagen zugunsten von Hartmann noch als Beweise zu werten sind: Einer gibt Erzählungen nach dem Prinzip des Hörensagens weiter, ein anderer gibt zu Protokoll, dass Kardinal Groër ihm den Oberschenkel gestreichelt hätte, der nächste berichtet vom Inhalt der Beichte, der letzte über angebliche „Schmäh" im Zusammenhang mit dem Religionsunterricht.[187] Die Intention ist klar: Kardinal Groër soll gezwungen werden, zu den voyeuristischen Details der gegen ihn vorgebrachten Beschuldigungen Stellung zu nehmen („Mit Schweigen und Vernebeln wird nicht nur Hans Hermann Groër allein nicht mehr durchkommen"[188]). P. Udo Fischer verstärkt den medialen Druck durch die Behauptung, schon im Juni 1985 die Ordensleitung auf eine homosexuelle Veranlagung Groërs aufmerksam gemacht zu haben. Das Schweigen des Kardi-

---

[184] *Profil* vom 3. April 1995, Nr. 14.
[185] Vgl. ebd., („Der Kampf um die Kirche"), 17.
[186] Vgl. ebd., („Der verirrte Hirte"), 27. (Herv. G.W.)
[187] Vgl. ebd., 28f. – Darüber hinaus sollen *profil* noch vier weitere Fälle „eindeutig qualifizierter sexueller Belästigung durch Hans Hermann Groër" vorliegen. Außerdem wird hier nicht zwischen Belästigung und Missbrauch unterschieden.
[188] Ebd., 29.

nals ist also offensichtlich – abgesehen von seiner juristischen Legitimität – ebenso wie ein klares Dementi eine Gefahr für *profil* und gewisse innerkirchliche Gruppierungen. Die Erklärung der österreichischen Bischofskonferenz nach dem erzwungenen Rücktritt von Kardinal Groër[189] (6. April) bewegt sich nämlich inhaltlich und teilweise sogar semantisch auf der gleichen Linie wie die Diktion der Medien, auch wenn unter Berufung auf menschliche Grundrechte das Gegenteil vorgetäuscht werden soll. In Wirklichkeit enthält dieser Text eine nicht zu überhörende Warnung:

> Die Österreichische Bischofskonferenz hat vom 4. bis 6. April 1995 ihre ordnungsgemäße Sitzung abgehalten. Nach Beendigung der vorgesehenen sechsjährigen Amtszeit des Vorsitzenden war die Wahl für einen neuen Turnus vorgesehen. Nachdem die Mitglieder der Bischofskonferenz Kardinal Groër für eine neue Amtszeit gewählt hatten, hat er seinerseits diese Aufgabe zurückgelegt. An seiner Stelle wurde der Bischof von Graz-Seckau, Johann Weber, zum Vorsitzenden gewählt.
> In ausführlichen Gesprächen hat der Kardinal sein Schweigen über die gegen ihn erhobenen Vorwürfe einsichtig gemacht. Wir haben Verständnis für diese Haltung. Es ist sein Recht zu schweigen. In keiner Rechtsordnung ist Schweigen ein Schuldeingeständnis. **Darüber hinaus ist klar abzusehen, dass jede Erklärung neue Gegenerklärungen auslösen würde.**
> Damit erhebt sich die prinzipielle Frage, wie es mit den Grundrechten einer Person, gleich welcher Stellung, zu vereinbaren ist,

---

[189] Bischof Weber behauptet zwar, dass keinerlei Druck auf Kardinal Groër ausgeübt wurde: „Der Kardinal sei in sich gegangen und habe, nachdem er die Wahl zum Vorsitzenden der Bischofskonferenz am Dienstag angenommen hatte, diese Position nach reiflichen Überlegungen wieder abgegeben: ‚Davor hat es sehr eindringliche und ernsthafte Gespräche sowohl im kleinen Kreis wie auch im Plenum gegeben.' Im Sinne einer Situationsberuhigung wolle der Kardinal aber auch weiterhin schweigen." Vgl. *Der Standard* vom 8./9. April 1995, 6. – Präziser äußern sich die *Salzburger Nachrichten* vom 8. April 1995, 2: „Vor allem die Bischöfe Reinhold Stecher, Innsbruck, und Egon Kapellari, Gurk-Klagenfurt, sollen Groër zum Verzicht gedrängt haben." – Vgl. auch *news* 15/95 vom 13. April 1995, 12: „Hoffte der Vatikan bis zum Dienstag der Vorwoche noch, mit Groërs knapper Wahl zum Vorsitzenden würde sich die Lage beruhigen, schrillten am Donnerstag wieder die Alarmglocken: Dass Groër von **bischöflichen Mitbrüdern de facto gezwungen wurde**, schon nach zwei Tagen sein soeben per Wahl gewonnenes Amt wieder abzugeben, erschütterte die römische Kurie zutiefst." (Herv. G.W.) Ebd., 15: „Kapellari & Co. setzten dem schweigenden Kardinal derart massiv zu, dass dieser am Donnerstag knapp nach 15 Uhr das Handbuch warf." Von einem freiwilligen Rücktritt Groërs kann also keine Rede sein.

wenn sie durch öffentliche Anprangerung von vornherein verurteilt wird. Die Rufschädigung ist irreparabel. Sie ist ein schweres Unrecht.
Es ist offensichtlich, dass die Angriffe auf Kardinal Groër auch die Kirche im Ganzen treffen wollen. Wir lehnen jede Pauschalverdächtigung unserer Priesterschaft und ebenso der kirchlichen Erziehungseinrichtungen ab. Gerade in diesen Tagen bezeugen sehr viele Wortmeldungen, welche hohe Anerkennung kirchlichen Schulen und Internaten entgegengebracht wird.[190]

Gewisse österreichische Bischöfe möchten also Kardinal Groër einerseits an einer freien Stellungnahme und Bezeugung seiner Unschuld hindern, ihn aber zugleich zu einem „Dialog" in ihrem Sinne nötigen und dadurch der „Causa Groër" die von ihnen vorbestimmte Richtung geben. Denn trotz des vorgeblichen Verständnisses für das Schweigen des Kardinals fordert Bischof Weber bereits am 7. April die Einrichtung eines „Weisenrates" zur Klärung der Causa,[191] zumal er sich auch des Rückhalts gewisser innerkirchlicher Gruppierungen sicher sein darf.[192] Ein wichtiges Signal in dieser Richtung kommt von den Dekanen der vier theologischen Fakultäten: Diese hatten schon vor Beginn der Sitzungen der Bischofskonferenz an den österreichischen Episkopat appelliert, zu den Vorwürfen Stellung zu beziehen und die Sache „auf-

---

[190] Erklärung der Österreichischen Bischofskonferenz vom 6. April1995, zitiert nach: Czernin, *Das Buch Groër*, 90f. (Herv. G.W.)

[191] Vgl. *Kurier* vom 8. April 1995, 3: „Webers Wille zur Wahrheit. Der neue Vorsitzende der Bischofskonferenz will eine Untersuchung der Anschuldigungen gegen seinen Amtsvorgänger Groër." Vgl. die Parallele zur Causa St. Pölten, nämlich des Visitators Küng (Waste, *Die Kirche als Gefangene*, 29, Zitat aus *profil* vom 26. Juli 2004): „Mehr noch: Wie Christa Zöchling recherchiert hat, ist Kurt Krenn als Diözesanbischof bereits so gut wie abgesetzt. Bloß aus Gründen der Courtoisie und Fairness müsse formell noch der Bericht des Visitators abgewartet werden." Kommentar der Autorin: „Damit also Bischof Küng seinem Visitationsauftrag und vor allem den Vorgaben der österreichischen Bischöfe gerecht wird, muss er möglichst rasch alles ausschalten, was im Zeichen von Wahrheit und realer Zuordnung der Fakten steht."

[192] Vgl. KATHPRESS-Tagesdienst vom 11. April 1995, Nr. 84, 8: „Rückendeckung zahlreicher katholischer Organisationen hat der neue Vorsitzende der Bischofskonferenz, Johann Weber, beim Wunsch nach Klärung der Vorwürfe gegen Kardinal Groër erhalten. Die Vorsitzende der Katholischen Frauenbewegung Österreichs (KFBÖ), Ingrid Klein, sprach sich für die unverzügliche Einrichtung eines Untersuchungsausschusses aus. Die Ergebnisse dieses Gremiums müssten dann auch veröffentlicht werden. Denn das Thema ‚Sexueller Missbrauch von Minderjährigen' dürfe in der Kirche nicht länger tabuisiert werden, meinte Klein in einer Aussendung." Klein verwechselt bzw. vermengt die Untersuchung eines Einzelfalls, der mangels Zeugen und Beweisen rechtlich gar nicht überprüft werden kann, mit der Thematisierung eines allgemeinen Fragenkomplexes.

zuklären".¹⁹³ Appelle dieser Art waren für manche kirchliche Kreise offensichtlich höchst opportun, besonders wenn sie mit dem Ansinnen verbunden waren, Kardinal Groër solle bis zu einer Klärung alle Ämter niederlegen. In diese Richtung äußerten sich der Grazer Liturgiewissenschaftler Prof. Philipp Harnoncourt, die „Arbeitsgemeinschaft der Priesterräte Österreichs" und die „Katholische Aktion".¹⁹⁴ Allerdings fehlt in all diesen Äußerungen der entscheidende Hinweis auf die ausschließliche Beweislast des Klägers und die Forderung, dessen Aussagen zunächst einmal auf ihre Stichhaltigkeit und Rechtsverwertbarkeit zu prüfen. Wenn es schließlich im Titelblatt des Kurier vom 8. April bereits heißt, „Groër soll sehr bald als Erzbischof zurücktreten", dann lässt dies vermuten, welchen Zweck diese „Untersuchung" hatte: nämlich Gründe für die Absetzung von Kardinal Groër als Erzbischof von Wien zu finden.¹⁹⁵

Es ist nur allzu logisch, dass Kardinal Groër die gegen ihn gerichteten Anschuldigungen, die in Wirklichkeit die Kirche insgesamt treffen sollten, dementierte. In der von ihm dazu veröffentlichen Erklärung, die im vollen Wortlaut nur in der *Neuen Kronenzeitung* veröffentlicht wurde, heißt es:

> Nach den im ORF und anderen Medien wiederholt publizierten Anschuldigungen eines Wochenmagazins gegen mich veröffentlichte mein Sekretär Dipl.-Ing. Michael Dinhobl am 28. März seine Stellungnahme. Sie bietet die im Grundrecht des Menschen, in der Rechtsordnung unseres Staates wie im überlieferten Wort Christi gebotene Sicht für ein gerechtes und friedvolles Miteinan-

---

¹⁹³ Vgl. *Neues Volksblatt* vom 6. April 1995, 3: „Druck auf Wiener Erzbischof nimmt zu – Auch Dekane appellierten. – Stellungnahme Groërs gefordert. [...] Die Dekane aller vier Katholisch-Theologischen Fakultäten haben gestern einen dringenden Appell an die Bischofskonferenz gerichtet, ‚angesichts der ungeheuerlichen Anschuldigungen endlich das Schweigen zu brechen'."
¹⁹⁴ Vgl. KATHPRESS-Tagesdienst vom 8. April 1995, Nr. 83, 5f.: „Ein Untersuchungsausschuss sei ‚keineswegs etwas Diskriminierendes', betonten Harnoncourt, die Priesterräte und die Katholische Aktion. Vielmehr sei er eine Pflicht gegenüber einem vielleicht haltlos Beschuldigten; ‚eine Pflicht auch gegenüber der Kirche und gegenüber der verunsicherten Bevölkerung unseres Landes', hieß es weiter im Papier Prof. Harnoncourts. Kardinal Groër sollte bis zum Vorliegen der Untersuchungsergebnisse auf alle Ämter verzichten, legten Prof. Harnoncourt und die Priesterräte dem Wiener Erzbischof nahe. Es sei für ihn ‚jedenfalls leichter, vor einem solchen Ausschuss zu den Anschuldigungen Stellung zu nehmen als vor der Öffentlichkeit'."
¹⁹⁵ Vgl. auch *Kleine Zeitung* vom 9. April 1995, Titelblatt: „Groër: Vor Rücktritt auch als Erzbischof." Ebd., 2: „Groër: Rücktritt noch vor Ostern? – Heute wird Erzbischof Hans Hermann Groër die Wiener Palmprozession anführen. Die Gerüchte um seinen Rücktritt verdichten sich. Der Theologe Paul Zulehner: ‚Demission des Kardinals hat schon längst begonnen.'"

der.

Aus der schmerzlichen Erfahrung permanenter Verachtung und Verletzung dieser Grundbedingungen allen Zusammenlebens sehe ich mich heute veranlasst, Nachstehendes zu erklären:
Die auf breiter Front massiven, gesteigerten Attacken gegen mich verunsichern und gefährden viele Gutgesinnte und Gläubige, erzeugen Unruhe und Zweifel – auch an der Kirche. Deshalb sehe ich mich verpflichtet, **Inhalt und Gestalt** der gegen mich getätigten Diffamierung und vernichtenden Kritik zurückzuweisen. In diese Zurückweisung sollen hiemit alle Pauschalverdächtigungen der Priester und der im Religionsunterricht Tätigen sowie der vielbesuchten Schulen und Internate der Römisch-Katholischen Kirche eingeschlossen sein. Sie alle verdienen Vertrauen und Hochschätzung - wie auch die im natürlichen Sittengesetz und in der göttlichen Offenbarung gründende katholische Morallehre, die für den einzelnen wie für die Gesellschaft unverzichtbar ist.
(Handschriftliche Unterschrift von Kardinal Groër)[196]

Im Anschluss daran ist nochmals die Erklärung von Dipl.-Ing. Michael Dinhobl vom 28. März abgedruckt.[197] Mit diesen beiden Stellungnahmen hat der Kardinal seine Unschuld klar und deutlich bekräftigt.[198] Daher entsprechen alle späteren Behauptungen, er habe sich nicht oder nur unzureichend zu den Anschuldigungen

---

[196] *Neue Kronenzeitung* vom 8. April 1995, 2f. (Herv. orig.)

[197] Rechtlich unhaltbar ist daher folgender Kommentar von Kaspar, *Das Schweigen des Kardinals,* 62: „Die *Kronenzeitung* zitierte diesen Text des Bischofssekretärs hier so, als wäre er neu und sozusagen ein Kommentar zur Erklärung Groërs. Tatsächlich handelte es sich – für den Leser nicht zu erkennen – um jene im Kardinalstext genannte Stellungnahme vom 28. März. Sie enthielt eine für den Rechtsunkundigen schwer zu entdeckende Irreführung: Die Kardinal Groër vorgeworfenen Handlungen sind wegen der Verjährung keine ,strafbaren Tatbestände' mehr. Deshalb entziehen sie sich auch der Beurteilung ,staatlicher Gerichte'." Erstens liegt schon deshalb keine „Irreführung" vor, weil Kardinal Groër selbst auf diese Stellungnahme seines Sekretärs verweist. Für die übrige Deutung, dass nur wegen Verjährung kein strafbarer Tatbestand mehr vorliege, gibt es im Text der beiden Erklärungen keinerlei Anhaltspunkte. Es wurde nur die Einhaltung der rechtsstaatlichen Ordnung eingemahnt. Die Frage Kaspars, ob der Kardinal sein Schweigen wirklich gebrochen habe (vgl. ebd., 63), ist daher wohl nur rhetorischer Art.

[198] Vgl. *profil* vom 10. April 95, Nr. 15, 27: Hubertus Czernin: „Der erste Schritt: [...] Deshalb kann Groërs Schweigen nur als Schuldeingeständnis verstanden werden. Jede andere Erklärung entzöge sich jedenfalls der menschlichen Vernunft." Dieser Artikel entstand zwei Tage nach der Stellungnahme von Kardinal Groër, weshalb die Aussagen von Czernin inhaltlich nicht zutreffen. Und selbst wenn der Kardinal wirklich geschwiegen hätte, wäre dies kein Schuldeingeständnis. Czernin bewegt sich daher mit diesem Kommentar außerhalb der rechtsstaatlichen Ordnung.

geäußert, nicht der Wahrheit.[199] Ein weiteres Zeugnis für die Unschuld des Kardinals ist auch ein Bericht des geistlichen Assistenten der Medienstelle der Erzdiözese Wien, Msgr. Wilhelm Müller, über die Aussagen von Kardinal Groër anlässlich einer Dechantenkonferenz am 11. Mai 1995:

> Die APA hatte einen Teilnehmer der Dechantenkonferenz zitiert, demzufolge Kardinal Dr. Hans Hermann Groër vor den Dechanten sagte, es sei unverständlich, dass die Medien heute Sachen ausgraben, „die vor 20 Jahren geschehen sind". Wie Msgr. Müller - als Dechant von Mödling selbst Teilnehmer der Konferenz - dazu sagte, habe Kardinal Groër aber auch gesagt, **dass die gegen ihn erhobenen Beschuldigungen sexuellen Missbrauchs Minderjähriger Verleumdungen seien.**[200]

Wie aber die spätere Entwicklung zeigt, waren alle diese Äußerungen des Kardinals kirchenpolitisch nicht opportun und daher nicht erwünscht. Von dort war es nur ein kleiner Schritt zu seiner innerkirchlichen Vorverurteilung, der weiteren Stufe der „Verdichtung" des Mythisierungsprozesses.

4.3. Die innerkirchliche Ausgrenzung und Vorverurteilung von Kardinal Groër

Die klare Richtigstellung aller Anschuldigungen seitens des Kardinals löste Empörung sowohl bei den Medien als auch bei den Bischöfen aus.[201] Man kann daraus auf die potentiellen Interessenten der vorgeblichen „Kirchenkrise" schließen, wie dies beispielsweise der folgende Beitrag in den *Salzburger Nachrichten* mit dem Titel „**Stecher fordert**

---

[199] Vgl. folgende Meldung auf http://religion.orf.at/projekt02/news/0303/ne030324_groer.htm anlässlich des Todes von Kardinal Groër am 24. März 2003, die prototypisch ist für die später verbreitete Diktion des angeblichen Verschweigens und Vertuschens: „Groër schwieg zu den Anschuldigungen beharrlich – bis auf zwei schriftliche Erklärungen, in denen er aber auch nicht klar Stellung bezog." In Wirklichkeit waren die Stellungnahmen von Kardinal Groër, zu denen er rechtlich nicht einmal verpflichtet war, klar genug.

[200] KATHPRESS-Tagesdienst vom 13. Mai 1995, Nr. 110, 2. (Herv. G.W.)

[201] Vgl. *Kurier* vom 8. April 1995, 3: „Darauf [auf die Vorwürfe sexuellen Missbrauchs] hat der Kirchenfürst bisher nur mit einem weitschweifigen und wenig aussagekräftigen Text reagiert (s. ‚Zitate')." Im Zitatteil ist jedoch im Unterschied zur *Neuen Kronenzeitung* nur ein Teil der Stellungnahme Groërs abgedruckt.

Groërs Rücktritt - Kritik auch an Bischöfen - Kein Untersuchungsausschuss" suggeriert:

Groër meldete sich am Wochenende zwar zweimal zu Wort, das von Stecher gewünschte „klare Wort" blieb jedoch aus. In einer schriftlichen Erklärung für die *Kronenzeitung* wies Groër „Inhalt und Gestalt der Diffamierungen und vernichtenden Kritik" zurück, nahm aber inhaltlich zu den Vorwürfen nicht Stellung.[202]

Dieser von gewissen Medien erhobene Vorwurf einer unzureichenden Stellungnahme ist schon deshalb als haltlos abzulehnen, weil er das Menschenrecht des beschuldigten Kardinals verletzt, unbewiesene Anschuldigungen inhaltlich nicht widerlegen zu müssen. Wenn aber seine deutliche Erklärung als ungenügend angesehen wurde, so ist dies ein Indiz für die Agitationen jener kirchlichen Kreise, die von ihm ein Schuldeingeständnis als Alibi für seinen Rücktritt erzwingen wollten. Die diesbezüglichen Darstellungen der Kirchenrechtler bewegen sich ebenfalls auf dieser rechtsfreien bis rechtswidrigen Ebene: Bruno Primetshofer (Wien) behauptet sogar, dass das Schweigen des Kardinals absolut unverständlich sei und er damit den Vorwürfen neue Nahrung gegeben habe. Eine andere Form der Bereinigung als Rücktritt sei für ihn völlig undenkbar.[203] In Wirklichkeit gab es jedoch keinen Grund, das Schweigen des Kardinals zum Inhalt der Vorwürfe mit logischer Stringenz als Schuldeingeständnis auszulegen. Durch diese Art von Vorverurteilung verstößt Primetshofer zudem gegen den Grundsatz der „aequitas canonica".

Bischof Weber folgt ebenfalls dieser Linie der Rechtsverdrehung: Die an ihn gerichtete Frage im Rahmen der ORF-Pressestunde, ob Groërs Erklärung nicht ein „Affront gegen die Bischofskonferenz" sei, beantwortet er kurz mit: „Mir ist das so bewusst." Das Schweigen des Kardinals in der Bischofskonferenz und seine spätere Erklärung wertete Weber als „Zeichen von nicht ganz schrittweisem Vorgehen"[204]. Ob Weber eigentlich bedacht hat, dass sich vielmehr gewisse österreichische Bischöfe inkonsequent verhalten haben, zuerst die Gründe für das Schweigen des Kardinals angeblich zu respektieren, dann aber trotzdem einen „Weisenrat" zur Erklärung unbeweisbarer Vorwürfe einzu-

---

[202] *Salzburger Nachrichten* vom 10. April 1995, Titelblatt . (Herv. G.W.)
[203] Vgl. *Kurier* vom 8. April 1995, 3: Interview von Christoph Kotanko mit Bruno Primetshofer unter dem Titel: „Nehme an, dass der Rücktritt in den nächsten Tagen erfolgt". Die Erklärung des Kardinals wird darin völlig ignoriert.
[204] Vgl. *Kurier* vom 10. April 1995, 2.

fordern? Dies, nachdem sie im Vorfeld der Bischofskonferenz erklärt hatten, der Fall Groër stehe nicht auf der Agenda der Bischofskonferenz?[205] Und der Kardinal zu den Anschuldigungen nicht einmal direkt befragt wurde?[206] Ein klares Dementi seinerseits war offensichtlich nicht im Sinne Webers. Denn ansonsten hätte er wohl nicht nach der Stellungnahme des Kardinals nochmals ein klares Ja oder Nein zu den Vorwürfen und klare Ehrlichkeit außerhalb des rechtlich vorgesehenen Rahmens verlangt.[207]

In eine juristische Sackgasse begibt sich Weber schließlich mit der Aussage: „Für mich gilt die Unschuldsvermutung. Für Herrn Groër als auch für Herrn Hartmann."[208] Es ist nämlich in keinem funktionierenden Rechtssystem möglich, dass die Unschuldsvermutung sowohl für den Angeklagten als auch für den Ankläger gilt. Dies ist nur dann möglich, wenn sich die Vertreter des Rechtssystems ohne ordentliches Verfahren mit einer Vorverurteilung des Angeklagten auf die Seite des Klägers stellen. Vor diesem Hintergrund der konsequenten Rechtsverdrehung erklärt sich auch die definitive, wenn auch rechtlich nicht mögliche Verurteilung Kardinal Groërs durch vier österreichische Bischöfe.

4.4. Die definitive Verurteilung von Kardinal Groër außerhalb des Rechtsweges

Die definitive Verurteilung von Kardinal Groër, und zwar außerhalb des Rechtsweges, war durch die Kombination der genannten Taktiken möglich, nämlich einerseits die Unschuldsvermutung zugunsten des Kardinals aufzuweichen und andererseits die Beweislast umzukehren.

---

[205] Vgl. KATHPRESS-Tagesdienst vom 1. April 1995, Nr. 77, 2: „'Weder Beratung noch Erklärung' – Zu verschiedenen Spekulationen stellte das Sekretariat der Österreichischen Bischofskonferenz am Freitagmittag klar, dass bei der Frühjahrssession des Episkopats ‚weder eine Beratung noch eine Erklärung' über die Anschuldigungen gegen Kardinal Groër vorgesehen ist."

[206] Vgl. KATHPRESS-Tagesdienst vom 13. April 1995, Nr. 86, 3: „Groër wurde von Bischöfen ‚nicht gefragt'. – Bischof Krenn bestritt in der Sendung ‚Freizeichen', dass die Bischöfe bei ihrer Frühjahrskonferenz Kardinal Groër direkt zu den Vorwürfen befragt hätten. Krenn wörtlich: ‚Wir haben ihn nicht gefragt. So viel Würde hat jeder, dass man sagt: Er soll sagen, was er will.' Die Bischofskonferenz sei keine ‚Erhebungskommission'. Kardinal Groër habe in der Konferenz sein Schweigen ‚einsichtig' gemacht. Und – so Bischof Krenn wörtlich – ‚wir wissen, dass er mit Recht schweigt. Das war's – nicht mehr und nicht weniger."

[207] Vgl. *Kurier* vom 10. April 1995, 2: „Wichtig sei ein ‚Ja oder Nein des Erzbischofs zu den Vorwürfen'. Weber plädiert für eine ‚klare Ehrlichkeit'."

[208] *Täglich Alles* vom 8. April 1995, 2.

Unter diesen Prämissen ist daher die Presseerklärung von Weihbischof Schönborn bei seiner Amtsübernahme als Erzbischof-Koadjutor vom 15. Mai 1995 zu betrachten:

1. Zu den Anschuldigungen gegen Kardinal Groër
Die schweren Vorwürfe gegen den Herrn Kardinal haben allgemeine Betroffenheit und den Wunsch nach baldiger Aufklärung der behaupteten Sachverhalte ausgelöst.
Der Vorsitzende der Österreichischen Bischofskonferenz hat die entstandene pastorale Notlage dem Papst berichtet. Dieser allein ist berechtigt, weitere Maßnahmen anzuordnen.
Gemäß dem Inhalt meiner Befugnisse als Koadjutor des Erzbischofs bin ich zur Anordnung oder Kommentierung derartiger Maßnahmen nicht befugt.
Doch möchte ich persönlich sagen, wie ich die Dinge im Licht des Evangeliums zu sehen versuche. Das Wort Jesu ist mir Weisung: „Richtet nicht, damit ihr nicht gerichtet werdet" und auch das andere Wort Jesu: „Wer von euch ohne Sünde ist, der werfe den ersten Stein." Dieses Wort richtet sich zuerst an mich selber. Der Dichter Manfred Hausmann hat gesagt: „Wenn du von Schuld sprichst, sage nie Du, sage immer ich".
In diesem Sinne entschuldige ich mich hier für die pauschalen und unüberprüften Anschuldigungen, die ich in meiner ersten öffentlichen Stellungnahme im Fernsehen gegen diejenigen erhoben habe, die den Herrn Kardinal beschuldigt haben.
Mit vielen teile ich den Wunsch, dass die entstandenen schweren und schmerzlichen Probleme einer Lösung zugeführt werden.[209]

Diese Darlegungen Schönborns sind in mehrfacher Hinsicht fragwürdig. Die erste spontane Frage an den neuen Koadjutor wäre wohl, wie es denn möglich ist, dass unüberprüfbare, weder zu beweisende noch zu widerlegende Anschuldigungen den „Wunsch nach baldiger Aufklärung" sowie eine „pastorale Notlage" aufgrund von „schweren und schmerzlichen Problemen" auslösen können. Hätte ein Schüler damals seinen Volksschullehrer beschuldigt, ihn vor mehr als zwanzig Jahren missbraucht oder auch nur belästigt zu haben, so hätte niemand von einer Notlage des Schulwesens gesprochen und die Abschaffung der allgemeinen Schulpflicht verlangt.

---

[209] KATHPRESS-Tagesdienst vom 16. Mai 1995, Nr. 112, 16.

Außerdem erklärt Schönborn die Gründe für seinen plötzlichen Gesinnungswandel nicht, der nur verständlich gewesen wäre, wenn er rechtsverwertbare Beweise für die Richtigkeit der Anschuldigungen Hartmanns und der übrigen „Kläger" vorgelegt hätte. Ferner verdreht Schönborn die Worte des Evangeliums: Er will bekennen, dass er sich mit den „pauschalen und unüberprüfbaren Anschuldigungen" selbst schuldig gemacht hat. Schönborn interpretiert damit seine frühere Verteidigung von Kardinal Groër als „Schuld", was jedoch weder vom juristischen noch vom moralischen Standpunkt aus zutreffend ist. Doch seine Diktion zu Beginn der Medienkampagne, in der die Schuldfrage offengelassen wurde, gestattet ihm im Nachhinein eine solche Manipulation der Rechtsverhältnisse. Für eine klare Einforderung der Unschuldsvermutung zugunsten von Kardinal Groër mit Hinweis auf die Beweislast des Anklägers hätte er sich nämlich bei niemandem entschuldigen müssen. Es ist daher nicht verwunderlich, dass diese Darstellungen Schönborns eine Gegenerklärung von Kardinal Groër auslöst, die wenige Stunden später veröffentlicht und allen Redaktionen Österreichs zugesandt wird:

In diesen Tagen allgemeinen rückblickenden Gedenkens erscheint es mir richtig und geboten, dass auch ich mich zu Wort melde.
Zuerst sei an den 13. Oktober 1994 erinnert, an dem ich nach Erreichen der im Kanonischen Recht genannten Altersgrenze Papst Johannes Paul II. meinen Rücktritt anbot. Der Heilige Vater beauftragte mich, mein Amt als Erzbischof von Wien weiter auszuüben, bis es anders verfügt würde.
Im März d. J. vollendete ich nach 6 Jahren die erste Funktionsperiode als Präsident der Österreichischen Bischofskonferenz und wurde am 4. April d. J. für eine weitere Amtszeit wiedergewählt. Ausgelöst durch die gegen mich erhobenen Anschuldigungen veranlassten mich Unsicherheit und Unruhe, auf dieses mir von neuem anvertraute Amt des Präsidenten zu verzichten.
Zudem bat ich den Heiligen Vater, mir als dem Erzbischof von Wien einen Koadjutor zur Seite zu stellen, schon am 13. April d. J. wurde dieser Bitte entsprochen.
Inhalt und Gestalt, Art und Weise der überallhin verbreiteten Vorwürfe nötigten mich, zunächst zu schweigen: Anklagen aus dem Kreis ehemaliger Schüler, erstmals und in aller Öffentlichkeit erhoben - und das nach 44 Jahren priesterlichen Dienstes in der Schule, 8½ Jahre nach meinem Eintritt in den Ruhestand (als Gymnasialdirektor)! Viele hunderte junge Menschen durfte ich

ausbilden und begleiten, im Studium wie im geistlichen Leben, in der Zeit des Wachstums und des Heranreifens. Die Aufgabe des Erziehers und Lehrers habe ich stets mit allen Kräften, im Wissen um meine Verantwortung vor Gott und vor der Zukunft der jungen Menschen wahrgenommen.
Nach längerem Schweigen publizierte ich in diesem Sinne eine kurze Erklärung (am 7. April d. J.), weil es mir notwendig erschien, die „Anklagen" zurückzuweisen, in einem auch „alle Pauschalverdächtigungen der Priester und der im Religionsunterricht Tätigen sowie der (...) Schulen und Internate der Römisch-Katholischen Kirche" zurückzuweisen: „Sie alle verdienen ja Vertrauen und Hochschätzung, desgleichen wie die im natürlichen Sittengesetz und in der göttlichen Offenbarung gründende katholische Morallehre".
Kein Mensch kann sich gegen Anschuldigungen, wie sie gegen mich in letzter Zeit erhoben wurden, wirksam wehren. Auch mir bleibt deshalb nur das Schweigen. Manchen freilich ist es zur Last geworden. Jenen, die es mit Vertrauen ertragen, danke ich. Die aber, denen mein Schweigen unerträglich ist, bitte ich um Vergebung in der Barmherzigkeit Christi.
Ohne Zweifel wird jeder ehrliche Mensch den Anspruch auf persönliche Unfehlbarkeit als anmaßend erkennen und ausschließen. Jeder ist darauf angewiesen, Gott und die Mitmenschen um Vergebung zu bitten. Das „Vergib uns unsere Schuld" muss auch Bereitschaft sein, anderen zu vergeben: „... wie auch wir vergeben unsern Schuldigern".
Im übrigen wissen die meisten - ob Katholiken oder Nicht-Katholiken -, dass unsere Kirche an den Beginn aller ihrer Gottesdienste das Schuldbekenntnis setzt und es von ihren Dienern wie vom ganzen Volk Gottes verlangt. Denn alle können miteinander in rechter Weise nur leben, wenn sie Gott um Vergebung bitten und bereit sind zu vergeben.[210]

Kardinal Groër bittet also nicht um Vergebung für die behaupteten Vergehen, die ihm zur Last gelegt werden, sondern für die Unmöglichkeit einer noch wirksameren Verteidigung und die daraus bei manchen entstehende Verwirrung. Koadjutor Schönborn betrachtet jedoch diese Erklärung, worin Kardinal Groër ebenso wie in den vorangehenden seine Unschuld bekräftigt, als unzureichend und will schon einen Monat

---

[210] KATHPRESS-Tagesdienst vom 16. Mai 1995, Nr. 112, 16f. (Herv. G.W.)

später ein Schuldbekenntnis im eigentlichen Sinn des Wortes erzwingen:

> Der Kardinal habe sich für den **Weg des Schweigens** entschieden, und es stehe ihm [Schönborn] auch nicht zu, darüber „zu richten".
> [...]
> Nach den Worten des Wiener Erzbischof-Koadjutors wird auch einmal die Zeit kommen, in der man Groërs positive Leistungen als Priester und Erzieher sehen wird. Derzeit seien diese Leistungen noch von Vorwürfen überschattet, „die immer noch im Raum stehen" und die vom Kardinal bisher **„nicht widerlegt"** worden seien. Schönborn verwies allerdings auf eine Passage in der jüngsten Erklärung Groërs, wonach „ohne Vergebung keiner von uns bestehen kann". Dies sei immerhin „ein **Wort**, mit dem wir ein **ganzes Stück weiterkommen könnten.**"[211]

In diesem Kontext wird die Schuldfrage nicht aus rechtlicher Sicht betrachtet, sondern Schuld vielmehr zu einem allgemeinen Phänomen deklariert. Denn wenn keine bewiesene Schuld vorliegt, braucht Kardinal Groër auch nicht dafür um Vergebung zu bitten. Wie sehr aber das rechtlich völlig legitime „Schweigen" seines Vorgängers für Erzbischof Schönborn hinderlich bzw. lästig sein muss, kann man aus seiner Aufforderung im Rahmen der Pressekonferenz in Rom anlässlich seiner Kardinalsernennung am 20. Februar 1998 schließen, Kardinal Groër möge „ein Wort des Bekenntnisses und der Vergebungsbitte" sprechen. Als Grund führt Schönborn an: „Die Kirche wird in Österreich nicht zur Ruhe und zur Erneuerung finden, wenn wir nicht alle miteinander zur Wahrhaftigkeit, zur Vergebungsbitte und zur Erneuerung aus dem Evangelium finden."[212] Als Kardinal Groër diesem Ansinnen nicht entspricht, erklären vier österreichische Bischöfe schließlich am 27. Februar 1998, sie seien mit „moralischer Gewissheit" überzeugt, dass die Vorwürfe gegen ihn „im wesentlichen" zutreffen. Doch auch mit dieser Erklärung sind die Medien nicht zufrieden - und vor allem die Bischöfe, die sich der rechtlichen Fragwürdigkeit sowie der inhaltlichen Mängel ihres Procederes bewusst sein mussten. Diese

---

[211] KATHPRESS-Tagesdienst vom 17. Mai 1995, Nr. 113, 2. (Herv. G.W.) KATHPRESS resümiert die Aussagen Schönborns in der ORF-Sendung ZIB 2 vom vorangehenden Montag: „**Schönborn: Schuldbekenntnis ist ‚keine Schande.'** Wiener Erzbischof-Koadjutor zur ‚Causa prima': ‚Müssen für die Zukunft lernen, wie wir in der Öffentlichkeit mit Schuld umgehen'." (Herv. G.W.)

[212] Zitiert nach: Czernin, *Das Buch Groer*, 180.

rechtliche Unzulänglichkeit erklärt auch die empörten Reaktionen der österreichischen Medien und gewisser innerkirchlicher Gruppierungen auf das Kommuniqué der Apostolischen Nuntiatur vom 14. April 1998 und die damit verbundene letzte Erklärung von Kardinal Groër:[213]

> Im Auftrag des Heiligen Vaters hat der Abt-Primas der Benediktiner, Marcel Rooney, eine außerordentliche Visitation des Stiftes durchgeführt und dem Heiligen Vater berichtet. In der Folge gibt Kardinal Dr. Hans Hermann Groër diese Erklärung ab: „In den vergangenen drei Jahren hat es zu meiner Person zahlreiche oft unzutreffende Behauptungen gegeben. Ich bitte Gott und die Menschen um Vergebung, wenn ich Schuld auf mich geladen habe. Selbstverständlich bin ich bereit, einer Bitte des Heiligen Vaters zu entsprechen, meinen bisherigen Wirkungskreis aufzugeben. In einem wünsche ich den Mitgliedern der Österreichischen Bischofskonferenz Gottes Segen für ihren Dienst an der Kirche in unserem Land."[214]

Kardinal Groër hat nämlich auch an dieser Stelle nicht die von allen so sehr gewünschte „Vergebungsbitte" ausgesprochen.[215] Seine Worte sind nicht anders zu deuten als das Schuldbekenntnis zu Beginn der hl.

---

[213] Vgl. *Oberösterreichische Nachrichten* vom 15. April 1998, Titelblatt: „Pater Udo Fischer, der bereits 1985 seinem Abt in Göttweig von sexuellen Bedrängungen durch Groër berichtet hatte, bezeichnete die Erklärung als Provokation für alle Opfer. Aus den Worten des Kardinals sei Schuldeinsicht nicht zu erkennen." –Vgl. *Täglich Alles* vom 15. April 1998, 9: „Reaktionen. Dr. Thomas Plankensteiner, Kirchenvolksbegehren: ‚Besser spät, als gar nicht. Was fehlt ist ein konkretes Signal in Richtung der Opfer...'. [...] Wolfgang Kimmel, Ex-Mönch im Stift Göttweig: ‚Groër ist die Entschuldigung aufgezwungen worden.'" – Vgl. *Kurier* vom 15. April 1998, Titelblatt: „Groërs Entschuldigung: knapp und kniewiech. [...] Von den Betroffenen wurde die halbherzige Erklärung Groërs scharf kritisiert." Ebd., 2: „Groërs Vergebungsbitte mit vielen Wenn und Aber. Trotz Druck aus Rom ringt sich der Alt-Erzbischof bloß zu einer halbherzigen Erklärung durch." – Vgl. im Gegenzug *Neue Kronenzeitung* vom 16. April 1998, 4: „Feinde der Kirche können das als unzureichend und ‚kniewiech' empfinden, aber all die vagen Beschuldigungen Groërs stammen aus solchen Kreisen. Wie unglaubhaft sie sind, geht aus einem Schreiben hervor, das der *Kronenzeitung* im Original vorliegt. Dieser Brief wurde von **Josef Hartmann** geschrieben (**der Groër gegen Honorar in einem Wochenmagazin bezichtigte**, dieser habe sich an ihm sexuell vergangen), als er sich um den Posten eines Generalsekretärs im Pastoralamt der Erzdiözese Wien beworben hatte und wegen mangelnder Qualifikation abgewiesen wurde." (Herv. G.W.) Es ist nicht bekannt, dass jemand die *Kronenzeitung* für diese Behauptungen gerichtlich geklagt hätte.

[214] Zitiert nach: Czernin, *Das Buch Groër*, 221f.

[215] Diese Erklärung ist nicht einmal ein „bedingtes Schuldeingeständnis", wie ein Beitrag in den *Salzburger Nachrichten* vom 15. April 1998, 2, vorgibt („Groër wird nach dem Schuldgeständnis in ausländisches Kloster abgeschoben").

Messe,[216] wie auch seine frühere Stellungnahme vom 15. Mai 1995 nahe legt. Doch der ehemalige Koadjutor Schönborn, damals bereits Kardinal, begnügte sich weder mit den Erklärungen seines Vorgängers noch mit jener, die er selbst mit den anderen vier Bischöfen unterzeichnet hatte, und gibt am 16. April 1998 nochmals eine „Klärende Stellungnahme" heraus:

> 1. Als Bischof dieser Diözese entschuldige ich mich für alles, wodurch mein Vorgänger und andere kirchliche Amtsträger sich an ihnen anvertrauten Menschen verfehlt haben. Wir sind in der Erzdiözese Wien bereit, all denen Hilfe anzubieten, die dadurch Schaden genommen haben.
> 2. Ich gehe davon aus, dass Kardinal Groër der klaren Bitte des Papstes - seinen bisherigen Wirkungskreis aufzugeben - nachkommen wird. Das bedeutet, dass er nicht mehr als Bischof oder Kardinal in Erscheinung treten und Österreich verlassen wird. Ich nenne aber auch ausdrücklich und dankend das viele Gute, das mein Vorgänger geleistet hat und das erhalten bleibt.
> 3. Als Mensch und als Bischof spreche ich eine dringende Bitte aus: Lassen wir ab von weiteren Diskussionen um die Person meines Vorgängers. Wie oft im Leben bleibt vieles offen und unbeantwortet. Die Ereignisse haben vielen Menschen tiefe Wunden geschlagen, nicht wenige sind verunsichert und enttäuscht. Ich bitte und lade dazu ein, gemeinsam den Weg des gegenseitigen Vertrauens in Ehrlichkeit, Respekt und Barmherzigkeit zu gehen.[217]

Der Inhalt dieser „Klärenden Stellungnahme" steht im Widerspruch zu dem im Titel angekündigten Programm Schönborns. Denn rechtlich gesehen kann Schönborn nichts „klären", da keine Zeugen, keine Beweise und auch kein Eingeständnis von Kardinal Groër vorliegen. Diese Stellungnahme Schönborns war rechtlich weder gedeckt noch schlüssig; denn bei klar erwiesenen Verfehlungen sind die Ursache- und Wirkungsmechanismen einsichtig und brauchen nicht durch die Bitte, „von Diskussionen abzulassen", vertuscht werden.

Schönborns Aussagen legen vielmehr nahe, dass seriöse Nachforschungen über die Causa gerade in Bezug auf das Vorgehen des österreichi-

---

[216] Vgl. dazu *Wiener Zeitung* vom 15. April 1998, Titelblatt: „Kardinal Hermann Groër bricht sein Schweigen. [...] Der ehemalige Sekretär Groërs, Michael Dinhobl, sieht die Erklärung des Kardinals als einen ‚versuchten Beitrag für den Frieden in der Kirche'. Keinesfalls aber könne man von einem Schuldeingeständnis reden."
[217] Zitiert nach: Czernin, *Das Buch Groër*, 222.

schen Episkopats unnötig bzw. gar nicht erwünscht waren. Diese „Stellungnahme" ist daher der Schlusspunkt eines Mythisierungsprozesses, der bereits zu Beginn der Medienkampagne 1995 eingesetzt hat und worin eine Rückbindung an die Realität unmöglich gemacht werden sollte. Die eigentliche Entstehung und schließlich Festschreibung des „Mythos Groër" erfolgte durch die Ankläger des Kardinals, die gewisse Bischöfe und Medien befähigten, im rechtsfreien Raum zu agieren, und lässt sich anhand zweier generativer Mechanismen nachweisen.

5. Die Mechanismen der Mythisierung: Begriffsverdrehung und Beichtsiegel

Jene beiden Mechanismen, wodurch die Causa Groër zum Mythos wurde, sind die Begriffsverdrehung seitens der Kläger und gewisser Medien und untrennbar damit verknüpft die Instrumentalisierung des Beichtsiegels. In erster Linie fehlt nämlich der medialen Präsentation auf inhaltlicher Ebene die nötige Stichhaltigkeit und Kohärenz, während zugleich Begriffe vertauscht und verdreht werden. Wie sich nämlich auch textanalytisch nachweisen lässt, wurde in der gesamten Causa Groër unter dem Vorwand der Bekämpfung „sexuellen Missbrauchs" in Wirklichkeit die Morallehre der Katholischen Kirche angegriffen und in Frage gestellt.

Ferner finden sich in der Erklärung Kardinal Groërs vom 8. April 1995 zwei wichtige Anhaltspunkte zur Rekonstruktion der Medienkampagne, und zwar in Zurückweisung von **Inhalt und Gestalt** der Anschuldigungen. Beide Termini sind auch im Text der *Kronenzeitung* fett gedruckt, und zwar wohl nicht von ungefähr. Der „Inhalt" bezieht sich auf den unberechtigten Vorwurf sexuellen Missbrauchs, die "Gestalt" auf die Form, in welcher derselbe erscheint.[218] Der Begriffsumfang von „Inhalt" ist eindeutig, jener von „Gestalt" hingegen mehrdeutig im positiven Sinn. Mit „Gestalt" weist der Kardinal in erster Linie alles zurück, was auch nur den Anschein von Missbrauch und sittenwidrigem Verhalten erwecken könnte. Wie sich aber bei genauer Analyse des Rahmens sowie des Kontextes zeigt, in welchem die Anschuldigungen präsentiert sind, hat Kardinal Groër durch Verwendung des Wortes „Gestalt" auch den mehrfach erhobenen Vorwurf zurückgewiesen, das Bußsakrament „missbraucht" zu haben, sei es durch Bruch des Beicht-

---

[218] Vgl. „Gestalt" in: DUDEN. Deutsches Universalwörterbuch, 602: „Form, die etwas hat, in der etwas erscheint; sichtbare Form eines Stoffes".

geheimnisses oder durch sexuellen Missbrauch im Rahmen der Beichte. Rückblickend lässt sich feststellen, dass er sich gar nicht anders als in allgemeinen Stellungnahmen verteidigen konnte, ohne das Beichtsiegel zu verletzen. Wenn bestimmte österreichische Bischöfe, denen seinerzeit die Medienberichte vorliegen mussten, nicht auf diese Bindung des Kardinals durch das Beichtsiegel hingewiesen haben, so kann dies ebenfalls zur Annahme führen, dass sie zumindest Interesse daran hatten oder womöglich sogar daran mitgewirkt haben.

5.1. Die Begriffsverdrehung:
Angriff auf die Morallehre der Kirche
unter dem Vorwand der Bekämpfung sexuellen Missbrauchs

Jener Artikel, mit dem *profil* am 27. März 1995 eine weltweite Medienkampagne gegen Kardinal Groër auslöste, sollte gezielt den Eindruck sexuellen Missbrauchs erwecken, wie schon das Titelblatt suggeriert: „Der Fall Groër. Ex-Zögling klagt an: ‚Groër hat mich sexuell missbraucht'."[219] In Wirklichkeit ist dieser Beitrag ein äußerst subtiler, geschickter Angriff auf die Morallehre der Kirche.
Rein struktural lässt sich dieses eigentliche Ziel der Medienkampagne bereits an der fehlenden Textkohärenz im *profil*-Artikel sowie an der Aneinanderreihung verschiedener willkürlicher Perspektiven erkennen. Vor allem aber sind es die inhaltlichen, aber niemals thematisierten Widersprüche sowohl in den Aussagen von Josef Hartmann als auch in der Berichterstattung von *profil* insgesamt, welche die Anschuldigungen gegen Kardinal Groër als mediales Konstrukt ausweisen bzw. die Grundlage des Mythisierungsprozesses darstellen.
Demselben Schema wie Hartmann, nämlich Konstruktion logisch unvereinbarer Gegensätze, folgen auch die Ex-Mönche von Göttweig im Zuge der neuen Kampagne von 1998. In ihren Anklagen gegen Kardinal Groër verdichtet sich jedoch der Angriff auf die Morallehre der Kirche und auf die Marienverehrung besonders der Legio Mariens, während der Vorwurf sexuellen Missbrauchs nur eine marginale Rolle spielt. Dieser „Verdichtungsprozess", d.h. die Verlagerung der Anschuldigungen von der Person des Kardinals auf gesamtkirchliche Strukturen, ist ein weiteres Indiz für die mediale Inszenierung der Causa Groër. Auffälligerweise werden in der gesamten Medienberichterstattung, vor allem aber im Buch von Hubertus Czernin diese Widersprüche nicht zur Sprache gebracht bzw. sogar geglättet, wohl um den Eindruck sexuellen Missbrauchs durch kirchliche Amtsträger zu festigen. Diese manipulativen Techniken der Medien lassen von Anfang an auf eine Steuerung der gesamten Kampagne im Sinne höherer Interessen schließen.

---

[219] Sofern nichts anderes vermerkt, wird im Folgenden auf diesen Beitrag in *profil* Bezug genommen. Die jeweilige Seitenzahl (64-73) ist im Text in Klammern vermerkt.

5.1.1. Die dialektische Großstruktur der Medienkampagne: Multiperspektivik von *profil* (27.3.95) und Begriffsverdrehung durch Josef Hartmann

Die eigentliche Intention der Medien und ihrer Hintermänner zeichnet sich schon im jenem *profil*-Artikel (27.3.95) ab, der die gesamte Kampagne gegen Kardinal Groër auslöste. Von seiner Struktur her sind darin mehrere logisch miteinander nicht kompatible Perspektiven[220] aneinandergereiht, während die Thematik vorrangig von kirchenpolitischen Interessen aus dem liberalen Lager bestimmt ist. Den Auftakt bildet nämlich bereits eine versteckte Ankündigung, dass die Amtszeit von Kardinal Groër bald dem Ende zugehen wird. *Profil* nimmt hier offensichtlich den Standpunkt bestimmter kirchlicher Kreise ein:

> Schon bald nach seinem Einzug in das Erzbischöfliche Palais ließ er Vertraute wissen: „Ich bin mit fünf Koffern eingezogen. Ich kann mit fünfeinhalb Koffern jederzeit wieder ausziehen." (64)

Im Anschluss daran zieht *profil* die spirituelle Linie des Wiener Erzbischofs ins Lächerliche, vor allem seine marianische Frömmigkeit sowie die von ihm empfohlene „Weihe der Familien an das Heiligste Herz Jesu": Der „kauzige", ja „verschrobene - meist säuselnd verzückte - Marienverehrer" Groër, dessen Ernennung die meisten Wiener „schlicht schockiert" habe, wird als Gegenbild des „weltgewandten und dialogfreudigen" Kardinals König präsentiert. Auch sein Festhalten an der Morallehre der Kirche sowie sein Einsatz zugunsten des ungeborenen Lebens wird zur Zielscheibe des Spotts von *profil* („Plädoyers wider den ‚Krieg gegen das Kind im Mutterschoß' und gegen die ‚Zügellosigkeit im Bereich der Sexualität'", 64). Schon diese einleitenden Bemerkungen lassen auf die Absicht gewisser Gruppierungen schließen, einen ideologischen Grabenkampf unter dem Vorwand der öffentlichen Anprangerung sexuellen Missbrauchs zu führen. Außerdem zeichnet sich an dieser Stelle bereits die für die gesamte Causa Groër typische dialektische Großstruktur des Artikels ab, nämlich real unvereinbare Gegensätze wie Marienfrömmigkeit und tadellosen Lebenswandel einerseits und gezielten sexuellen Missbrauch andererseits zu kirchenpolitischen Zwecken zu einer künstlichen Einheit zu verschmelzen.

---

[220] Die fehlende Textkohärenz durch Multi-Perspektivik gehört auch zu jenen sprachlichen Konstruktionsmechanismen, mit denen der „Skandal" von St. Pölten vorgetäuscht wurde. Vgl. Waste, *Die Kirche als Gefangene*, 82ff.

Diese auf Zweideutigkeit und Begriffsvermengung angelegte Großstruktur zeigt sich auch in den Details dieses *profil*-Artikels. Es folgt
zunächst die Ankündigung, dass eines seiner „seltenen öffentlichen Le-
benszeichen" für Groër gerade zum Ende seiner Amtszeit zum Ver-
hängnis werden könne, nämlich sein Zitat der Bibelstelle, dass weder
Unzüchtige noch Götzendiener, weder Ehebrecher noch Lustknaben
noch Knabenschänder das Reich Gottes erben werden (vgl. 64). Dies
habe bei seinem ehemaligen Schüler Josef Hartmann Erinnerungen geweckt, an deren Bewältigung er „bis heute arbeitet" (66). Der Sohn dieses Weinviertler Kleinbauern und Mesners habe den „kauzigen Kirchenfürsten als obsessiven Knabenschänder und brutalen Psychoterro-
risten **erlebt**: ‚Groër hat mich sexuell missbraucht'". (Herv. G.W.)
Auch an späterer Stelle, im Interview mit Josef Votzi (73) antwortet
Hartmann auf die Frage, ob er sich als „Groërs Lustknabe gefühlt
habe": „Ja, ich habe mich als sein Lustknabe oder Lustmädchen **erlebt**.
Groër hat mich sexuell missbraucht." (Herv. G.W.) Die an dieser Stelle
manifeste „Erlebnisstruktur" stellt die Stichhaltigkeit der Behauptungen von Josef Hartmann jedoch in Frage. Denn im Nachhinein lassen
sich Personen und Dinge mit einem beliebigen, positiven wie negativen
Image versehen, was aber nichts über die realen Gegebenheiten und Ereignisse zu einem früheren Zeitpunkt, im konkreten Fall über die Inter-
natserziehung des Josef Hartmann, aussagt.
Im nächsten Abschnitt (66) wird deutlich, dass die fehlende themati-
sche Kohärenz und die Widersprüchlichkeiten in der Gesamtstruktur
dieses Artikels aufs engste zusammengehören, ja einander sogar bedin-
gen. Denn anschließend greift *profil* das katholische Internatsleben insgesamt an: Entfremdung von der Familie, Drill auf den Priesterberuf
durch strenge „Zucht und Ordnung", wodurch „sensible Gemüter gebrochen" würden. Daher auch die Notwendigkeit eines „emotionalen
Schlupflochs", in das die Zöglinge immer wieder ausbrachen („Entlas-
sungen über Nacht wegen ‚Sexspielen unter der Bettdecke' waren ab
der vierten Mittelschulklasse an der Tagesordnung", 66). Rein sachlich
wird man fragen müssen, wie dieses strenge Vorgehen bei bestimmten
Verfehlungen mit gezieltem sexuellen Missbrauch der Zöglinge logisch
vereinbar ist.
Der Angriff auf das Internatsleben insgesamt sowie auf Groërs persönlichen Einsatz zur Errichtung katholischer Institutionen wird in weiterer Folge sowohl intensiviert als auch thematisch bereits mit Andeutun-
gen eines möglichen Missbrauchs verknüpft. So hat P. Groër angeblich
den 14jährigen Hartmann während langer Internatsnachmittage und –

abende immer öfter zu sich rufen lassen, um ihn um Mithilfe bei der Buchhaltung zu bitten („Groër schnorrte gerade erfolgreich Spenden für die Wiederbelebung des nahen Wallfahrtsortes Maria Roggendorf und die Errichtung eines Nonnenklosters", 66). Daraus habe sich eine „intensive Beziehung - bald auch auf körperlicher Ebene" entwickelt. Denn Groër habe den „Teenager" Hartmann „unter dem plumpen Vorwand der Gesundheitsvorsorge in die Duschkabine seiner Wohnung [gelockt]" und ihm gezeigt, wie man „richtig Intimpflege betreibt". Auch „Streicheln, Kuscheln und Zungenküsse" hätten bis zur Matura zum „Ritual der regelmäßigen Begegnungen in Groërs Schlafzimmer" gehört (67). Nach einem Gespräch mit Hartmanns Eltern habe Groër Hartmanns Mutter als „leichte Psychopathin heruntergemacht" und gesagt, er verstehe jetzt, warum Hartmann „solche Schwierigkeiten mit der Masturbation" hat (68). Sowohl Kontext als auch Wortlaut sollen offenbar dem Leser suggerieren, dass Groër die Masturbation gutheiße und Hartmann helfen wolle, sich von Hemmnissen zu befreien. Doch der nächste Absatz steht eindeutig im Widerspruch zur Thematik des gesamten Artikels, nämlich dem Vorwurf „sexuellen Missbrauchs":

> Inzwischen auch Hartmanns „Beichtvater", hält Groër beim sechsten Gebot besonders lange inne und lässt sich die „Selbstbefleckungen" des Teenagers „mit voyeuristischer Genauigkeit" erzählen. Er versteht es, den Weinviertler Bauernsohn „in einen unentrinnbaren Kreislauf" von Schuld und Sühne zu treiben: „Er hat mir die ärgsten Vorwürfe gemacht und wiederholt gesagt, er habe das nie gemacht in seinem Leben. Dadurch hat er sich in eine Glorie gerückt, die mich vor mir selber noch schwärzer hat vorkommen lassen. Ich habe enorme Schuldgefühle entwickelt. Die **Sünde der Masturbation** ist für mich zum Alptraum geworden." (68, Herv. G.W.)

Nach der „Verdammung" habe es Groër verstanden, ihm wieder Trost in Form von Zärtlichkeiten zu spenden. Hartmann resümiert seine vier Jahre am Hollabrunner Seminar: „Eine Mischung aus Ergebenheit meinerseits und einer unerbittlichen Dominanz seinerseits. Er war eigentlich Vater, Mutter und Geliebter in einem. Dadurch ist eine so starke **emotionale Bindung** entstanden, dass ich gar nicht fähig war, einigermaßen objektiv über diese Beziehung nachzudenken." (68, Herv. G.W.) Im Interview mit Josef Votzi (73) bekräftigt Hartmann diese Darlegungen:

> Ja, ich habe mich zunehmend an ihn [Groër] gekettet **gefühlt**. Und zwar, weil er als mein **Beichtvater** verstanden hat, nach jeder Masturbation immer derartige **Schuldgefühle** weiterleben zu lassen, dass ich automatisch immer zu ihm gerannt bin, wenn ich das gemacht habe. Ich war richtig wie ein dressierter Hamster. Er wollte immer genau wissen, wie ich masturbiert habe, welche Zeitschriften ich wo gefunden habe, was ich mir da angeschaut habe, und so weiter. **Er hat mir immer vorgehalten, dass das eindeutig eine schwere Sünde ist und dass es absolut nicht gottgewollt ist** [...] (73, Herv. G.W.)

Auf Grund dessen stellt sich nun die berechtigte Frage, wie denn die hier geschilderte Sittenstrenge Groërs gerade im Rahmen der Beichte mit dem Vorwurf sexuellen Missbrauchs vereinbar sein soll. Auch vorgebliche voyeuristische Details wie Zungenküsse und Intimpflege können diese Widersprüchlichkeiten und Ungereimtheiten nicht überdecken. In diesen Ausführungen Hartmanns zeigen sich sozusagen auch auf Mikro-Ebene die schon auf der Makro-Ebene des *profil*-Artikels vorgegebenen structural unvereinbaren Gegensätze wie Sittenstrenge und sexueller Missbrauch. In Wirklichkeit geht es auch Hartmann um einen Angriff auf die Morallehre der Kirche, wobei ihm Kardinal Groër als Zielscheibe dient:

> [...] dass mir zunehmend klargeworden ist, dass das Scheitern meiner Ehe und mein verklemmtes Verhältnis zur Sexualität, das mich sehr lange beherrscht hat, damit unmittelbar in Zusammenhang stehen. Den Ekel vor dem Körperlichen, den beginne ich jetzt erst abzubauen – aufgrund der Beschäftigung mit Literatur und allmählicher Aufarbeitung der Ursachen. Unter anderem hat mir auch ein Satz Sigmund Freuds zu denken gegeben: „Im Unterbewusstsein existiert keine Zeit." Für mich war der Katholizismus bis zu meinem 30. Lebensjahr die einzig mögliche Anschauungsweise, was sich jetzt vollkommen geändert hat. (73)

Gerade die Berufung auf die „Zeitlosigkeit" des Unterbewusstseins zeigt erneut die Ambivalenz von Hartmanns Darlegungen. Vom sprachlichen Duktus her ist nämlich nicht klar, ob er damit ausdrücken möchte, er sei sich eines sexuellen Missbrauchs erst später bewusst geworden, oder ob er sich gegen den Katholizismus als jene Weltanschauung wendet, die er für sein „verklemmtes Verhältnis zur Sexualität" verantwortlich macht. Logisch betrachtet ist es in jedem Fall absurd, dass

Groër einen Zögling durch sexuellen Missbrauch zum Priestertum und der damit verbundenen Zölibatsverpflichtung führen will. Doch genau diese real nicht denkbare Kombination vollbringt Hartmann auf rein sprachlicher Ebene unter dem Schlagwort von „sexuellem Missbrauch" und „Hörigkeit": Groër habe ihn gewissermaßen genötigt, ins Wiener Priesterseminar einzutreten, was bei ihm ab einem gewissen Zeitpunkt seines später begonnenen Theologiestudiums Neurosen und Minderwertigkeitsgefühle ausgelöst habe. Als er endlich seinen eigenen Willen durchsetzte und auf das Studium der Bodenkultur wechselte, habe ihn Groër in einem Abschiedsbrief als „Judas und Verräter an der Sache Jesu" bezeichnet (68).[221]

Diese Unstimmigkeiten in den Aussagen Hartmanns werden von *profil* jedoch völlig ignoriert und bereits als Faktum erwiesenen sexuellen Missbrauchs hingestellt. Darüber hinaus war man offensichtlich bemüht, diese Ungereimtheiten durch Außenstehende glätten zu lassen. So wird im Anschluss an die Schilderung von Hartmanns behaupteten Schuldgefühlen wegen Groërs Ermahnungen im Rahmen der Beichte der Wiener Psychiater Michael Leodolter zitiert, für den ein klassischer Fall von „Hörigkeit" vorliegt (68). Es wird aber nicht gesagt, worin diese „Hörigkeit" bestehen soll, ob in Groërs Ermahnungen oder in sexuellen Übergriffen. Gerade diese Zweideutigkeit ist auch kennzeichnend für den weiteren Aufbau des *profil*-Artikels: Einerseits werden auf der gleichen Seite (68) Fälle von wirklichem sexuellen Missbrauch berichtet („Priester vor Gericht: Umgang mit Ministranten untersagt"), andererseits heißt es im Resümee (70): „Kinder lassen sich leichter als Erwachsene von priesterlichen Ermahnungen einschüchtern." Es stellt sich zwangsläufig die Frage, womit denn Groër seinen Zögling Hartmann eingeschüchtert haben soll: mit

---

[221] Diese Behauptung, dass nämlich Kardinal Groër Hartmann deshalb unter Druck gesetzt haben soll, ist jedoch durch einen Insider in Frage gestellt. Vgl. *Täglich Alles* vom 29. März 1995, 7: „Ein Sprecher von Hans Hermann Groër: ‚Herr Hartmann ist nach der Matura ins Priesterseminar gegangen, hat nach eineinhalb Jahren aufgehört und studierte dann an der Hochschule für Bodenkultur. **Es stimmt aber nicht, dass der Kardinal über seinem ehemaligen Zögling deshalb den Stab gebrochen hat.** Es gab trotzdem regelmäßige Treffen. Herr Groër hat dem Josef sogar geholfen, Arbeit zu finden. Damals ging es Hartmann nicht sehr gut, und er nahm das Angebot des Kardinals, im Stephansdom als Mesner zu arbeiten, mit Handkuss an. Ein Jahr hat er dort gearbeitet. Bis er eine Stelle als Lehrer in der Höheren Bildungslehranstalt für Umwelt und Wirtschaft in Ysper (NÖ) bekommen hat. Aber dort ist er bald rausgeflogen."' (Herv. G.W.)

Ermahnungen zu einem sittlich einwandfreien Leben in der Beichte oder mit sexuellem Missbrauch.
Wie man aus den weiteren Ereignissen schließen kann, ging es bei diesen Anschuldigungen gegen Kardinal Groër hauptsächlich darum, das Faktum des sexuellen Missbrauchs zum Gegenstand öffentlicher Diskussion zu machen, um dadurch die Morallehre der Kirche anzugreifen. In diesem Sinne äußert sich auch Hubertus Czernin am 27. März 1995 in ZIB 2:

> Ich glaub dass die Geschichte sich jetzt anders entwickeln wird, unabhängig von der Frage, ob der Kardinal Groër sein Schweigen beenden wird. In Wahrheit wird jetzt eine Diskussion über die Frage der kirchlichen Sexualmoral und all jene Zwänge, die diese katholische Sexualmoral auslöst bei Geistlichen und bei ganz normalen Leuten [beginnen].

Genau dieser Linie folgt Czernin in seinem Buch zur Causa Groër, indem er ebenso wie der *profil*-Artikel unbewiesene und widersprüchliche Angaben zu Fakten hochstilisiert.

5.1.2. Die Unstimmigkeiten der weiteren Anschuldigungen und deren kirchenpolitische Instrumentalisierung

Die Unstimmigkeiten sowohl in den Behauptungen Josef Hartmanns als auch im gesamten *profil*-Artikel, der die Kampagne gegen Kardinal Groër auslöste, wurden weder von den übrigen Medien noch innerkirchlich jemals zur Sprache gebracht. Im Gegenteil: Das von *profil* auf seiner Titelseite geprägte Schlagwort vom sexuellen Missbrauch wurde stets so präsentiert, als ob es sich um tatsächlich erwiesene Fälle handelte, welche die Kirche unter Zugzwang setzten.
Ab einem gewissen Punkt muss sich Hubertus Czernin jedoch dieser Ungereimtheiten bewusst geworden sein, nämlich der Unvereinbarkeit von Sittenstrenge gerade im Rahmen der Beichte und sexuellem Missbrauch. Denn er geht wohl notgedrungen davon aus, dass es manchen als „Treppenwitz der Kirchengeschichte" erscheinen wird, dass gerade dieser „Gottesmann", der sich für das zölibatäre Priestertum eingesetzt hatte, öffentlich der Pädophilie bezichtigt wurde. Er versucht allerdings nicht, die Be-

hauptungen Hartmanns auf ihre logische Stimmigkeit und reale Vereinbarkeit zu prüfen, sondern projiziert offensichtlich im Vorwort zu seinem Buch diese Diskrepanzen auf die Person Kardinal Groërs und die Lehre der Kirche insgesamt:

> In Wahrheit ist dies aber die Konsequenz von Groërs eigener Weltsicht: Jemand, der sich im Glauben, Gottes Willen zu verwirklichen, Menschen vollständig unterwerfen will und dementsprechend jede Abweichung von seiner Lehre als Verrat ansieht, jemand, dessen Menschenbild anderen ganz im Sinn der traditionellen Kirchenlehre die totale Selbstverleugnung abverlangt, kann sich auch über jene Grenzen hinwegsetzen, die üblicherweise die zwischenmenschlichen Beziehungen regeln. **In gewisser Hinsicht symbolisiert Groër einen übersteigerten Glauben, autoritäts-, amts- und marienfixiert.**[222]

Der Widersinn in der Argumentation Czernins ist manifest. Er gleicht jemandem, der behauptet, der Mafiaboss Toto Riina habe seinen Sohn auf Raubzüge mitgenommen, um ihn einerseits auf dessen spätere Aufgabe als Mitglied der Mafia vorzubereiten, ihm aber gleichzeitig eingeschärft, dass er dies mit Rücksicht auf den italienischen Staat nicht tun dürfe. Es handelt sich in jedem Fall um kontradiktorische, d.h. einander ausschließende und logisch nicht auf einen Nenner zu bringende Gegensätze.

Verständlicherweise zeigt daher Czernin in den weiteren Kapiteln seines Buches die internen Widersprüche in den Aussagen Hartmanns und der übrigen von ihm genannten „Zeugen" und Bezugspersonen nicht auf. Er zitiert lediglich das Interview des *profil*-Redakteurs Josef Votzi mit Hartmann vom 27. März 1995 (78-82), gibt aber dem gesamten Kapitel (59) den Titel „Enthüllungen eines Knabenschänders". Auch die weiteren Belegstellen im Buch Czernins werden nach diesem Schlagwort selektiv zusammengestellt und interpretiert, so dass beim unbedarften Leser, der über keine alternativen Informationsquellen verfügt, der Eindruck entsteht, diese unbewiesenen und zudem auch gar nicht beweisbaren Anschuldigungen seien bereits erwiesene Fakten.

Besonders auffällig sind diese Ungereimtheiten im Schreiben vom P. Dr. Emmanuel Bauer OSB vom 8. April 1995 an Bischof Kapellari.[223] P. Bauer gibt zwar zu, dass seines Wissens kein homosexuelles Verge-

---

[222] Czernin, *Das Buch Groër*, 9f. (Herv. G.W.)
[223] Ebd., 92-97.

hen Groërs im engeren Sinn vorliege, sondern „nur" verschiedene Formen der Homo- bzw. Pädophilie (93). Aber er beschreibt eine „homophile Atmosphäre um Groër herum", auf die er Abt Clemens bereits aufmerksam gemacht habe (94). Angeblich haben ihm auch andere Personen von Zungenküssen mit Groër und gegenseitiger Massage berichtet (95).
Diese Darlegungen Bauers sind unlogisch und auch mehrfach ungereimt. Homosexualität lässt sich nämlich nur am homosexuellen Verhalten einer Person diagnostizieren.[224] Ferner ist die Behauptung von Zungenküssen u.ä. nicht durch Zeugen im Sinne rechtlich relevanter Zeugenaussagen belegt und kann daher auch nicht als Zeugenaussage gewertet werden. Anschließend zeigt sich auch in diesem Schreiben die bekannte Dialektik von Missbrauch und Frömmigkeit. P. Bauer wirft nämlich Kardinal Groër „Überlagerung der 'natürlichen' Interessen und Neigungen durch spirituelle Dimensionen und Argumente" vor (95). Besonders „tragische Dimensionen" habe aber die Causa Groër seines Erachtens dadurch, „dass viele Priester(amtskandidaten) dadurch in existentielle Krisen gerieten **oder noch geraten werden**" (95, Herv. G.W.). Man fragt sich, wie denn P. Bauer schon zu diesem Zeitpunkt wissen will, welche mögliche Krisen auftreten werden, vor allem aber, ob diese durch Missbrauch oder durch Spiritualität ausgelöst sind. Sein Brief liest sich wie eine Ankündigung der drei Jahre später stattfindenden „Göttweiger Revolte". Denn diese „Krisen" stehen seiner Meinung nach damit in Zusammenhang,

> ob sie in ihrer Lebensentscheidung innerlich-emotional wirklich frei waren oder ob ihr Ja zur Berufung primär ein menschlich-emotional gebundenes Ja zu Groër war. (95)

Bischof Kapellari habe daraufhin am 10. April 1995 P. Emmanuel angerufen und gefragt, ob er dessen Schreiben an Papst Johannes Paul II. und Kardinal Ratzinger, damals Präfekt der Glaubenskongregation weiterleiten dürfe. P. Emmanuel habe seine Zustimmung gegeben (97).
Man darf zu Recht fragen, ob Bischof Kapellari die Widersinnigkeit der gesamten Ausführungen von P. Bauer nicht gemerkt oder diese bewusst ignoriert hat, weil es für ihn womöglich kirchenpolitisch opportun war. Abgesehen vom Inhalt dieses Briefes ist es aber verwunderlich, wie vertrauliche Mitteilungen dieser Art überhaupt an Hubertus

---

[224] Vgl. Waste, *Die Kirche als Gefangene*, 68-82; ebenso das Gutachten von Prof. Dieterich „Fachliche Stellungnahme zur Homosexualität". In: Dörner, *Der Wahrheit die Ehre*, 129f.

Czernin gelangt sind. Man kann daher ohne weiteres annehmen, dass gewisse Personenkreise im Hintergrund bereits an der Konstruktion der „Göttweiger Revolte" im Jahr 1998 arbeiteten.

5.1.3. Die „Göttweiger Revolte": Verdichtung des Angriffs auf die kirchliche Morallehre

Beim Ausbruch der neuen Kampagne gegen Kardinal Groër im Jahre 1998, ausgelöst durch die „Göttweiger Revolte", stand in den Medienberichten ebenso wie im Fall Hartmann der Vorwurf sexuellen Missbrauchs im Vordergrund.[225] Doch in jenem Beitrag von *news,* der diese Beschuldigungen gegen den Kardinal detaillierter darstellt (10/98), kommt die bereits aus der Kampagne von 1995 und der Folgezeit bekannte Dialektik wieder zum Vorschein. Die Morallehre der Kirche und die marianische Spiritualität des Kardinals werden unter dem Vorwand sexuellen Missbrauchs angegriffen, was deutlich aus dem *news*-Interview mit vier Ex-Mönchen des Stifts hervorgeht.[226]
Im ersten Interview, geführt mit Raphael Bergmann (Pater von 1983-1995), sind Marienverehrung und sexuelle Übergriffe auf undurchsichtige Weise miteinander verknüpft:

> Ich habe schon in meinem zweiten Jahr erkannt, dass etwas faul ist. Von der Groër-Gruppe mit ihrer **überdrehten Marienfrömmigkeit** ging ein ungeheurer Druck auf alle Mönche aus. Groër wusste, wie er die Leute bei der Stange hält. [...] Hätte ich damals gegen Groërs Umtriebe etwas gesagt, dann, so war meine Angst, wäre ich wohl in der Psychiatrie gelandet. **Von dem ungeheuren Ausmaß der sexuellen Übergriffe Groërs waren wir Ex-Mönche letztlich alle überrascht.** Vor einiger Zeit haben wir alle Er-

---

[225] Vgl. *Kurier* vom 4. Januar 1998, 2: „Groër tritt nach neuen Vorwürfen als Prior ab. – Einzelpersonen geben an, vom Kardinal sexuell belästigt worden zu sein/Sache liegt Jahre zurück." – Vgl. *Täglich Alles* vom 4. Jänner 1998, 2: „Neue Vorwürfe: Groër tritt ab. – [...] – Die 95 aufgetauchten Vorwürfe eines Magazins, Groër hätte als Religionsprofessor am Knabenseminar Hollabrunn Minderjährige sexuell belästigt, gar missbraucht, blieben aufrecht. Jetzt gibt's neue Anschuldigungen, die Groërs Tätigkeit als Lehrer und Seelsorger vor 20 Jahren betreffen." – *Neues Volksblatt* vom 5. Jänner 1998, Titelblatt: „Vorwurf: Sexuelle Belästigung. Groër musste zurücktreten."

[226] *News* 10/98, 38. Diesem Beitrag sind alle folgenden Aussagen der vier Ex-Göttweiger entnommen.

lebnisse zusammengetragen und sind auf Übergriffe gegen rund zwanzig Geistliche gekommen. (Herv. G.W.)

Abgesehen von der Zweideutigkeit schon allein in der Struktur dieser Behauptungen ist es doch seltsam, dass alle vom Ausmaß der „sexuellen Übergriffe" Groërs überrascht waren. Diese Diktion spricht auch angesichts der schon bei Hartmann manifesten Erlebnisstruktur dafür, dass es sich um spätere Projektionen handelt. Wenn wirklich zwanzig Geistliche von P. Groër sexuell missbraucht worden wären, dann drängt sich doch die Frage auf, warum alle Betroffenen bis zu diesem Zeitpunkt darüber geschwiegen haben und die „Erlebnisse" nun plötzlich auftauchen und bewußt werden und sie davon „überrascht" sind.
Im nächsten Interview, geführt mit Hansjörg Schuh (Pater von 1983-1992) sind ebenfalls subjektive Standpunkte und Erlebnisse zu einer Einheit verwoben. Zuerst wird Kardinal Groër vorgeworfen, seinen Schützling vor dem Studium gemahnt zu haben, viel zu beten und im Gegenzug wenig auf die Uni zu gehen. Dies habe zu einer überkritischen Einstellung gegenüber den Professoren und deren Lehrinhalten geführt, was Schuh im Nachhinein als „Göttweiger Prägung" bezeichnet. Diese von ihm kritisierte sogenannte Machtausübung leitet Hansjörg Schuh aus einer an sich neutralen Geste Groërs bei seiner Einkleidung ab:

> Ich habe ihn ja erst bei meiner Einkleidung kennengelernt: Er hat lange meine **Hand gehalten** und mir gleich das Duwort angeboten. Bald darauf sind seine Jünger an mich herangetreten und haben mich richtig geködert. Groër wurde zur zentralen Figur in meinem Klosterleben. Es brauchte Jahre, bis ich mich aus dieser **Gehirnwäsche** befreite. (Herv. G.W.)

Mit der Behauptung, Groër habe lange seine Hand gehalten, will Hansjörg Schuh glaubhaft machen, dass sich Groër zumindest durch körperliche Nähe seine Zöglinge hörig zu machen versuchte, um sie zu religiösen Zielen hinzuführen. Von sexuellem Missbrauch im eigentlichen Sinn ist jedoch keine Rede mehr, wodurch sich die ideologisch-kirchenpolitische Ausrichtung der „Göttweiger Revolte" abzuzeichnen beginnt. Denn bloßes Händehalten oder religiöse Ermahnungen sind jedes für sich genommen weder Zeichen von sexuellem Missbrauch noch von religiöser Instrumentalisierung, wenn sie nicht im Nachhinein

sprachlich miteinander verbunden und mit einer ideologisch eingefärbten und daher willkürlichen Deutung versehen werden.
Noch augenscheinlicher wird die logische Diskrepanz zwischen religiöser Führung und behauptetem sexuellem Missbrauch im Interview mit Leopold Pfisterer (Frater von 1983-1985). Für diesen Ex-Mönch war „Groërs Verhalten […] so eindeutig homo- bzw. pädophil, dass man Scheuklappen aufsetzen musste, um das nicht zu erkennen". Er berichtet allerdings weder von einem persönlichen Übergriff Groërs noch von einer aus unmittelbarer Anschauung beobachteten sexuellen Szene. Diese ganz allgemein vorgebrachten Anschuldigungen sind daher auch nicht rechtsverwertbar. Im Anschluss daran wird Groër von Pfisterer gar mit dem Nimbus eines religiösen Gurus versehen:

> Er hat vor allem junge, sinnsuchende Männer zwischen 16 und 20 Jahren in seinen Bann gezogen und sie **auf religiöser Basis** von sich **abhängig gemacht.** Von vielen Mönchen war er Beichtvater und hat diese Schlüsselposition schamlos ausgenützt. Er wusste alles über einen. Manche waren so fanatisch, für sie war Hermann der Weg und die Wahrheit, ein **Guru.** (Herv. G.W.)

Pfisterer behauptet also nicht, dass Groër die jungen Männer durch Körperkontakte von sich abhängig gemacht hätte, sondern „auf religiöser Basis". Er gibt allerdings keinerlei Hinweis, wie diese religiöse Führung konkret und ursächlich mit homo- und pädophilem Verhalten kombiniert wurde.
Im letzten Interview, geführt mit Christoph Steiner (Pater von 1980-1992) ist von sexuellem Missbrauch überhaupt keine Rede mehr. Bei ihm konzentriert sich der Angriff auf die Marienfrömmigkeit Groërs: „Pater Hermann hat eine Marienverehrer-Sekte mit einem echten Spitzelsystem aufgebaut. […] Groër aber will eisern schweigen und an seinen ewigen Wahrheiten festhalten." Gerade die Berufung auf von Groër vertretene „ewige Wahrheiten" macht die eigentliche, nämlich religiöse Dimension des Angriffs auf seine Person evident, die sich wie ein roter Faden durch die „Göttweiger Revolte" zieht.
Während aber diese eigentliche Zielsetzung der Medienkampagne gegen Kardinal Groër in der „Causa Hartmann" noch latent war, tritt sie bei den Ex-Mönchen von Göttweig nicht nur offen zutage, sondern wird von diesen zumindest implizit zur Sprache gebracht. Diese Intention lässt sich einem Schreiben entnehmen, das zwölf ehemalige Gött-

weiger, darunter die vier bereits genannten, mit Datum vom 2. Februar 1998 an ihre im Stift verbliebenen Mitbrüder richteten:

> Dabei ist es uns wichtig (dies wurde auch mehrmals in den Medien von unterschiedlichen Kommentaren erwähnt)[227], klarzustellen, dass es nicht allein **um die mitunter vordergründige Diskussion sexueller Übergriffe** geht, sondern dass in eklatantem Maß geistliche Autorität dazu missbraucht wurde, Abhängigkeiten zu schaffen, Menschen nicht zur persönlichen Reife, sondern in innere Unfreiheit zu führen und sie in ihrer Entwicklung zu manipulieren.[228]

Diesen Brief schickte Hansjörg Schuh zur Information auch an Erzbischof Georg Eder und erhielt von diesem mit Datum vom 29. Jänner1998 folgende Antwort:

> Ja, ich muss Ihnen recht geben, jetzt – ich betone, erst jetzt – erhielten die Bischöfe die eigentlichen Beweise für die Anklagen, die gegen den Alterzbischof von Wien erhoben wurden. Deshalb kann ich auch nicht in irgendeiner Weise eine Entschuldigung aussprechen.[229]

Nachdem Mag. Schuh dieses Schreiben an die Medien weitergeleitet hat, beschuldigt ihn Erzbischof Eder mit Schreiben vom 17. Februar 1998, das Briefgeheimnis missbraucht zu haben.[230] Aus der Reaktion von Mag. Schuh geht aber deutlich hervor, dass Erzbischof Eder den

---

[227] In allen der Autorin vorliegenden Medienberichten wurde jedoch die Behauptung sexueller Übergriffe als eigentliche Anklage gegen Kardinal Groër präsentiert, während die „geistliche Autorität" kaum Beachtung fand.

[228] Zitiert nach: Czernin, *Das Buch Groër*, 159. (Herv. G.W.)

[229] Ebd., 156. Der Brief von Erzbischof Eder trägt das Datum vom 29. Januar, das Schreiben der Ex-Mönche von Göttweig an ihre Mitbrüder ist vom 2. Februar datiert. Am 26. Januar hatte Mag. Schuh ein Schreiben an alle österreichischen Bischöfe gerichtet mit der Bitte, sie mögen mithelfen, Kardinal Groër endlich zum Reden zu bringen (vgl. ebd. 155). Wie man aus der Chronologie der Ereignisse schließen kann, hat entweder Mag. Schuh den später an den Konvent gerichteten Brief bereits früher an Erzbischof Eder geschickt oder Erzbischof Eder hat die Daten verwechselt.

[230] Vgl. ebd., 176. – Allerdings missversteht Erzbischof Eder das Briefgeheimnis. Denn dieses schützt „den Briefverkehr zwischen Absender und Adressat vor Öffnung und Unterschlagung durch Behörden (Art. 10 StGG und Art. 8 EMRK) und Dritte (§ 118 StGB). Unbedenklich ist die Veröffentlichung des Briefs durch den Adressaten (OGH 9 ObA 181/90)." Vgl. http://de.wikipedia.org/wiki/Briefgeheimnis, Stand vom 13. Februar 2013. Mag. Schuh war daher als Adressat zur Veröffentlichung des Briefes von Erzbischof Eder berechtigt.

eigentlichen Zweck des Schreibens der Ex-Mönche von Göttweig missverstand, indem er ihn als Beweis für sexuellen Missbrauch wertete.[231] Auf diesen Irrtum macht ihn Mag. Schuh in seinem Antwortschreiben vom 18. Februar 1998 aufmerksam:

> Sie schreiben in Ihrem letzten Brief, dass es nun erwiesen sei, dass man meinen Aussagen nicht trauen könne - **ich bin mir keiner Aussagen bewusst!** Vielmehr möchte ich Sie auf eine Ungereimtheit in Ihrem Interview, das Sie dem ORF Fernsehen für die „Zeit im Bild" am 16.2. gegeben haben, hinweisen. Sie versuchen darin zu erklären, dass die Beweise, die Sie in Ihrem Schreiben vom 29. Jänner an mich erwähnen, sich in einem Brief von zwölf ehemaligen Mönchen aus Göttweig finden, den ich Ihnen zur Information zugeschickt habe. **Ich kann darin keine Beweise für die Schuld Kardinal Groërs finden, zumal ich zu den Mitverfassern gehöre.** Außerdem erscheint es mir höchst fragwürdig, wie Sie in Ihrem Brief auf dieses Schreiben Bezug nehmen können, das ja erst am 2. Februar verfasst wurde! Ihnen und allen Bischöfen liegen handfeste Beweise vor - das ist mir bekannt![232]

In dieser Auseinandersetzung zwischen Erzbischof Eder und Mag. Schuh zeigt sich im kleinen Rahmen das für die gesamte Medienkampagne typische begriffliche Verwirrspiel, das so weit geht, dass zwischen angeblichem sexuellem Missbrauch und „geistlichem Amtsmissbrauch" nicht mehr klar unterschieden wird. Diese Zweideutigkeiten wurden aber weder von den Bischöfen noch von den Medien jemals deutlich aufgezeigt, woraus man schließen kann, dass sie zumindest im Interesse einiger Kreise lagen.

Die Begriffsverdrehung für sich wäre noch nicht ausreichend gewesen, um dieses Ziel zu erreichen. Denn Unklarheiten jedweder Art lassen sich in Gesprächen bereinigen. Gerade aber diese Klärung musste verhindert werden, indem Kardinal Groër in die Lage manövriert wurde, sich nicht wirklich verteidigen zu können. Daraus lässt sich schließen, dass es eines zusätzlichen Faktors bedurfte, damit jener von gewissen

---

[231] In diesem Sinne, nämlich als Beweis für sexuellen Missbrauch, wird diese Aussage Bischof Eders auch von den Medien interpretiert. Vgl. http://www.news.at/articles/0313/10/54416_s6/chronologie-causa-groer, Stand vom 24. März 2003: „16. Februar 1998: Erzbischof Georg Eder spricht erstmals von Beweisen für die Vorwürfe gegen Groër." Auf die Quelle dieser Feststellung Eders und die damit einhergehenden Kontroversen wird in diesem Artikel allerdings nicht verwiesen.

[232] Czernin, *Das Buch Groer*, 178. (Herv. G.W.)

Bischöfen schon zu Beginn der Kampagne geschaffene rechtliche Freiraum erhalten blieb. Dieser Mechanismus war das Beichtsiegel, wodurch Kardinal Groër gebunden war, zu dessen Bruch man ihn aber offensichtlich verleiten wollte.

5.2. Die Bindung Kardinal Groërs durch das Beichtsiegel

Das Beichtsiegel erweist sich bereits zur Zeit der Bischofsernennung von Kardinal Groër als probates Mittel, ihn lächerlich zu machen und sein Ansehen in der Öffentlichkeit zu schädigen. Die Journalistin Susanne Riegler, Mitarbeiterin von BASTA, tarnte sich als Büßerin und zeichnete ein fingiertes Beichtgespräch mit versteckt mitlaufendem Tonband auf, das in der folgenden Nummer dieses Boulevardblattes publiziert wurde. Darin sollte der wahre „Pater Hermann" dokumentiert werden, „seine Sprüche über Kommunismus, Sex und ‚das Übel' der fortschrittlichen Katholiken".[233] Auch wenn diese Veröffentlichung nach weltlichem Recht einen strafbaren Tatbestand darstellt, konnte sich P. Groër aufgrund der Bindung durch das Beichtsiegel nicht wehren und folglich auch nicht klagen.[234] Denn die restriktiven Bestimmun-

---

[233] Vgl. BASTA Nr. 9, September 86, 22-26: „Pater Groër bittet zur Beichte.
[234] Vgl. KATHPRESS-Tagesdienst vom 4. September 1986, Nr. 170, 2: „Für Presserichter ist ‚Basta-Beichte' strafbar. [...] Wie es in einem Leitartikel von Chefredakteur Hannes Schopf in der jüngsten ‚Furche'-Ausgabe heißt, habe der Wiener Presserichter Bruno Weis nichts gefunden, was an dem ‚Basta'-Vorgehen ‚nicht strafbar wäre'. Nach dem Strafgesetz mache sich strafbar, wer – wie es im Gesetzestext heißt – ‚ohne Einverständnis des Sprechenden die Tonaufnahme einer nicht öffentlichen Äußerung eines anderen Dritten, für den sie nicht bestimmt ist, zugänglich macht oder eine solche Aufnahme veröffentlicht', schreibt Hannes Schopf. Er zitiert dazu den Presserichter Weis wörtlich: ‚Das Wort ‚veröffentlichen' als Tatbestandsmerkmal kann ich nur dahin verstehen, dass Veröffentlichung jede Form der Publizierung ist – wie immer ich das unter die Leute bringe. [...] Die schriftliche Übertragung als solche ist nicht strafbar, wohl aber die Publizierung dieser Übertragung.'" Vgl. auch *Wochenpresse* Nr. 36/86 vom 2. September 1983, Kommentar von Hans Magenschab: „In der vergangenen Woche habe ich mich geschämt, Journalist zu sein. [...] Man kann nämlich zum designierten Wiener Erzbischof durchaus kritisch eingestellt sein; und ich halte es auch für legitim, dass sich konfessionslose Journalisten mit der Amtskirche beschäftigen. Aber für eine ehrliche Analyse hätte das ‚Basta' ja Betroffene, Untergebene, Freunde und Gegner des neuen Erzbischofs befragen müssen; und das war zu mühsam. Oder auf ein Interview warten müssen; und das war nicht erwünscht Also kam es zum schäbigen Missbrauch einer Einrichtung, die für Katholiken immerhin ein Sakrament ist. Dass dem Kirchenmann infolge des Beichtgeheimnisses die Möglichkeit rechtlicher Schritte gegen das Blatt nicht möglich ist, war offensichtlich einkalkuliert."

gen des Kirchenrechts in Bezug auf das Beichtgeheimnis gestatten dem Beichtvater nicht einmal die Identität des Pönitenten preiszugeben:

> Das Beichtgeheimnis ist unverletzlich; dem Beichtvater ist es daher streng verboten, den Pönitenten durch Worte oder auf irgendeine andere Weise und aus irgendeinem Grund irgendwie zu verraten. (Can. 983 § 1 CIC).

Daher zieht sich ein Beichtvater, der das Beichtgeheimnis direkt verletzt, die dem Apostolischen Stuhl vorbehaltene Exkommunikation als Tatstrafe zu (can. 1388 § 1). Aber auch Dolmetscher und andere in can. 983 § 2 genannte Personen,[235] die das Geheimnis verletzen, sollen mit einer gerechten Strafe belegt werden, die Exkommunikation nicht ausgenommen (can. 1388 § 2). Daher hat sich Susanne Riegler auch nach kirchlichem Recht strafbar gemacht und war sogar ipso facto exkommuniziert. Trotz innerkirchlicher Kritik[236] an ihrem Vorgehen wies aber niemand dezidiert darauf hin, dass ein auch nach Kirchenrecht strafbarer Tatbestand vorlag.

Allein die Tatsache, dass das Verhalten dieser Journalistin von manchen Seiten bagatellisiert und teilweise sogar gebilligt wurde,[237] lässt darauf schließen, dass sich gewisse Kreise schon früh der Möglichkeit bewusst waren, den späteren Erzbischof zu gegebener Zeit unter Instrumentalisierung des Beichtgeheimnisses durch gezielte Rufschädigung aus dem Amt zu drängen. Das Procedere der Medien und ihrer mutmaßlichen Hintermänner ist dabei – ausgehend vom Fall Josef Hart-

---

[235] Das sind alle, die auf irgendeine Weise aus der Beichte zur Kenntnis von Sünden gelangt sind.

[236] Vgl. *Neues Volksblatt* vom 29. August 1986, 2: „Der Präsident des Katholischen Zentrums für Massenkommunikation, Eduard Ploier, und der Pressesprecher der Österreichischen Bischofskonferenz, Krätzl, haben die Veröffentlichung eines angeblichen Beichtgespräches mit dem designierten Wiener Erzbischof P. Dr. Hermann Groër als ‚Missbrauch der Beichte' und damit als ‚etwas zutiefst Verwerfliches' verurteilt." An dieser Stelle wird auf eine Meldung in KATHPRESS Bezug genommen und daraus zitiert.

[237] Vgl. *St. Pöltner Kirchenzeitung* Nr. 37/86, 3: Hubert Feichtlbauer, „Lügen alle Journalisten?": „Entschuldigt hat sich der verantwortliche Chefredakteur bei den Katholiken, die sich allenfalls hätten verletzt fühlen können, bei P. Hermann Groër nicht." Feichtlbauer betrachtet dieses Interview als „Symptom einer bedenklichen Werteverschiebung in Teilen des (oft professionell sehr begabten) österreichischen Nachwuchsjournalismus", […], „nicht etwa [als] eine systematische Kampagne gegen die Kirche." Vgl. auch *Neue Kronenzeitung* vom 3. September 1983, 2: „Doch das Jubelblattl ‚Arbeiter-Zeitung' schämt und entblödet sich nicht, zur Verteidigung einer Zeitschrift auszuziehen, die eine getarnte Beichterin mit geheim mitlaufendem Tonband auf einen Erzbischof ansetzt! Angegebener Grund: hier seien doch nur jene ‚Urteile' gerechtfertigt worden, die den Erzbischof Groër ‚für einen ganz, ganz konservativen Kirchenmann halten. Basta.' Wörtlich in der ‚Arbeiter-Zeitung vom 30.8., Seite 3!"

mann – so raffiniert, dass diese Bindung des Kardinals durch das Beichtsiegel erst in einer sukzessiven Aufschlüsselung auf sprachlicher und faktischer Ebene erkennbar ist.

5.2.1. Der Fall Josef Hartmann: verwischte Grenzen der Beichte kombiniert mit Begriffsverdrehung

Das Beichtsiegel ist der Schlüssel zum Verständnis der Causa Groër, weil es dem Kardinal jedwede detaillierte Stellungnahme und somit auch die Verteidigung unmöglich machte.[238] Diese Bindung wurde aber offensichtlich gezielt mit anderen Taktiken kombiniert. Gerade anhand der Causa Hartmann lässt sich nämlich nachweisen, dass das Beichtsiegel in unlösbarem Zusammenhang mit der bereits bekannten Begriffsvertauschung stand: Während nach außen hin sexueller Missbrauch vorgegeben wurde, lief die eigentliche Anschuldigung gegen Kardinal Groër darauf hinaus, dass er seine Pönitenten durch strenge Ermahnungen im Rahmen der Beichte in ihrer Persönlichkeitsentfaltung gehindert und manipuliert hätte. Da sich der Kardinal dagegen nicht wehren konnte, kann man ihn mit dem steten Vorwurf sexuellen Missbrauchs noch über seinen Tod hinaus belasten. Auch war der Rahmen, in dem die Beichtgespräche stattfanden, bei Josef Hartmann so zweideutig formuliert, dass man nicht genau sagen kann, wo die Beichte begann und wo sie endete.

Die Anschuldigungen Hartmanns sind struktural gesehen nach der Montagetechnik aufgebaut und erwecken vorerst wirklich den Anschein sexuellen Missbrauchs. Denn diese Montage beginnt mit einer detaillierten Schilderung Hartmanns, dass Kardinal Groër ihn unter die Dusche gelockt und dort an allen Körperteilen gereinigt habe.[239] Anschließend habe er beim Kardinal im Bett liegen und seine Zungenküsse über sich ergehen lassen müssen (67f). Kurz darauf beschwert sich Hartmann, dass ihm der Kardinal im Rahmen der Beichte die ärgsten Vorwürfe wegen der Masturbation gemacht und zugleich behauptet

---

[238] Kardinal Groër konnte daher nicht einmal die Beschlagnahme von *profil* verlangen, ohne das Beichtsiegel zu verletzen. Vgl. Czernin, *Das Buch Groer*, 78: „Wien, 25. März 1995. In Wiener Kirchenkreisen ist die drohende *profil*-Enthüllung bereits Tagesgespräch. ÖVP-Klubobmann Andreas Khol schlägt vor, durch Beschlagnahme ein Erscheinen der nächsten *profil*-Ausgabe zu verhindern. Groër lehnt rechtliche Schritte ab." Kardinal Groër durfte also nicht einmal sagen, dass er den Rechtsweg gar nicht beschreiten konnte.

[239] Sofern nichts anderes vermerkt, sind die folgenden Zitate dem bereits zitierten *profil*-Artikel vom 27. März 1995 entnommen. Die Seitenzahlen sind in Klammern angegeben.

habe, er selbst habe dies nie in seinem Leben gemacht (68). Auf inhaltlicher Ebene zeigt sich in diesen Darlegungen Hartmanns die bereits bekannte, logisch nicht zu lösende Dialektik zwischen Sittenstrenge und Missbrauch.
Im eigentlichen Interview Hartmanns mit dem *profil*-Redakteur Josef Votzi (72-73) werden diese Ungereimtheiten noch augenfälliger. An dieser Stelle schildert nämlich Hartmann diese inhaltlich widersprüchlichen Szenen so, dass zudem der Eindruck entsteht, der Missbrauch habe unmittelbar mit der Beichte zu tun:

> ... weil er als mein Beichtvater verstanden hat, nach jeder Masturbation immer derartige Schuldgefühle weiterleben zu lassen, dass ich automatisch zu ihm gerannt bin, wenn ich das gemacht habe. [...] Er hat mir **zuerst** immer die ärgsten Vorwürfe gemacht. **Dann** hat er mich getröstet, das heißt auf den Mund geküsst und am ganzen Körper gestreichelt. Er wollte, dass ich **dabei** bei ihm im Bett liege. Da hat er zum Teil auch telefoniert **dabei** und irgendwelche Sachen erledigt. (73, Herv. G.W.)

Auffällig an dieser Darstellung Hartmanns ist, dass man den zeitlichen Rahmen der Beichte nicht erkennen kann. Hartmann sagt nämlich nicht genau, wann ihn Kardinal Groër angeblich geküsst und gestreichelt hätte, ob innerhalb der Beichte oder nachher. Durch die Verwendung des (in diesem Kontext) temporalen Adverbs „dann", das nur eine zeitliche, aber keine logische Beziehung ausdrückt und zudem keinen genauen Rahmen definiert, werden die Grenzen des Bußsakraments verwischt. Daher kann Hartmann behaupten, dass er „dabei" neben Kardinal Groër auf dessen Wunsch bei ihm im Bett gelegen sei, was aber im Rahmen der Beichte schwer vorstellbar ist. Noch weniger stichhaltig scheint aber, dass Kardinal Groër gleichzeitig („dabei") auch noch telefoniert haben soll, also im Rahmen der Beichte, während er mit seinem Beichtkind angeblich im Bett lag und dieses („dabei") sexuell missbrauchte.[240] Diese Schilderung Hartmanns mutet also schon aufgrund der örtlichen Gegebenheiten im Hollabrunner Knabenseminar wenig glaubwürdig an: Denn im Sprechzimmer, wo die Beicht- bzw. die Seelsorgsgespräche gewöhnlich stattfanden,[241] war kein Platz noch über-

---

[240] Auch die räumlichen Gegebenheiten sind schwer vorstellbar. Zu dieser Zeit gab es noch keine Handys. Wie soll also Kardinal Groër im Bett liegend telefoniert und zugleich mit Hartmann einen Zungenkuss ausgetauscht haben?

[241] Vgl. Fux, *Die Hollabrunner Jahre*, 20, Anm. 24: „Auch wöchentlich zu festgesetzten Zeiten in der Seminarkapelle. Einer von ‚damals', der das Haus verlassen hatte, hielt fest: *Gerne erinne-*

haupt ein Bett. Außerdem gab es in diesem Sprechzimmer kein Telefon und zum besagten Zeitpunkt, also Mitte der 70er-Jahre, natürlich auch keine Handys. Aber auf Grund der Bindung durch das Beichtgeheimnis konnte sich der Kardinal nicht dazu äußern, wie absurd diese Darstellungen Hartmanns auch gewesen sein mögen.

Dieses Montageprinzip, das in den Ausführungen Hartmanns zutage tritt, erweist sich als Grundstruktur der gesamten Kampagne gegen Kardinal Groër.[242] Ausgangspunkt ist das Beichtsiegel, das dem Kardinal a priori keine Stellungnahme gestattete, besonders aber deshalb, weil der Inhalt des Beichtgesprächs in krassem Gegensatz zu den späteren Missbrauchsvorwürfen Hartmanns stand. Hätte der Kardinal seinen Zögling Hartmann wirklich sexuell missbraucht, wäre er durch das Beichtsiegel natürlich nicht geschützt gewesen und hätte auch die Identität seines Beichtkindes preisgeben dürfen. So aber konnte Kardinal Groër bei seiner Verteidigung nirgends anknüpfen, ohne den Namen Hartmann zu nennen, womit er aber zugleich bestätigt hätte, dass dieser bei ihm zur Beichte war. Daher konnte er gut ein Jahr später auf die Frage des *profil*-Redakteurs Peter Schneeberger, wie er denn zu Hartmann, dem „Auslöser der Affäre" stehe, nur kurz antworten:

> Er war ein Schüler und Seminarist und hat sehr schöne Dinge über mich geschrieben. **Mehr will ich nicht sagen.** Das ist zu schmerzlich.[243]

Mehr hätte Kardinal Groër nämlich nicht sagen können, ohne an die durch das Bußsakrament vorgegebenen Grenzen zu stoßen. Eine Bestätigung für diese Bindung durch das Beichtsiegel ist auch jener im Juni 2010 aufgetauchte Brief des Kardinals aus dem Jahre 1998, in dem er wörtlich schreibt:

> Durch ein „heiliges" **Silentium,** „secretum" lange verpflichtet, veröffentliche ich eine mir vorgelegte „Erklärung", fühlte aber, dass viele sie nicht als genügend finden würden, wie das auch mit den 3 „Erklärungen" von '95 war.[244]

---

re ich mich auch an Sie, meinen einstigen Beichtvater; mögen mir Ihre sanften Ratschläge und milden Mahnungen immer im Bewusstsein bleiben... J.N. an Groër, Wien, 31. August 1960." (Herv. orig.)

[242] Die Montage kam auch in der Causa St. Pölten zur Anwendung. Vgl. Waste, *Die Kirche als Gefangene,* 51ff.

[243] *Profil* Nr. 32 vom 5. August 1996, 31. (Herv. G.W.)

Dieses „Silentium" (Schweigen) war, wie aus dem Kontext eindeutig zu folgern ist, nichts anderes als das Beichtgeheimnis, das selbst dem Papst gegenüber unverletzlich ist. Damit erklärt sich auch, warum jede Erklärung Kardinal Groërs als unzureichend interpretiert werden konnte: Niemand konnte ihn nämlich dazu befähigen, auch nur die Namen seiner Beichtkinder preiszugeben.[245]
Während also Kardinal Groër an einer wirksamen Verteidigung gehindert war, konnte Hartmann umgekehrt an den Kern des Beichtgesprächs jede beliebige Szene anknüpfen, ob Zungenküsse oder Telefongespräch. Außerdem brauchte Hartmann auf die zeitliche, aber auch logische Folge seiner Schilderungen, vor allem aber auf deren Wahrheitsgehalt keinerlei Rücksicht zu nehmen und beliebig weitere Szenen erfinden. Vor diesem Hintergrund muss Hartmanns Behauptung betrachtet werden, Kardinal Groër habe ihn unter die Dusche gezerrt und am ganzen Körper eingeseift. Im ersten Teil des *profil*-Artikels behauptet er, dass er daraufhin im Bett liegen und Zungenküsse über sich ergehen lassen musste (68). Erst zwei Absätze später ist die Rede von den strengen Zusprüchen Groërs in der Beichte (ebd.).
Im Interview Hartmanns hingegen kommt erst die Beichte, dann folgen die angeblichen Zungenküsse. Schon aufgrund der unterschiedlichen zeitlichen Reihenfolge der behaupteten Ereignisse in beiden Berichten lässt sich die Glaubwürdigkeit von Hartmanns „Duschszene" in Frage stellen. Noch fragwürdiger aber wird diese Aussage angesichts der unterschiedlichen Positionierung dieser Szene im *profil*-Artikel. Da nämlich eingangs der unmittelbare Zusammenhang der Anschuldigungen Hartmanns mit der Beichte fehlt, die vielmehr erst zwei Absätze später isoliert zur Sprache kommt, kann der Eindruck entstehen, dass Kardinal Groër seinen Zögling außerhalb der Beichte sexuell missbraucht hätte. Erst ein Textvergleich mit dem vier Seiten später gebrachten Interview zeigt, dass die „Duschszene" keinen anderen logischen Stellenwert hat bzw. keine größere Glaubwürdigkeit beanspruchen darf als die Behauptung, Hartmann habe bei Kardinal Groër „dabei", also während der Zungenküsse, im Bett liegen müssen. Es handelt sich sowohl bei der Duschszene als auch bei den behaupteten Küssen jeweils nur um Elemente einer willkürlichen Montage. Während sich aber Kardinal

---

[244] Vgl. http://www.profil.at/articles/1022/560/270203/brief-kardinal-groers-vertuschung-vatikan vom 5. Juni 2010. (Herv. G.W.)

[245] Die Autorin hat sowohl das Interview mit *profil* als auch den Brief Kardinal Groërs mehreren Priestern vorgelegt. Alle haben unabhängig voneinander bestätigt, dass es sich um die typische Ausdrucksweise eines Priesters handelt, der durch das Beichtsiegel gebunden ist.

Groër nicht dazu äußern konnte, war es den Medien und ihren Hintermännern möglich, einzelne Szenen aus diesen Anschuldigungen herauszugreifen und als sexuellen Missbrauch zu präsentieren.
Diese Instrumentalisierung des Montageprinzips, gepaart mit Begriffsvertauschung, lässt sich sehr eindrucksvoll in der auf den ersten *profil*-Artikel folgenden Sendung des ORF (ZIB 2 vom 27. März 1995) dokumentieren. Dabei wurde die Bindung des Kardinals durch das Beichtsiegel von den einschlägigen Kreisen nicht nur verschwiegen, sondern jede Klarstellung in dieser Richtung von vornherein abgeblockt, was wohl nicht von ungefähr geschehen ist. In diesem Kontext wird das Beichtsiegel mit seinen Implikationen erstmals von Dr. Gerhard Lueghammer, dem Präsidenten des Katholischen Familienverbandes, deutlich zur Sprache gebracht. Auch wenn Lueghammer bald darauf seinen Standpunkt wechselte,[246] so erkannte er ursprünglich die realen Gegebenheiten ganz klar:

> Dann kommt noch eines hinzu, dass nach den Schilderungen alles im Zusammenhang mit Beichtgesprächen gestanden ist. Und dass das Beichtgeheimnis etwas ist, das absolut gilt. Von dem den Kardinal niemand entbinden kann, auch der Papst nicht. Das heißt, er muss dieses Beichtgeheimnis einhalten, unter allen Umständen. Jetzt haben wir die Situation, dass sich der Herr Kardinal gar nicht wehren kann und gar nicht wehren darf, weil er das Beichtgeheimnis brechen würde. [247]

---

[246] Vgl. KATHPRESS-Tagesdienst vom 13. April 1995, Nr. 86, 4: „Lueghammer: Groër soll Debatte ‚in würdiger Form beenden'. Wiener Katholischer Familienverband appelliert an Kardinal Groër, das ‚Leiden in der Kirche zu beenden' – Verdacht, dass sexueller Missbrauch ‚übergangen' oder ‚verharmlost' wird, muss unbedingt beseitigt werden." Zu Lueghammers früherer Verteidigung des Kardinals in der genannten TV-Sendung heißt es: „Damals sei er aber – so der KFVW-Präsident – irrtümlich davon ausgegangen, dass Kardinal Groër in diesem Fall durch das Beichtgeheimnis gebunden sei und daher schweigen müsse. Inzwischen habe aber der Kardinal selbst sein Schweigen aufgegeben, verwies Lueghammer auf eine Erklärung des Wiener Erzbischofs in der *Kronen-Zeitung*." Lueghammer war sich wohl nicht bewusst, dass diese allgemein gehaltene Erklärung von Kardinal Groër die einzig mögliche Reaktion auf die Anschuldigungen war, die ihm das Beichtsiegel gestattete, und dass dadurch keinesfalls das dadurch gebotene „Schweigen" aufgegeben war. Von kirchlicher, vor allem bischöflicher Seite wurden jedoch keinerlei Stellungnahmen zur Klarstellung dieses Irrtums abgegeben.

[247] Eine Tonbandabschrift dieser TV-Sendung findet sich im Anhang. Die folgenden Anmerkungen sind dieser Abschrift entnommen.

TV-Moderator Fischer geht jedoch nicht auf die Ausführungen zum Beichtsiegel ein, sondern fragt nur nach, was dem *profil*-Herausgeber vorzuwerfen wäre, worauf Dr. Lueghammer präzisiert:

> Für mich ist es an sich ungeheuerlich, dass der Herr Chefredakteur hätte wissen müssen, dass der Herr Kardinal in dieser Frage unter Beichtgeheimnis steht und dass es daher äußerst merkwürdig ist, dass er zunächst im Vorwort des Herausgebers sagt, er hätte ihn um Stellungnahme gebeten, obwohl er genau wissen muss, dass er gar keine Stellungnahme geben kann. Für mich ist das Ungeheuerliche, dass dem Herrn Chefredakteur hätte bewusst sein müssen, dass der Herr Kardinal in dieser Frage unter Beichtgeheimnis steht.

Der ebenfalls bei diesem Gespräch anwesende *profil*-Herausgeber Czernin lenkt daraufhin das Gespräch in eine Richtung, die äußerst eindrucksvoll die Ungereimtheiten in den Anklagen gegen Kardinal Groër belegt:

> Ich bin, Herr Dr. Lueghammer, über die Darstellung von Ihnen einigermaßen verwundert, denn alles kann man der Geschichte des Josef Hartmann entnehmen, nur nicht, dass der sexuelle Missbrauch im Rahmen von Beichtgesprächen stattgefunden hat. Ich glaube, ich kann mir auch nicht vorstellen, um das in der wirklich degoutanten Deutlichkeit zu sagen, dass Beichtgespräche in einer Dusche stattfinden.

Czernin verwickelt sich an dieser Stelle in manifeste Widersprüche. Zunächst erwähnt er nicht, dass Hartmann in seinem *profil*-Interview wirklich auf Beichtgespräche Bezug nimmt. Folglich kann er eine Szene aus der „Geschichte des Josef Hartmann" herausgreifen, nämlich die behauptete Begebenheit unter der Dusche und diese ohne Verweis auf die Beichten Hartmanns bei P. Groër, die im *profil*-Artikel sogar zweimal erwähnt werden, als sexuellen Missbrauch darstellen. Entweder hat also Czernin diesen Artikel nicht gelesen, so dass man ihm den Vorwurf grober Fahrlässigkeit nicht ersparen kann, oder er hat nur diese eine isolierte Szene ohne den Kontext der Beichte erwähnt, was man als vorsätzliche Bosheit von seiner Seite bezeichnen muss. Dies wäre zugleich ein weiteres Indiz für die künstliche Konstruktion des vorgeblichen Groër-Skandals nach dem Montageprinzip, das jede beliebige

Manipulation gestattet. Eine weitere Erklärung für das Verhalten Czernins ist logisch kaum denkbar.

Noch eindrucksvoller tritt die Begriffsverwirrung im Zusammenhang mit dem Beichtsiegel in den Darlegungen Hartmanns selbst zutage. Im Anschluss an die Diskussion zwischen Dr. Lueghammer und Czernin, ob Kardinal Groër wegen des Beichtgeheimnisses überhaupt eine Stellungnahme abgeben durfte, meldet sich zuerst auch der anwesende Jesuitenpater Dr. Georg Sporschill, der den Kardinal auch bei anderen Gelegenheiten öffentlich verteidigte, zu Wort.[248] Hartmann unterbricht ihn daraufhin mit der Frage, ob er das Interview in *profil* gelesen habe, und folgert:

> **Aber dann wissen Sie, dass das Beichtgespräch in diesem Fall missbraucht worden ist.** Darum verstehe ich Ihre Argumentation nicht, Herr Doktor. Das kann doch nicht unter das Beichtgeheimnis fallen. Aber mir ist durchaus bewusst, dass ein Vorsitzender der Österreichischen Bischofskonferenz, wenn er solche Vorwürfe hören muss, die absolut wahr sind, wo ich kein Jota und kein Stricherl davon wegnehmen kann, weil es meine persönliche zutiefste [sic!] Demütigung war in meinem Leben, da können Sie nicht mit dem Argument „Beichtgeheimnis", entschuldigen Sie, das ist ein Verbrechen am Beichtgeheimnis, wenn man einen jungen Menschen im Zuge der Beichtgespräche derartig missbraucht.

An dieser Stelle gerät Hartmann mit seiner Behauptung, das Beichtgespräch sei missbraucht worden, in Widerspruch zu sich selbst und zu

---

[248] Vgl. KATHPRESS-Tagesdienst vom 29. März 1995, Nr. 74, 2: „Sporschill: Katholiken sollen sich hinter Kardinal stellen. Jesuit über Wiener Erzbischof Groër: ‚Man will jetzt mit ihm abrechnen'.
Es wäre gut, wenn sich die Katholiken in Österreich gegen die unfaire Behandlung von Kardinal Groër durch die Zeitschrift ‚profil' öffentlich äußerten, meinte der Jesuit P. Dr. Georg Sporschill am Dienstag gegenüber ‚Kathpress'. Dass sich Groër selbst nicht äußert, sei richtig, verteidigte Sporschill den Wiener Erzbischof: ‚Auf dieses Niveau darf man sich einfach nicht herunterlassen. Da sollten lieber die Katholiken etwas sagen.'
Er selbst sei ‚deprimiert', weil er die Art, wie mit Kardinal Groër umgegangen werde, als massives Unrecht empfinde, bekannte der ‚Vater der Straßenkinder' von Bukarest. Auch er werde jetzt am Telephon beschimpft. ‚Weil ich ihn verteidige', so Sporschill. Nachsatz: ‚Man will jetzt mit ihm abrechnen. Das tue ich auch. Ich rechne ihm das an, was er als Erzieher und Bischof in 50 Jahren aufgebaut hat. Weil ich ihn wirklich sehr schätze.'
Am Montagabend hatte Sporschill am ‚Runden Tisch' in ORF 2 darauf hingewiesen, dass das psychologische Muster, nach dem das ‚Outing' von Josef Hartmann ablief, für ihn nicht neu sei. Aus seiner 20jährigen Praxis in der Jugendarbeit wisse er, dass es dort, wo sich ein Mensch von einer Vaterfigur löst, oft zu sexuellen Phantasien komme."

Czernin, der die Missbrauchsvorwürfe außerhalb der Beichte ansiedelte, ohne dass einer der Anwesenden darauf hingewiesen hätte. Außerdem weiß man aus diesen Schilderungen nicht, worauf sich der behauptete Missbrauch bezieht, nämlich auf den geschlechtlichen Bereich oder auf die strengen Zusprüche in der Beichte und eine daraus abgeleitete Persönlichkeitsstörung. In jedem Fall öffnet diese ambivalente Ausdrucksweise ein breites Feld, in dem weitere Vorwürfe sexuellen Missbrauchs gegen Kardinal Groër in ausdrücklichem Zusammenhang mit der Beichte möglich werden.

5.2.2. Gesteuerte Verdrehung und Instrumentalisierung des Beichtsiegels?

Die weitere Verdrehung des Beichtsiegels ist ebenfalls ein Indiz für eine gezielt gesteuerte Medienkampagne. Einerseits fanden diejenigen, die Kardinal Groër sofort mit Hinweis auf das Beichtsiegel verteidigten, im offiziellen medialen Diskurs kaum Gehör, wie neben den bereits genannten Personen auch der damalige Bischofsvikar für Wien-Stadt, Msgr. Anton Berger.[249] Andererseits wurde die Bindung des Kardinals durch das Beichtgeheimnis sofort auf eine Art und Weise instrumentalisiert, die sich nicht auf die behaupteten „Missbrauchsopfer" zurückführen lässt, sondern vielmehr auf Agenten im Hintergrund verweist. Eine Version bestand darin, den Zusammenhang der Anschuldigungen mit der Beichte überhaupt zu leugnen, wie dies etwa beim Wiener Kirchenrechtler Bruno Primetshofer der Fall war:

> Die gutgemeinten Verteidigungsreden Lueghammers versuchten etwa das Schweigen des Kardinals unter Hinweis auf das Beichtgeheimnis zu begründen – was den Wiener Kirchenrechtsprofessor Bruno Primetshofer zu der scharfen Antwort veranlasste: „Ich halte das für eine sehr ungeschickte Bemerkung. **Das hat mit Beichtgeheimnis nichts zu tun.**"[250]

---

[249] Ebd., 3: „Der Bischofsvikar für Wien-Stadt, Msgr. Anton Berger, betonte, die Diözese stehe grundsätzlich hinter ihrem Bischof wie eine Familie hinter ihrem Vater. Msgr. Berger erinnerte daran, dass manche der geäußerten Vorwürfe den Bereich der Beichte betreffen. Hier seien einem Priester vollends die Hände gebunden, weil er über die Beichte nichts sagen dürfe."
[250] Zitiert nach: Kaspar, *Das Schweigen des Kardinals*, 20. (Herv. G.W.) Quelle dieser Aussage Primetshofers: *Der Standard* vom 29. März 1995, 6.

Primetshofer wird sich der berechtigten Anfrage stellen müssen, ob er entweder den *profil*-Artikel vom 27. März 1995, vor allem das Interview Hartmanns, nicht genau gelesen hat oder ob seine Aussagen gegen Kardinal Groër in höherem Auftrag erfolgten. Denn bei genauer Lektüre dieses Artikels hätte er bemerken müssen, dass der Kardinal wirklich durch das Beichtsiegel gebunden war.

Die doppelsinnige Ausdrucksweise Hartmanns ermöglichte auch eine weitere Lesart der Anschuldigungen, nämlich eine Manipulation von Kontext und Inhalt des Bußsakraments. Auffälligerweise findet sich die verdrehte Darstellung ausgerechnet in einer der nächsten Nummern von *profil*, also jener Zeitschrift, welche die Medienkampagne ausgelöst hatte:

> Allein das päpstliche Beicht- & Buß-Amt ist auch für Verstöße von Bischöfen gegen das Kirchenrecht zuständig. Im Fall Hans Hermann Groërs hätten die Kirchenjuristen wohl den Canon 1387 bemüht, der auf den Fall Groër maßgeschneidert erscheint: „Ein Priester, der bei Spendung des Bußsakraments oder unter dem Vorwand der Beichte einen Pönitenten zu einer Sünde gegen das sechste Gebot zu verführen versucht, soll je nach Schwere der Straftat mit Suspension, mit Verboten, mit Entzug von Rechten und, in schweren Fällen, mit der Entlassung aus dem Klerikerstand bestraft werden." Gleiches droht Canon 1395 auch einem Kleriker an, „wenn er die Straftat an einem Minderjährigen unter 16 Jahren begangen hat".[251]

An dieser Stelle liegt eine evidente und wohl gezielte Begriffsverwirrung vor. Denn Hartmann hatte Kardinal Groër im *profil*-Interview vom 27. März 1995 nicht beschuldigt, dass er ihn zu einer Sünde gegen das sechste Gebot verleitet habe, sondern dass er ihn mit strengen Zusprüchen von solchen Sünden abhalten wollte. Daher ist es fraglich, woher *profil* das Material für die Behauptung nimmt, Kardinal Groër habe Hartmann zu einer solchen Sünde verführen wollen. Es ist wohl nicht anzunehmen, dass *profil* in einem so kurzen Zeitraum den Inhalt der früheren Berichterstattung vergessen, vor allem aber die Ungereimtheiten Hartmanns nicht bemerkt hatte. Außerdem scheint es verwunderlich, dass die Redakteure kirchenrechtliche Kenntnisse dieser Art besitzen, auch wenn sie im konkreten Fall bei Kardinal Groër nicht richtig angewendet wurden. Es liegt daher auf der Hand, dass *profil*

---
[251] *Profil* vom 15. April 1995, Nr. 16, 24.

höchstwahrscheinlich innerkirchliche Auftraggeber, zumindest aber Berater gehabt haben muss.
Für die bewusste Inszenierung eines Medienspektakels durch Begriffsverdrehung, und zwar in höherem Auftrag, spricht bereits ein Beitrag in einer der vorangehenden Nummern von *profil*. Ein Ordensmitbruder von Kardinal Groër, P. Jeremias Eisenbauer (Stift Melk), äußert sich in einem Interview zugunsten der „Glaubwürdigkeit" Hartmanns, allerdings nicht aus Kenntnis der Sachlage, sondern unter Berufung auf „Internatssituationen" und die seiner Meinung nach bedenklichen innerkirchlichen Strukturen:

> Es ist mir wichtig festzustellen, dass der sexuelle Missbrauch, um den es hier geht, auf dem Hintergrund von Machtmissbrauch in der Kirche zu sehen ist. Ich halte es für äußerst bedauernswert, dass durch das derzeitige Leitungssystem in der katholischen Kirche der permanente Machtmissbrauch mit pseudoreligiösen Argumenten legalisiert wird. Ich meine den **offenen Machtmissbrauch** durch Karrierekleriker im Bischofsstuhl, ich meine aber auch den besonders verhängnisvollen getarnten Machtmissbrauch, der aus einem Zusammenspiel von Schuldgefühlen (vor allem aus dem Bereich der Sexualmoral), Höllenangst einerseits und **Beichte als Lossprechungsmonopol** andererseits erzeugt wird.[252]

Abgesehen davon, dass dieses Interview aufgrund der verallgemeinernden Darstellung keinerlei rechtsverwertbare Ansätze als Beweis für eine sexuelle Annäherung enthält, tritt auch darin der bekannte Gegensatz von strenger Verwaltung des Bußsakraments und behauptetem sittlichen Vergehen zutage. P. Eisenbauer erklärt aber nicht, wie solche Widersprüche zu vereinbaren wären, sondern konstruiert eine logisch nicht stichhaltige und von ihm im konkreten Fall nicht bewiesene Kombination von sexuellem Missbrauch und Machtmissbrauch durch die priesterliche Lossprechungsvollmacht.
Eine letzte Möglichkeit, Kardinal Groër ein schuldhaftes Verhalten in Zusammenhang mit der Beichte anzulasten, eröffnet sich den Medien und ihren Hintermännern anlässlich der Visitation des Stiftes Göttweig (1998). Zunächst findet sich in *news* eine Zusammenfassung der bisherigen, ungereimten Anklagen, die eine ähnliche Struktur aufweisen, d.h. ebenso widersprüchlich sind wie jene von Josef Hartmann.[253] Schließlich wird dem Kardinal vorgeworfen, von seinem in der Beichte

---

[252] *Profil* vom 3. April 1995, Nr. 14, 30: „Pater pro Hartmann: Mitgefühl".

erworbenen Wissen Dritten gegenüber Gebrauch gemacht zu haben. So habe er unter anderem versucht, einer jungen Frau das Verhältnis mit einem Mönch auszureden, nachdem dieser bei ihm die Liebesaffäre gebeichtet habe.[254] Der *news*-Artikel zählt die Strafen auf, die das Kirchenrecht für eine direkte wie auch für eine indirekte Verletzung des Beichtsiegels vorsieht, schließlich auch die Exkommunikation.[255] Kirchenpolitisch interessant sind aber andere Alternativen, die hier angeführt werden:

> Die wahrscheinlichste Strafe gegen [sic!] Groër: der Entzug von „Rechten" (Nichtausübung von Pontifikalien – Papstwahl, Konsistorium, Tragen der Mitra, etc.). Die Letztentscheidung trifft der Papst – und das bald, denn spätestens im Juni darf Groër kein Thema mehr sein.[256]

Darüber ist ein Foto des offensichtlichen Interessenten dieser Anklagen sichtbar: „Kardinal Schönborn. Mit einem ‚Dossier' eröffnete er die Anklage."[257] Denn wenn Schönborn aus einer Reihe von nicht überprüfbaren und noch dazu in Struktur sowie Inhalt widersprüchlichen Angaben, in denen zum Großteil noch dazu die Grenzen des Bußsakraments verwischt sind, eine Anklage konstruieren kann, dann hatte er zumindest Interesse daran, seinen Vorgänger anzuschwärzen. Andern-

---

[253] *News* 11/98, 28: „Sexhandlungen im Beichtstuhl". Angesichts dieser Anschuldigungen erscheint es paradox, dass die Mönche diese Handlungen jahrelang über sich ergehen ließen, ohne dass einer von ihnen Anzeige erstattet hätte, wozu sie nach dem zum Zeitpunkt der behaupteten Handlungen noch geltenden CIC 1917 sogar verpflichtet gewesen wären.

[254] Vgl. ebd.

[255] Der gesamte Beitrag in *news* trägt bezeichnenderweise auch den Titel „Exkommunikation? Kardinal Hans Hermann Groër. Nach der Visitation steht sein Ende fest. Der Papst bereitet die finale Anklage vor." Ebd. 26f.

[256] Ebd. 27f.

[257] Ebd. 28. – Vgl. auch Krätzl, *Mein Leben für eine Kirche,* 85: „Nach der Bischofskonferenz gingen zwei Dossiers nach Rom, eines vom neuen Vorsitzenden Weber, ein anderes, so vermute ich, von Bischof Krenn. Der Vatikan hat sich der zweiten Darstellung angeschlossen, die den Kardinal als Opfer einer Medienkampagne darstellte. Schönborn hat eine Untersuchung der Vorwürfe in Rom angestrebt und wurde vom damaligen Präfekten der Glaubenskongregation, Kardinal Joseph Ratzinger, unterstützt. Aber Staatssekretär Angelo Sodano hat diese Untersuchung offenbar verhindert." – Vgl. die Parallele zur Causa St. Pölten: Waste, *Die Kirche als Gefangene,* 28: „… war dem Papst ein **Dossier** mit Enthüllungen über den ‚Skandal' in St. Pölten und die weltweite Berichterstattung gegeben worden. Die nächste Ausgabe von *news* (29. Juli 2004) bringt Aufschluss über die ‚Interessenten' bzw. ‚Drahtzieher': ‚Kardinal Christoph Schönborn als Vorsitzender der Bischofskonferenz wurde in Rom in der Causa Kurt Krenn aktiv'." (Herv. G.W.)

falls hätten ihm nämlich die Ungereimtheiten der Aussagen, vor allem der logische Widerspruch zwischen strengen Anforderungen im Bußsakrament und sexuellem Missbrauch, auffallen müssen.
Vor diesem Hintergrund erhält das Schweigen von Kardinal Groër ein neues Gewicht und eine ausschließlich positive Bedeutung. Aufgrund der Bindung durch das Beichtgeheimnis konnte der Kardinal die gegen ihn erhobenen Anschuldigungen in seinen Stellungnahmen nur allgemein zurückweisen. Hätte er im Zuge seiner Verteidigung auch nur einmal den Namen eines Beichtkindes genannt, so hätte man ihn des Beichtsiegelbruchs beschuldigen und ihm – wie der Beitrag in *news* auf versteckte Weise signalisiert – die Kardinalswürde aberkennen können, was zumindest im Interesse einiger kirchlicher Würdenträger lag.[258] Damit erklärt sich auch das Verhalten einiger österreichischer Bischöfe, die ihn trotz Beteuerung seiner Unschuld zu weiteren Aussagen verleiten wollten.
So aber ist das Schweigen Kardinal Groërs zu allen Details der gegen ihn erhobenen Vorwürfe der beste Beweis für seine Unschuld bzw. ein weiterer erhärtender Faktor zugunsten seiner Unschuldsvermutung. Denn im Falle eines wirklichen sexuellen Missbrauchs im Rahmen der Beichte wäre er durch das Beichtsiegel nicht geschützt gewesen, und auch Papst Johannes Paul II. hätte bei einem begründeten Verdacht anders reagiert, nämlich eine kirchenrechtliche Untersuchung eingeleitet. So aber konnte der Papst auch nichts anderes tun als schweigen. Denn nicht einmal ihm wäre es möglich gewesen, öffentlich auf die Bindung des Kardinals durch das Beichtsiegel hinzuweisen.
Dieses notgedrungene Schweigen des Papstes und des Kardinals wurde allerdings bis dato von bestimmten kirchlichen Gruppierungen und vor allem von den kirchenfeindlichen Medien als Vertuschung gedeutet. Kardinal Groër wurde auf diese Weise zu einer Schlüsselfigur des Kampfes gegen die Kirche, wodurch die gesamte Causa Groër die ihr eigene symbolische Bedeutung erhält.

---

[258] Vgl. *news* 4/98 vom 22. Januar 1998, 27: „Ein Kardinal, der schweigt, kann nicht verurteilt werden. Dem kann nicht einmal der Kardinalstitel aberkannt werden." An dieser Stelle gibt *news* ausschließlich die Sicht wie auch die Bestrebungen gewisser innerkirchlicher Kreise wieder.

6. Die symbolische Bedeutung der Causa Groër

Die gesamte Causa Groër ist sowohl von ihrer Struktur als auch von ihrer Bedeutung her als symbolisches Geschehen zu interpretieren, worin unter dem Vorwand der Aufdeckung und Bekämpfung sexuellen Missbrauchs höhere Interessen zuerst versteckt und schließlich offen zur Geltung gebracht werden. Diese eigentliche Sinndimension der Causa Groër lässt sich im Rückgriff auf den Symbolbegriff in einem schichtweisen Zugang erschließen.

6.1. Der Symbolbegriff und seine Anwendung in der Causa Groër

Die grundlegende Struktur des Symbols besteht in der stellvertretenden Abbildung einer höheren Realität, es ist ein „sichtbares Zeichen einer unsichtbaren Wirklichkeit": Als solches offenbart es „‚ im Äußeren das Innere, im Körperlichen das Geistige, im Sichtbaren das Unsichtbare".[259] Daher fallen beim Symbol „mit der sichtbaren **Anschauung** und der unsichtbaren **Bedeutung** zwei voneinander **nicht zu trennende Sphären** zusammen".[260] Die Strukturierung und Deutung der sonst unüberschaubaren menschlichen Erfahrungswelt ist nur aufgrund eines universellen Symbolbewusstseins möglich: „Handlungen und Gegenstände können [dank des Symbolbewusstseins] erfahren werden als **Verdichtung** von unüberschaubaren, komplexen Zusammenhängen."[261] Das Symbol vermag nämlich „ganze **Gedankenreihen** in eine sonst unerreichte **bildhafte Kürze zusammen(zufassen)**". Infolge dieser Fähigkeit zur Verdichtung bzw. Verschlüsselung komplexer Sachverhalte, zur Verkürzung zeitlicher und örtlicher Komponenten sind Symbole „keine starren, präzise abzugrenzenden Gebilde, sondern veränderlich und oft **mehrdeutig**".[262]

Die wesentlichen Merkmale des Symbols, die zur Analyse der Causa Groër heranzuziehen sind, sind die Verdichtung von Zusammenhängen sowie die Konvergenz von Erscheinung und Bedeutung, d.h. die Reduzierung auf eine einzige Sinnebene. Konkret-juristisch bedeutet dies,

---

[259] Lurker, *Wörterbuch der Symbolik*, 719. Der Symbolbegriff wird im folgenden nicht auf den sprachlichen Bereich eingeschränkt.
[260] Rolf, *Symboltheorien*, 135. (Herv. G.W.)
[261] Kurz, *Metapher, Allegorie, Symbol*, 68 (Herv. G.W.) „Ein zerfetztes Stück Tuch kann ein nationales Symbol werden."
[262] Vgl. Lurker, *Wörterbuch der Symbolik*, 720. (Herv. G.W.)

dass die Anschuldigungen gegen Kardinal Groër nicht einen in sich kohärenten Rechtsfall darstellen, sondern im Sinne eines Verdichtungsgeschehens a priori auf eine höhere, vielschichtige Wirklichkeit und die damit verbundenen Interessen verweisen.
Erster Anhaltspunkt für eine symbolische Bedeutung der Causa Groër ist die Tatsache, dass die Anschuldigungen wegen der Verknüpfung mit der Beichte nicht bewiesen werden, d.h. die realen Geschehnisse nicht rekonstruiert werden können. Weiteres Indiz dafür sind die in sich widersprüchlichen Aussagen der Kläger, in denen Sittenstrenge und sexueller Missbrauch bereits zu einer äußerst symbolträchtigen Einheit verwoben sind. Der ausschlaggebende Symbolfaktor ist schließlich die durchgängige Negierung dieser Ungereimtheiten auf allen Ebenen, d.h. bei den Anklägern, den Medien und anderen politischen und kirchlichen Gruppierungen bis hinauf zu den höchsten kirchlichen Würdenträgern. Auf diese Weise wurde Kardinal Groër zu einem Symbol des Kampfes gegen die Kirche.

6.2. Der Mechanismus der symbolischen Bedeutung: Negierung der kognitiven Dissonanz

Die symbolische Bedeutung der Causa Groër hat ihren letzten Grund nicht ausschließlich in den widersprüchlichen Aussagen der Kläger, sondern vor allem darin, dass die darin zum Vorschein kommenden logisch unvereinbaren Gegensätze wie Sittenstrenge und sexueller Missbrauch von den Medien wie auch von höheren kirchlichen Würdenträgern Österreichs nicht nur verschwiegen, sondern sogar als selbstverständliche Gegebenheiten präsentiert wurden. Die fehlende logische Kohärenz der Anschuldigungen wurde von keiner Seite jemals hinterfragt.
Diskrepanzen zwischen den Überzeugungen und dem Handeln einer Person sind zwar aus soziologischer und psychologischer Sicht möglich, dürfen aber nicht vorausgesetzt, sondern müssen vielmehr konkret bewiesen werden. Der Spannungszustand der sogenannten „kognitiven Dissonanz" stellt sich immer dann ein, „wenn sich im Kopf eines Menschen zwei Kognitionen (Ideen, Einstellungen, Wahrnehmungen, Meinungen) widersprechen". Diese Dissonanz ist die „Triebfeder hinter dem Mechanismus der **Selbstrechtfertigung**, der Impuls, der uns dazu treibt, unsere **Handlungen** und **Entscheidungen** zu rechtfertigen – vor

allem, wenn sie sich als falsch erwiesen".[263] Diese vom amerikanischen Soziologen Leon Festinger aufgestellte Theorie ist also handlungsorientiert und betrifft daher nicht Prozesse, die sich im menschlichen Unterbewusstsein abspielen und rationalen Kontrollmechanismen entziehen. Denn nur ein konkretes Verhalten bedarf der Rechtfertigung, nicht aber verdrängte Bewusstseinsinhalte bzw. unterschwellige Bewusstseinsphären. So wird beispielsweise ein Raucher, der sich der Schädlichkeit des Tabakkonsums bewusst ist, Gründe zu seiner Entschuldigung aufzählen, d.h. die Dissonanz zwischen seiner Kenntnis und seinem Verhalten zu mindern versuchen. Sobald er jedoch das Rauchen aufgegeben hat, ist diese Selbstrechtfertigung nicht mehr erforderlich.

Die handlungsorientierte Perspektive dieser These wurde vor allem in psychologischen Studien durch experimentelle Befunde erhärtet, da für manche Fachleute die Beschaffenheit des Motivationszustandes „kognitive Dissonanz" noch ungeklärt war und die „Berufung auf triebtheoretische Annahmen in einer kognitiven Theorie jedenfalls paradox (erschien)".[264] Als Ursache von dissonanzmindernden Prozessen wurde dabei die „Herstellung bzw. Bewahrung von **Handlungskontrolle** bei auftretenden Schwierigkeiten in Form kognitiver Inkonsistenz" gesehen.[265] Diesem Zweck dienen Dissonanzreduktionsprozesse auch dann, wenn sie nicht an eine konkrete Handlung gebunden sind: „Denn nur dann, wenn die kognitive Repräsentation der Realität konsistent ist, können aus ihr eindeutig Handlungskonsequenzen abgeleitet werden."[266] Ein kontrolliertes Handeln setzt also ein kohärentes Bild der Wirklichkeit voraus, in dem möglicherweise vorhandene kognitive Dissonanzen bereits durch einen bewussten Willensentscheid der handelnden Person reduziert sind. So wird beispielsweise ein Raucher, der trotz besseren Wissens wieder zur Zigarette greift, den Widerspruch zwischen Gesundheitsschädigung und Sucht bereits vermindert bzw. rationalisiert haben.

Vor diesem Hintergrund erscheinen die widersprüchlichen Anschuldigungen gegen Kardinal Groër noch weniger haltbar. Wenn er wirklich ein strenger Beichtvater war und zugleich seine Pönitenten im Rahmen der Beichte missbraucht hätte, so wäre für ein solches Handeln eine kaum vorstellbare Dissonanzreduktion über Jahrzehnte hindurch erforderlich gewesen. Vor allem aber hätte sich das gestörte Verhältnis zwi-

---

[263] Tavris/Aronson, *Ich habe recht, auch wenn ich mich irre*, 27f.
[264] Vgl. Beckmann, *Kognitive Dissonanz*, 19.
[265] Ebd. 79 (Herv. G.W.)
[266] Ebd. 80.

schen zwei Überzeugungen bzw. Tendenzen auf das Handeln sowie auf die Persönlichkeit des Kardinals ausgewirkt und wäre kaum auf Dauer zu verbergen gewesen. Pathogene Störungen aufgrund von dissonanzmindernden Prozessen waren jedoch weder im Reden noch im Verhalten von Kardinal Groër jemals festzustellen und wurden folglich im medialen und kirchlichen Diskurs nie erwähnt.
Umso ausgeprägter sind jedoch kognitive Dissonanzen und daraus resultierende Versuche zu ihrer Minderung bei Josef Hartmann und den übrigen Anklägern des Kardinals festzustellen. Diese niemals thematisierten dissonanzmindernden Prozesse beschränken sich jedoch nicht auf die ehemaligen Zöglinge des Kardinals, sondern setzen sich bei gewissen kirchlichen Gruppierungen und schließlich bis zu höchsten Würdenträgern fort. Als gemeinsamer Faktor dieser hierarchisch abgestuften Dissonanzreduktion erweist sich das Bestreben zur Säkularisierung der Kirche, worin sich auch zugleich die symbolische Struktur der Causa Groër abzeichnet. Die symbolische Bedeutung dieser Causa erschließt sich in einem analytischen Verfahren, das die einzelnen bedeutungstragenden Ebenen dieser Struktur bzw. „Symbolebenen" aufzeigt.

6.3. Die Symbolebenen der Causa Groër

6.3.1. Die Grundlage der Symboldeutung: nominalistische Umkehr der Wirklichkeit

Jener entscheidende Symbolfaktor, der die Konstruktion der „Causa Groër" ermöglichte, ist die Vieldeutigkeit des Symbols. Diese wiederum beruht auf einer willkürlichen, also weder empirisch noch logisch kohärenten bzw. notwendigen Verknüpfung von Bezeichnendem und Bezeichnetem.[267] Damit aber eine Sache zum Gegenstand symbolischer Deutung werden kann, bedarf es eines neutralen Ausgangspunktes, der dann auf nominalistische Weise (um)interpretiert wird und auf einer höheren Sinnebene eine neue Bezeichnung erhält. Symbolische Hand-

---

[267] So kann beispielsweise die Farbe rot je nach Kontext einen unterschiedlichen Symbolwert haben. Sie kann entweder als Ausdruck der Freude gewertet werden oder ein Haltesignal an einer Ampel darstellen. Die Farbe rot an sich ist dabei neutral und erhält ihre symbolische Bedeutung erst durch die willkürliche Verknüpfung mit einem Gegenstand. In anderen Kulturkreisen könnte auch weiß oder braun die Farbe der Freude sein.

lungen und Gegenstände sind also in jedem Fall das Ergebnis künstlicher Konstruktion auf der Basis von sprachlichen Umbenennungen bzw. Manipulationen.[268]

Den Ausgangspunkt für die spätere Konstruktion der „Causa Groër" im Sinne eines symbolischen Geschehens liefert *profil* schon bald nach der Bischofsernennung von P. Hans Hermann Groër:

> Groër, der an seiner Schule nur „Onkel Hans" gerufen wurde, weil er den Mädchen stets zärtlich durchs Haar strich und die Knaben aufs Knie tätschelte, bietet innerlich gesehen selbst für gläubige Christen nur ein Minderheitsprogramm.[269]

Es war also offensichtlich bekannt, dass P. Hans Hermann Groër zu spontanen Gesten neigte, um Freude oder seine Wertschätzung einer Person zu bekunden. Diese Passage ist ein erster Hinweis, dass gewisse Kreise in eine zweideutige Richtung dachten; daher kann sie zugleich als versteckte Drohung an den designierten Erzbischof gewertet werden, ihn zu gegebener Zeit unter Berufung auf dieses „Wissen" beseitigen zu wollen. In Wirklichkeit war Groërs Verhalten stets mit der für einen Erzieher nötigen Distanz gepaart, wie ein ehemaliger Zögling, Doz. Dr. Erik Adam, bezeugt:

> Meine Zeit bei den Pfadfindern, die von Dr. Hans Groër betreut wurden, war nur kurz, aber sehr intensiv. Als er erfuhr, dass ich mich zum Leiter der „Löwenpatrouille" aufspielen wollte und Pfadfinderabende in eigener Regie zu veranstalten begann, hat er mich schroff in die Schranken gewiesen. [...] Mehrere Pfadfinder haben den Lageraufenthalt vorzeitig abgebrochen, ich harrte jedoch tapfer im Schlammgelände aus. Dafür wurde ich von Dr. Groër auf einem Holzstoß sitzend sogar mit einem innigen Kuss belohnt.[270]

---

[268] Der Nominalismus im hier verwendeten Sinn beruht auf der willkürlichen Umbenennung von Personen und Dingen im Hinblick auf bestimmte Interessen. In nominalistischer Manier kann daher alles im Nachhinein eine beliebige Bezeichnung bzw. Bedeutung erhalten, z.B. ein ganz alltägliches Geschehen zu einem Skandal hochstilisiert werden. Zur Bedeutung nominalistischer Sprachmanipulation als Konstruktionsprinzip der Causa St. Pölten vgl. Waste, *Die Kirche als Gefangene*, 11-13.
[269] *Profil* vom 21. Juli 1986, Nr. 30, 22.
[270] „Professor Erik Adam – Operettenforscher und Klubpräsident." In: Girtler, *Eigenwillige Karrieren*, 178.

Diese Geste Groërs deutete Dr. Adam jedoch keinesfalls als sexuelle Annäherung, wie aus einem von ihm bereits früher veröffentlichten Leserbrief in *profil* hervorgeht:

> Die genüsslich breitgetretene Anschuldigung, die weder bewiesen noch widerlegt werden kann, ist nichts als ein die Menschenwürde verletzender Rufmord und als solcher nur zu verurteilen. Dr. Groër, mit dem mich eine über dreißigjährige Freundschaft verbindet, war mein Religionslehrer am Hollabrunner Gymnasium und eine der wenigen erfreulichen Persönlichkeiten der damals erzkonservativen und autoritären Anstalt.[271]

Doch dieses offene Zugehen Groërs auf die Menschen, seine „Leibfreundlichkeit", wurde von bestimmten Kreisen im Sinne ihrer Zielsetzungen zu einem ihnen opportunen Augenblick als „sexueller Missbrauch" umgedeutet.[272] Diese nominalistische Manipulationstaktik ermöglichte schließlich die Konstruktion der „Causa Groër", die sich auf mehreren bedeutungstragenden Ebenen bzw. Symbolebenen abzeichnet.

6.3.2. Die unterste Symbolebene:
Die Projektionen Josef Hartmanns und der übrigen Ankläger

Die Deklarierung der „Leibfreundlichkeit" von Kardinal Groër zu sexuellem Missbrauch beruht auf nominalistischen Sprachspielen, die wiederum auf ein Projektionsverhalten hinweisen. Diese Projektionen sind bereits im Beitrag von *profil* vom 21. Juli 1986 impliziert: Streicheln und ähnliche, an sich neutrale Verhaltensweisen erhalten im Nachhinein eine sexuelle Konnotation, indem der Medienjournalist bzw. die beobachtende Person ihre eigene Befindlichkeit auf diese Gesten überträgt.

---

[271] *Profil* vom 3. April 1995, Nr. 14, unter „Leserbriefe".
[272] Vgl. *Kurier* vom 5. Februar 1998, 11: „Groër-Freund: ,Leibfreundlichkeit wird missdeutet'. [...] Er lege die Hand für seinen ehemaligen Religionslehrer, den er als einen seiner besten Freunde bezeichnet, ins Feuer. [...] Er habe mit Groër 1995 über die Vorwürfe gesprochen und den persönlichen Eindruck – ohne Beweise zu haben – dass der schuldlos sei. Eine gewisse ‚Leibfreundlichkeit' Groërs, die sich in Gesten äußere, werde missdeutet." Es handelt sich um den ehemaligen Groër-Schüler Anton Fischer (nicht mit P. Udo Fischer verwandt), der von mehreren Priestern und Weihbischof Kuntner ohne Angabe von Gründen als Diakon abgelehnt wurde, seiner Meinung nach wegen seiner konservativen Glaubenspraxis.

Noch deutlicher werden diese Projektionen als Reflexionen der eigenen Persönlichkeitsstruktur in den Angaben Josef Hartmanns zu den behaupteten Missbrauchsszenen manifest. Denn darin tritt das zutage, was man in den Termini der modernen Leerstellenforschung[273] als Verselbständigung der Sexualität bzw. als „erotisches Eigenleben"[274] bezeichnen kann. Ein bekannter „Sexualfetisch" findet sich beispielsweise in Goethes *Wilhelm Meisters Lehrjahre* am Beispiel von Philines Schuhen, die eine „erotische Signalwirkung" auf Wilhelm ausüben.[275] Noch deutlicher wird die nominalistisch-erotische Verselbständigung der empirischen Wirklichkeit in der 2001 erschienenen Novelle *Fräulein Stark* des Schweizer Autors Thomas Hürlimann, die sich mit fetischistischen Praktiken in Religion und Sexualität auseinandersetzt. Der Ich-Erzähler beschreibt rückblickend seinen Aufbruch aus der ontologischen und theologischen Verankerung der Begriffs- und Gegenstandswelt bzw. vom „Logos" hin zum „beredte(n) Sich-Zeigen der (Fetisch-)Dinge"[276] anhand seiner Beobachtungen als Pubertierender bei seinem Onkel, einem Prälaten, in der Klosterbibliothek von St. Gallen. Seine Phantasie schafft ein erotisches aufgeladenes Universum, in dem Schuhe und Kleidungsstücke als Fetischobjekte fungieren („[...] der aus dem Knistern von Unterröcken das Innere der Geheimnisse flüstern hört"[277]). Die Geistigkeit des alten Prälaten betrachtet er aus rein ironischer Perspektive, die zugleich seinen Abschied vom Katholizismus als kohärenter Weltanschauung signalisiert:

---

[273] Eine Leerstelle ist ihrer allgemeinen Wortbedeutung nach eine unbesetzte Stelle. Im engeren Sinn gehört dieser Begriff zur Rezeptionsästhetik und wurde vom Anglisten Wolfgang Iser in die Literaturtheorie eingeführt: „Immer dort, wo Textsegmente unvermittelt aneinander stoßen, sitzen Leerstellen, die die erwartbare Geordnetheit des Textes unterbrechen" (Iser, *Der Akt des Lesens*, 302). Daher enthalten die Leerstellen ein hohes Unbestimmtheitspotential und fordern den Leser zur Suche nach Deutungsmöglichkeiten heraus. Im Folgenden werden die Leerstellen nicht auf den sprachlichen Text beschränkt, sondern auf die gesamte empirische Wirklichkeit im Sinne der modernen Forschung ausgeweitet, um „das Ausgelassene sowie den Prozess der Auslassung selbst in den Blick zu nehmen" (Adamowsky/Matussek, *Formen des Auslassens. Ein Experiment zur kulturwissenschaftlichen Essayistik*, 13).

[274] Barkhoff, *„Ein reizender Gegenstand" für „Pantoffelministranten". Zur Einnistung des Sexualfetisch in den Leerstellen des Diskurses*, 102.

[275] Wilhelm umkreist zu nächtlicher Zeit beständig Philines Schuhwerk voll erotischer Gedanken. Er inszeniert damit „das fetischistische Zentralmuster, in der Verehrung des phantasmatisch aufgeladenen Fetischobjektes die abwesende Trägerin nicht nur zu ersetzen, sondern zu vergessen". Vgl. ebd. 102.

[276] Ebd. 107.

[277] Ebd. 105.

> [...] **wirklich ist nicht das Wort, wirklich ist das Fleisch**, mein Fleisch und ihr Fleisch, Gerüche und Sachen, und was für Sachen, o du sachfremder Onkel, wirkliche Schlüpferschnallen und wirkliche Nylonstrümpfe, Fersen, Stöckelschuhe, Unterröcke, Höschen Öschen Döschen, ja, Onkel, alles wirklich, alles zu sehen, klar zu sehen, zum Greifen nah, zum Sterben schön. (137)[278]

Ein ähnlicher Aufweichungsprozess der überlieferten Normen wie bei diesem Ich-Erzähler, nämlich Bruch mit dem Katholizismus durch Etablierung einer autonomen Triebwelt, kann auch bei Josef Hartmann beobachtet werden. Denn auf die Frage des *profil*-Journalisten Josef Votzi, warum er erst nach 20 Jahren mit seinen Erlebnissen an die Öffentlichkeit gehe, antwortet er:

> Der wichtigste Grund ist, dass mir zunehmend klargeworden ist, dass das Scheitern meiner Ehe und mein verklemmtes Verhältnis zur Sexualität, das mich sehr lange beherrscht hat, damit unmittelbar in Zusammenhang stehen. Den Ekel vor dem Körperlichen, den beginne ich jetzt erst abzubauen – aufgrund der Beschäftigung mit Literatur und allmählicher Aufarbeitung der Ursachen. [...] Für mich war der Katholizismus bis zu meinem 30. Lebensjahr die einzig mögliche Anschauungsweise, was sich jetzt vollkommen geändert hat.[279]

Hartmann sucht gewissermaßen einen Mechanismus, den er für seine missglückte Beziehung verantwortlich machen kann. Seine Anklage richtet sich gegen die Katholische Kirche insgesamt, deren Morallehre einem ungehemmten Ausleben seiner Triebe entgegenstand. Zum Zeitpunkt seiner Anklagen gegen Kardinal Groër hatte daher sein Unterbewusstsein bestimmte Tabus außer Kraft gesetzt, wie seine Ausführungen im gleichen Kontext nahelegen:

> Unter anderem hat mir auch ein Satz Sigmund Freuds zu denken gegeben: „Im Unterbewusstsein existiert keine Zeit."[280]

Hartmann beruft sich auf die „Zeitlosigkeit des Unterbewusstseins", um im Nachhinein seine früheren mitmenschlichen Beziehungen, aber auch die Dingwelt in dem für ihn opportunen erotischen Sinn umzu-

---
[278] Ebd. 107. (Herv. G.W.) Die in Klammern gesetzte Seitenzahl bezieht sich auf den Originaltext.
[279] *Profil* vom 27. März 1995, Nr. 13, 73.
[280] Ebd.

deuten. Unter diesem Gesichtspunkt müssen auch Hartmanns Beichtgespräche bei Kardinal Groër gesehen werden: Bett, Telefon und andere Gegenstände nehmen darin sozusagen in der Phantasie Hartmanns ein erotisches Eigenleben an, ohne notwendigerweise in Verbindung mit sexuellem Missbrauch zu stehen. Es ist daher nicht einmal relevant, ob diese Objekte wirklich vorhanden waren oder nicht. Vielmehr fungiert Hartmanns Gedächtnis als „Historiograf der Selbstrechtfertigung"[281], der die kognitive Dissonanz zwischen die an Hartmann gestellten sittlichen Anforderungen und seine gescheiterte Beziehungswelt miteinander in Einklang zu bringen versuchte:

> Da das Gedächtnis Rekonstruktionsarbeit leistet, unterliegt es dem Bedürfnis der „Nacherzählung": Wir nehmen an, dass etwas, das anderen passiert ist, uns selbst geschah. **Wir erinnern uns an Vorkommnisse, die nie passiert sind.** Zur Rekonstruktion einer Erinnerung ziehen wir alle möglichen Quellen heran. Wenn Sie sich an die Party zu Ihrem fünften Geburtstag erinnern, dann sehen Sie vielleicht noch Ihren kleinen Bruder vor sich, wie er mit dem Finger in der Torte bohrte, aber Sie ziehen mit Sicherheit auch externe Informationsquellen heran: Familiengeschichten, Fotos, Videoaufnahmen und Geburtstagspartys, die Sie im Fernsehen gesehen haben. All diese Elemente verweben Sie zu einer kohärenten Erzählung. Wenn jemand Sie hypnotisierte, sodass Sie das Gefühl hätten, diesen fünften Geburtstag wieder zu feiern, dann würden Sie eine höchst lebendige Geschichte erzählen, die Ihnen absolut real vorkommt. Gleichzeitig aber werden Sie viele Einzelheiten in Ihre Geschichte einbauen, die so nie passiert sind. **Nach einer gewissen Zeit können Sie dann nicht mehr unterscheiden zwischen der ursprünglichen Erinnerung und der Geschichte, die daraus wurde.** Dieses Phänomen nennt man „Quellenverzerrung" oder das „Wo-habe-ich-das-nur-gehört?"-Problem. Habe ich es gelesen, gesehen oder von jemand anderem erzählt bekommen?[282]

In Hartmanns Erinnerungen ist also ein zweifacher Prozess am Werk: die erotische Verselbständigung der Gegenstandswelt und die Integration seiner erotischen Phantasien zu einem geschlossenen Ganzen mit Hilfe dissonanzmindernder Vorgänge. Die Person von Kardinal Groër

---

[281] Tavris/Aronson, *Ich habe recht, auch wenn ich mich irre*, 104.
[282] Ebd. 111. (Herv. G.W.)

wird schließlich zum „Endpunkt" dieser Umdeutungsprozesse, wodurch die Morallehre der Kirche zum „sexuellen Missbrauch" deklariert wird. Bereits zum Zeitpunkt der Anschuldigungen interpretierten Fachleute das Verhalten von Hartmann in diesem Sinn, wie folgender Beitrag von Primarius Dr. Olaf Arne Jürgenssen (Wiener Neustadt) belegt:

> Ist es nicht höchst **krankhaft,** wenn dieser von Kardinal Groër so ausgezeichnete Jüngling das Streicheln und Küssen als sexuelle Annäherung **empfindet** und das auch noch – ein Gipfel der Undankbarkeit – nach Jahren öffentlich ausspricht?[283]

Gerade sexuelle Phantasien können von Personen in besonderen Lebenslagen als Realität erlebt werden, wie P. Sporschill am 27. März 1995 in ZIB 2 zur Verteidigung des Kardinals geltend macht:

> Es gibt den Fall relativ oft, wo jemand stärkere Aggressionen hat oder sich von jemandem löst, zu dem er großes Vertrauen einmal hatte, wo die Aggressionen in starke sexuelle Phantasien sich ummünzen. Diesen Fall gibt's mehrfach. **Das sind dann Phantasien, die für den einzelnen Wirklichkeit sind...** Ich habe vor Gericht schon erlebt, wie in ähnlichen Fällen ganze Gebäude von Phantasien und Lügen zusammenfallen.[284]

Daraus lässt sich klar erkennen, dass die oft gestellte Frage, ob Hartmanns Aussagen stimmen oder nicht, falsch gestellt ist. Im Sinne seiner subjektiven Erlebniswelt bzw. seiner Projektionen, die für ihn eine Realität darstellen, ist es wahrscheinlich, dass Hartmann *seine* Wahrheit äußert, wie eben auch im Interview mit *profil* auf die Frage, ob er sich als Groërs Lustknabe erlebt habe:

> Ja, ich habe mich als sein Lustknabe oder Lustmädchen **erlebt.**[285]

Entscheidend aber ist, dass diesen Projektionen keine objektiv überprüfbaren Tatsachen entsprechen, weshalb sie auch nicht rechtsverwertbar sind. Ob daher jemand Hartmann für glaubwürdig hielt oder nicht, hing nicht von allgemein einsichtigen Fakten, sondern von der

---

[283] *Die Presse*, 15. April 1995, XIV (Spectrum): „Bubengeschichten"? (Herv. G.W.)
[284] Zitiert nach: Kaspar, *Das Schweigen des Kardinals*, 20. (Herv. G.W.)
[285] *Profil* vom 27. März 1995, Nr. 13, 73. (Herv. G.W.)

persönlichen Disposition und den Interessen des Betreffenden ab.[286] Auf diese Weise machten bestimmte Personengruppen den Kardinal zur Zielscheibe ihrer Auflehnung gegen die Kirche und deren überlieferte Moral, indem sie ihre eigenen Probleme und Phantasien auf ihn übertrugen. Ein eindrucksvolles Beispiel dafür bietet jener Kommentar, den die klinische Psychologin Evamaria Glatz, ehemalige Schülerin am Hollabrunner Gymnasium, zu den behaupteten Missbrauchsvorwürfen abgab:

> Neben der Unfähigkeit, mit lebendiger Weiblichkeit umzugehen, die auch die Seminarleitung kennzeichnete, war eine **Besonderheit Groërs** die **Aura von alles umfassender Sexualisierung, die ständig um ihn lag.** Aus dem Jahre, in dem er mein Religionslehrer war, **erinnere ich mich** keines anderen Themas als der **Sexualität.** [...] Als ich vor kurzem am ehemaligen Knabenseminar vorbeiging, **entstand in mir das Bild einer unsichtbaren Wolke aus Brünstigkeit und unklaren Verboten,** die in jenen Tagen über der Kleinstadt lag, **ausgehend von seiner Wohnung** [...].[287]

Die Wirklichkeit hingegen dürfte so ausgesehen haben, wie P. Ildefons Fux im Kontext der „Hollabrunner Jahre" von Kardinal Groër schildert:

> [...] schon vor Erscheinen der päpstlichen Enzyklika teilte Groër die Sicht von „Humanae vitae" und nach deren Publikation war er ein ganzes Jahr lang bemüht, in den außerschulischen „Glaubensstunden" mit den Gymnasiasten der 7. und 8. Klasse *unter reger Beteiligung der Studenten alles zu erarbeiten.*[288]

Projektionen jener Art, wie sie bei Hartmann und anderen ehemaligen Zöglingen von Kardinal Groër auftreten, sind daher – als dissonanz-

---

[286] Vgl. beispielsweise *Wiener* Zeitung vom 5. April 1995, 4: „Holl: ‚Ich glaube Josef Hartmann jedes Wort.' – ‚Jedes Wort' der Anschuldigungen Josef Hartmanns gegen den Wiener Erzbischof Kardinal Hans Hermann Groër glaubt Adolf Holl, bekannter Religionssoziologe und Mitglied der Erzdiözese Wien. [...] In der ‚Zeit im Bild 2' meinte Holl am Montag, Groër sei als Vorsitzender der Bischofskonferenz nicht mehr tragbar."

[287] *Der Standard,* 11. April 1995, 27: „‚Bild einer unsichtbaren Wolke' – Mulier taceat: Eine Ergänzung der Causa Groër aus weiblicher Sicht." (Herv. G.W.) Ein Teil dieses Kommentars wird auch von Czernin zitiert (*Der Fall Groër*, 100), wobei jedoch der Passus mit der imaginären „unsichtbaren Wolke" ausgelassen ist.

[288] Fux, *Die Hollabrunner Jahre,* 52. (Herv. orig.)

mindernde Prozesse – nicht als unbewusste, sondern vielmehr bewusste, zielgerichtete Vorgänge zu deuten.[289] Kardinal Groër wurde für gewisse Personen gewissermaßen zum „Sündenbock", den sie für ihren Abfall vom Glauben der Katholischen Kirche und ihre Rebellion gegen die kirchliche Morallehre verantwortlich machten.

Die zugrunde liegende Intention, nämlich die mediale und menschliche Vernichtung des Kardinals,[290] profiliert sich noch deutlicher bei jenen Gruppierungen, die als Kernpunkt bzw. „mittlere" Symbolschicht der Causa Groër betrachtet werden können.

6.3.3. Die mittlere Symbolebene: Säkularisierungsbestrebungen der Kirche durch bestimmte Interessengruppen

Auf der untersten Symbolebene, bei den ehemaligen Zöglingen von Kardinal Groër, handelt es sich um Projektionen von Einzelpersonen, die auf einem doppelten Mechanismus beruhen: erotischer „Aufladung" der Gegenstandswelt verbunden mit einer Verringerung der kognitiven Dissonanz, indem die erotischen Phantasien auf Kardinal Groër als pars-pro-toto-Figur der Kirche übertragen werden. Der offene Angriff auf die Kirche selbst, im besonderen auf ihre Morallehre, tritt erst in **der mittleren Symbolebene** deutlich zutage, was sich in der **Verallgemeinerung** der unbewiesenen Vorwürfe zeigt. Noch bevor nämlich Kardinal Groër die gegen ihn erhobene Anschuldigung zurückgewiesen hatte, melden sich Vertreter bestimmter politischer Parteien zu Wort, um die etablierten Strukturen der Kirche unter Berufung auf die Missbrauchsvorwürfe in Frage zu stellen. Nach der Erklärung des Kardinals vom 8. April 1995 hingegen, die rechtlich gesehen mehr als hinreichend war, fordert die innerkirchliche Plattform „Wir sind Kirche" tiefgreifende Reformen innerhalb der Kirche.

Gerade diese mittlere Symbolebene zeigt noch klarer als die vorangehende, dass dissonanzmindernde Prozesse stets als bewusste, teilweise sogar von außen gesteuerte Willensentscheidungen zu werten sind. Denn die manifesten Attacken auf die Kirche können keinesfalls als Er-

---

[289] Zu dieser Art von Projektionen gehören auch die Darlegungen von P. Dr. Emmanuel Bauer OSB in seinem Schreiben an Bischof Kapellari vom 8. April 1995 („homophile Atmosphäre um Groër herum"). Vgl. Czernin, *Das Buch Groër*, 94. Vgl. auch unter 5.1.2.

[290] Auch in der Causa St. Pölten liegt ein ähnliches Projektionsverhalten vor wie bei den Anschuldigungen gegen Kardinal Groër: Bischof Küng, ehemaliger Visitator und später Diözesanbischof von St. Pölten, ist der Auffassung, Homosexualität anhand von Farben und Gerüchen „diagnostizieren" zu können. Vgl. Waste, *Die Kirche als Gefangene*, 77-82, bsd. 80.

gebnis von Vorgängen im menschlichen Unterbewusstsein deklariert werden. Als Erhärtung dieser bewusst vollzogenen bzw. gesteuerten dissonanzmindernden Prozesse kann man folgende Äußerung des Wiener Pastoraltheologen Paul Zulehner in einem Interview mit *profil* heranziehen:

> **Das Opfer ist geschlachtet, Groër ist erledigt.** Der **Kardinal** ist selbst **ein seelisch kranker Mensch** und höchst **therapiebedürftig**. Nicht zuletzt deshalb haben wir jetzt diesen ganzen Kuddelmuddel. Wenn er sich nicht von selbst zurückzieht, sollte Rom ihn unter Hinweis auf eine diplomatische Krankheit zurückziehen. Ich hoffe, dass Rom inzwischen gelernt hat, dass sich die Kirchenpolitik, die mit den Bischofsernennungen der letzten Jahre betrieben wurde, selbst liquidiert.[291]

Diese Stelle ist in erster Linie als Beweis zu sehen, dass Kardinal Groër Opfer einer bewusst inszenierten Kampagne geworden ist. Auffällig ist zudem, dass Zulehner dem Kardinal eine seelische Krankheit unterstellt, ohne dass ein ärztliches Gutachten bzw. eine klare Diagnose vorliegt. Er zieht gar nicht erst in Erwägung, dass eine Krankheit bzw. Störung vielmehr bei seinen Klägern vorhanden sein könnte. Was hier in symbolischer Manier als „krank" bezeichnet wird, ist vielmehr die religiöse Lebensführung und papsttreue Linie Kardinal Groërs.
Bemerkenswert für den weiteren Verlauf der Kampagne ist daher auch die Tatsache, dass Zulehner sofort eine Verbindung zwischen unbewiesenen Missbrauchsvorwürfen und der Kirchenpolitik des Heiligen Stuhls herstellt. Ein solcher Konnex ist in jedem Fall als symbolisch zu betrachten, da er von vornherein auf höhere Interessen – in diesem Fall gewisser innerkirchlicher Gruppen in Österreich – verweist und weder logisch noch rechtlich auflösbar ist. Zulehner deutet also an, dass gegen Kardinal Groër ein Medienfeldzug zu (kirchen)politischen Zwecken gestartet wurde, was *news* im Zusammenhang mit der Ernennung von Weihbischof Schönborn zum Koadjutor auch bestätigt:

> Während der in Wien residierende Vatikan-Nuntius Squicciarini noch immer glaubte, der Schulterschluss mit Groër wäre die beste

---

[291] *Profil* vom 10. April 1995, Nr. 15, 36: „Zulehner: ‚Kirchenpolitik liquidiert sich selbst'", Interview von Josef Votzi mit Paul Zulehner. (Herv. G.W.)

Strategie, **zwang der internationale Medienwirbel den Vatikan zum Umdenken.**²⁹²

Kardinal Groër selbst war sich dieser medialen Inszenierung wohl bewusst, wie er in einem Interview mit *profil* im September 1996, also ein Jahr nach den ersten Angriffen auf seine Person, zu verstehen gab:

> Um Recht zu suchen geht man nicht in die Medien. **Und es war längst alles abgekartet.** Alles. In jeder Hinsicht. Außerdem galt die ganze Welt für mich als Gerichtssaal.²⁹³

Die Interessenten dieser Kampagne meldeten sich schon bald nach deren Einsetzen im Jahre 1995 zu Wort.

6.3.3.1. Die Reaktionen aus dem politischen Umfeld

Die Symbolstruktur der gesamten Causa Groër zeichnet sich auf der mittleren Ebene noch deutlicher ab. Wie aus dem Duktus der Medienkampagne ersichtlich, waren die unbewiesenen Vorwürfe gegen Kardinal Groër für bestimmte politische Parteien höchst opportun. Denn noch bevor der Kardinal Stellung bezogen hatte, tauchten die ersten Rücktrittsforderungen unter Berufung auf vorgeblichen Kindesmissbrauch aus dem liberalen Lager auf:

> Als erste Politikerin hat Heide Schmidt Kardinal Groër zum Rücktritt aufgefordert. Kindesmissbrauch sei keine innerkirchliche Angelegenheit, deshalb sei „die Einmischung" gerechtfertigt, betonte die Liberalen-Chefin am Montag.²⁹⁴

Im gleichen Kontext kritisiert Schmidt die Haltung der Kirche zur Homosexualität, worin ihrer Meinung nach eine „Doppelmoral" zum Vorschein kommt. Vor allem geht es ihr dabei um die Schutzklausel für Jugendliche, in der sie eine „Diskriminierung" sieht. In ihrer Verknüpfung von Dingen, die logisch gesehen nichts miteinander zu tun haben

---

²⁹² *News* 15/95 vom 13. April 1995, 14. (Herv. G.W.) – Vgl. die Parallele zur Causa St. Pölten (Waste, *Die Kirche als Gefangene*, 28): „Diese ‚Inszenierung' bzw. ‚Konstruktion' wird vom Nachrichtenmagazin *news* (22. Juli 2004) selbst offengelegt: ‚Ohne diesen medialen Druck wäre Krenn noch lange Ordinarius von St. Pölten geblieben.'"
²⁹³ *Profil* vom 5. August 1996, Nr. 32, 30. (Herv. G.W.)
²⁹⁴ *Kurier* vom 4. April 1995, 2.

– unbewiesene Missbrauchsvorwürfe, Homosexualität, kirchliche Morallehre – manifestiert sich in aller Deutlichkeit die symbolische Dimension der Vorwürfe gegen den Kardinal, und zwar in deren Instrumentalisierung zu politischen Zwecken und mitunter auch als Vorwand für persönliche Interessen. Bereits ein paar Tage später verkündet nämlich Schmidt ihren Austritt aus der katholischen Kirche:

> „Der Absolutheitsanspruch der katholischen Kirche ist unerträglich geworden." Ihren persönlichen Schluss daraus zieht die LF-Vorsitzende dieser Tage: Schon seit Jahren „war das Fass zum Überlaufen voll. Nach dem Umgang der Amtskirche mit dem Fall Groër reicht es mir endgültig. Ich trete aus der Kirche aus."[295]

Schmidt ersetzt das Rechtsdenken und damit die Realität durch symbolträchtige Argumente und Handlungen. Sie fordert zwar die Unschuldsvermutung ein, aber auf eine ebenso fragwürdige Weise wie Bischof Weber, nämlich ohne Verweis auf die ausschließliche Beweislast des Klägers und ohne Verweis auf deren Geltung bis zum Erweis des Gegenteils in einem ordentlichen Verfahren:

> Zwar müsse für den Kardinal die Unschuldsvermutung gelten, aber der Fall Groër sei **keine innerkirchliche**, sondern eine **gesellschaftspolitische Angelegenheit**.[296]

De facto hat aber Kindesmissbrauch weder mit innerkirchlichen Strukturen noch mit Gesellschaftspolitik zu tun, sondern vielmehr mit der rechtsstaatlichen Ordnung, deren Aufgabe es ist, den konkreten Einzelfall auf seine Rechtsverwertbarkeit zu überprüfen. Gerade dieser rechtsrelevante Aspekt wird aber von Heide Schmidt nicht zur Sprache gebracht, was der grüne Abgeordnete Severin Renoldner kritisch vermerkt:

> Der grüne Abgeordnete Severin Renoldner – ein Theologe – sprach sich gegen eine parteipolitische Debatte der derzeitigen „Causa prima" aus. [...]
> In diesem Zusammenhang kritisierte er auch die Aussagen der LF-Bundessprecherin Heide Schmidt. „Das verstehe ich bei Schmidt überhaupt nicht, wie sie als Liberale bei Groër die Unschuldsver-

---
[295] Vgl. *profil* vom 10. April 1995, Nr. 15, 44.
[296] Zitiert nach: *Die Presse* vom 4. April 1995, 7. (Herv. G.W.)

mutung einschränken will." Die Würde des Beschuldigten sei zu wahren, gleichzeitig werde man damit leben müssen, dass in diesem konkreten Fall die Wahrheit über die Vorfälle wahrscheinlich nicht objektiv feststellbar sein werde. [...]
Generell zog Renoldner das Resümee, dass der Anlass für „die Kirche Grund genug ist, mehr Ehrlichkeit im Umgang mit Sexualität zu praktizieren".[297]

Dieses scheinbare Plädoyer Renoldners zugunsten des Kardinals ist aber rechtlich nicht minder fragwürdig als die Aussagen Heide Schmidts. Selbst wenn er die Unschuldsvermutung ungeschmälert gelten lassen möchte, so ist doch sein Resümee, dass die Kirche wie immer geartete Aktionen setzen müsse, nicht korrekt. Indem er nämlich die Vorwürfe nicht unter dem ausschließlichen Gesichtspunkt ihrer Rechtsverwertbarkeit, nämlich als Einzelfall betrachtet, weicht auch er von der juristischen Schiene ab. Sowohl bei ihm als auch bei den meisten Reaktionen aus den einzelnen politischen Lagern steht vielmehr die Kirche insgesamt im Visier der Angriffe, wie dies besonders der Stellungnahme Friedhelm Frischenschlagers, des Klubobmanns des Liberalen Forums, zu entnehmen ist:

> Ich bin strikt dagegen, dass die politischen Parteien sich in die Personalpolitik der Kirche einmischen wollen. Der Fall Groër eskalierte aber deshalb, weil die katholische Kirche nicht in der Lage ist, eine offene Auseinandersetzung zu führen. **Das Amtskirchen-Verständnis mit Hierarchie und Dogmatik verträgt sich nicht mit der Idee der offenen Gesellschaft.**[298]

Dem Anschein nach warnt Friedhelm Frischenschlager zwar davor, „dass die Parteien sich in die Kirche einmischen". Seine Äußerungen sind jedoch nicht weniger als Frontalangriff auf die Kirche zu werten als jene des SPÖ-Geschäftsführers Josef Cap, der in Alternative zu Kardinal Groër und Bischof Krenn „die ‚fortschrittlichen' Kräfte in der katholischen Kirche zum Bündnis mit der SPÖ" bittet.[299] Bemerkens-

---

[297] Vgl. KATHPRESS-Info-Dienst vom 2. April 1995, Nr. 78, 3: „Politiker-Geplänkel nach Vorwürfen gegen Kardinal Groër. – Politiker-Stimmen zu den Anschuldigungen im Wochenmagazin ‚profil'."

[298] *Salzburger Nachrichten* vom 7. April 1995, 3 (Herv. G.W.)

[299] Ebd.: „‚Die katholische Kirche ist konfliktunfähig': Josef Cap bittet die ‚fortschrittlichen Kräfte in der katholischen Kirche zum Bündnis mit der SPÖ. Friedhelm Frischenschlager warnt davor, dass die Parteien sich in die Kirche einmischen. Ein SN-Streitgespräch. [...] **Gegen Mo-**

werterweise mischen sich in dieser Debatte gerade Vertreter des Liberalen Forums, das ausdrücklich für eine strikte Trennung von Kirche und Staat eintritt, in innerkirchliche Angelegenheiten ein, wie etwa der Landessprecher Hannes Fürstauer mit seiner Forderung, „die Kirche sollte darüber nachdenken, ob nicht der Fehler im Zölibat liege".[300] Auch die Grünen weiten den Fall Groër auf die ganze Kirche aus und nehmen die unbewiesenen Vorwürfe bereits als Faktum erwiesenen Missbrauchs, wie die Reaktion des Abgeordneten Johannes Voggenhuber deutlich macht:

> Menschliche Verbrechen seien in allen Bereichen möglich, das desavouiere weder eine Partei noch die Kirche. Die Haltung der Bischöfe, die nun dieses Phänomen verniedlichten, würde aber die moralische Integrität beschädigen. In jener Kirche, in der es möglich sei, Menschen mit der Frage des Kondomgebrauchs, des Kommunionverbots für Geschiedene zu tyrannisieren, auszugrenzen und moralisch zu unterwerfen [sic!], andererseits sexuellen Missbrauch von Kindern zu verniedlichen, wäre ein „moralisches Moratorium" angesagt.[301]

Noch schärfer tritt der Generalangriff auf die Kirche bei der Klubobfrau der Grünen, Madeleine Petrovic zutage, die sofort von einer Vertuschungstaktik ausgeht, ohne dafür irgendeinen Beweis oder auch nur Anhaltspunkt vorlegen zu können:

> „Dringenden Handlungsbedarf" der Kirche, aber auch der staatlichen Behörden orten nun die Grünen im Fall Groër. Die staatlichen Behörden müssten nun von sich aus aktiv werden und Ermittlungen aufnehmen, forderte gestern Klubobfrau Madeleine Petrovic (G).
> Es gehe bei den Ermittlungen nicht um den verjährten Vorwurf des sexuellen Missbrauchs von Minderjährigen, sondern darum, dass viele in der Kirche offenbar „wegsahen und Strafbares dulden". Laut Strafprozessordnung (§ 84) seien öffentlich Bedienstete - etwa Lehrpersonen - verpflichtet, Wahrnehmungen, die auf ein strafbares Verhalten hindeuten, der Staatsanwaltschaft oder der Exekutive zu melden.[302]

---

nopolanspruch auf ein Wächteramt." (Herv. G.W.)
[300] KATHPRESS-Info-Dienst vom 2. April 1995, Nr. 78, 4.
[301] Ebd.
[302] *Die Presse* vom 4. April 1995, 7.

Es ist Frau Petrovic offensichtlich entgangen, dass laut Medienberichten niemand - also weder Lehrpersonen noch Eltern - jemals ein strafbares Verhalten bei Kardinal Groër beobachtet hatten und daher ein solches auch nicht melden konnten. Auch sie bewegt sich ebenso wie ihre Parteikollegen außerhalb des rechtlichen Denkens. Einzige Ausnahme in den Reaktionen aus dem politischen Lager war Jörg Haider, der an der Veröffentlichung der Vorwürfe gegen Kardinal Groër heftige Kritik übte und ausdrücklich feststellte, dass er diesen Anschuldigungen keinen Glauben schenke. Aber auch er gründet seine Behauptungen nicht auf klare rechtliche Grundsätze, sondern auf seine persönliche Betroffenheit.[303]

Die Ausschaltung des rechtlichen Diskurses ermöglichte also allen politischen Parteien, ihre jeweiligen Interessen in der Causa Groër geltend zu machen. Diese liefen in jedem Fall auf eine Säkularisierung der Kirche hinaus, wozu im konkreten Fall vor allem die Verringerung der Dissonanz zwischen der Lehre der Kirche besonders im Bereich der Moral und den vorwiegend freizügigen Ansichten bestimmter Gruppen gehört. Aber auch weitere Zielsetzungen wurden sofort mit den unbewiesenen Vorwürfen verknüpft: Der Besoldungsreferent der Gewerkschaft öffentlicher Dienst, Peter Korecky, forderte lt. *profil* die ausschließliche Übernahme der Kosten für die religiöse Unterweisung in öffentlichen Pflicht- und Mittelschulen durch die einzelnen Religionsgemeinschaften.[304] Diese von außen kommenden Angriffe auf die Kirche finden ihre Entsprechung im Versuch einer Säkularisierung der Kirche, wie sie von den Betreibern des Kirchenvolksbegehrens angestrebt wurde.

6.3.3.2. Das Kirchenvolksbegehren und seine Forderungen

Die ersten Forderungen nach einer Änderung gewisser kirchlicher Strukturen und Gesetze tauchten bereits einige Tage nach den unbewiesenen Anschuldigungen Hartmanns auf, und zwar noch ehe Kardinal Groër seine Erklärung abgegeben hatte. Zu den Pionieren in diesem

---

[303] Vgl. KATHPRESS-Info-Dienst vom 2. April 1995, Nr. 78, 4: „Als Beispiel nannte er einen Bericht des Magazins ‚News', worin er in Zusammenhang mit einer Kokainaffäre gebracht wurde. Er habe vor Gericht in allen Punkten Recht bekommen, ‚News' weigere sich jedoch, eine Entgegnung zu bringen. Haider warnte davor, dass die Medien ‚moralisch enthemmt' ausschließlich Geschäftsinteressen verfolgten."

[304] Vgl. *profil* vom 10. April 1995, Nr. 15, 44.

Bereich zählt der damalige Caritas-Präsident Helmut Schüller, ehemaliger Groër-Schüler, der den Kardinal zuvor gegen die medialen Angriffe verteidigt hatte:

> „Wir müssen uns", relativiert Schüller die Kirche als Moralinstanz, „dazu bekennen, dass wir leider oft mehr verkünden als wir selber halten". In diesem Punkt müsse sich die Kirche „derzeit nicht zu Unrecht einiges gefallen lassen". Daher müsse es, um bezüglich der von ihr eingeforderten Moral glaubwürdig zu bleiben, „zu einer zeitgemäßen Anwendung der Kirchengesetze kommen". Hier rücke insbesondere wieder die Frage in den Vordergrund, wie weit die lateinische Kirche an der Junktimierung von Priestertum und Zölibat festhalten soll.
> Die Aufhebung des Zölibates sei zwar nicht die Lösung aller kircheninternen Probleme, aber „diese automatische Verknüpfung von Priestertum und Zölibat muss ernsthaft überlegt werden, weil sie die Kirche doch immer wieder in Verlegenheit bringt".[305]

Wie sich daraus schließen lässt, waren die Vorwürfe gegen Kardinal Groër für Helmut Schüller höchst opportun, um seinen Ansichten zu kirchlichen Strukturen öffentlich Gehör zu verschaffen. Wohl aus diesem Grund hat für ihn die Causa Groër auch eine „positive Seite", sofern dadurch unzureichende Bemühungen um die Christlichkeit evident geworden seien, die eine umgehende „Neubuchstabierung" erfordern.[306] Die Realität bzw. die rechtsverwertbare Ebene, die Frage nach Schuld oder Unschuld sind in den Überlegungen Schüllers ebenso ausgeblendet wie bei den Vertretern der politischen Parteien: Es geht nur um Interessen auf höherer Ebene, nämlich eine Säkularisierung der Kirche. Dabei werden jedoch nicht nur innerkirchliche Gesetze wie etwa der Zölibat in Frage gestellt, sondern in weiterer Folge sogar das natürliche Sittengesetz relativiert, was folgender Kommentar in *news* als pars-pro-toto-Beispiel veranschaulicht:

> Und sie [die Vorwürfe] sind auch für weltoffene Bischöfe peinlich, weil sie an jahrhundertelang schmerzende Wunden der Kirche erinnern:

---

[305] *Der Standard* vom 5. April 1995, 6: „Schüller fordert eine Reform des Zölibats". Der Apostolische Stuhl hat nach einer Kath.net-Meldung vom 29. Nov. 2012 Helmut Schüller den päpstlichen Ehrentitel „Monsignore" entzogen.
[306] *Oberösterreichische Nachrichten* vom 31. Mai 1995, 2: „Causa Groër hat auch positive Seite [sic!]". Helmut Schüller im Interview mit OÖN.

- an ihre weitverbreitete Leib- und Lustfeindlichkeit,
- an ihre nicht ausgerottete Frauen- und Sexualfeindlichkeit,
- an das von immer weniger Gläubigen beachtete **lebensferne Verbot von vorehelichem Geschlechtsverkehr, Empfängnisverhütung und Scheidung**. Und an das von immer weniger Priestern einhaltbare Gebot von Enthaltsamkeit und Zölibat [...].[307]

Der Angriff konzentriert sich also auf die Kirche als Hüterin der moralischen Ordnung insgesamt und damit auf ein bestimmtes Kirchenbild:

> Was jetzt geschieht, ist nicht das Wiedererstehen einer vorkonziliaren Kirche, sondern wir erleben den **Endkampf der letzten Verfechter eines antiquierten Kirchenbildes** mit.[308]

Es ist sicher kein Zufall, dass diese Aussage im Zusammenhang mit der Ablöse von Kardinal Groër als Vorsitzendem der Bischofskonferenz steht:

> **Ausgestanden** ist gar nichts. Mit der Wahl Johann Webers zum Vorsitzenden der Bischofskonferenz hat sich die Kirche in Österreich nur eine kleine Atempause geschaffen. Um Hoffnung zu schöpfen.[309]

Medienberichte dieser Art machen deutlich, dass der rechtliche bzw. realitätsorientierte Aspekt der Causa Groër nur von geringem öffentlichem Interesse war und stattdessen von Anfang an auf eine Instrumentalisierung der unbewiesenen und auch unbeweisbaren Vorwürfe im symbolischen Sinn hingearbeitet wurde. Auf diese Weise wurde der Boden für das bald darauf gestartete „Kirchenvolksbegehren" bereitet, das sich aus der Sicht seiner Befürworter zur Causa Groër verhält wie „Frage und Antwort".[310] Dass es dabei gar nicht um eine rechtlich einwandfreie Lösung der Causa ging, belegen die Äußerungen der Initiatoren dieses Begehrens und ihre Forderungen an die Kirchenleitung (Innsbruck, 15. April 1995):

---

[307] *News* 14/95 vom 6. April 1995, 44: „Groër ist nicht die katholische Kirche. Peter Pelinka: Aber seine Probleme berühren jahrhundertelange Tabus". (Herv. G.W.)
[308] *Kleine Zeitung* vom 8. April 1995, 4: „Die Irrtümer einer Kirche und der Balken im Auge". (Herv. G.W.)
[309] Ebd. (Herv. orig.)
[310] Kaspar, *Das Schweigen des Kardinals*, 9.

> Drei Tiroler Religionspädagogen – Thomas Plankensteiner, Martha Heizer und Bernadette Wagnleithner – sprechen sich öffentlich für eine **Erneuerung der Kirche** aus. Plankensteiner: „**Dabei geht es nicht so sehr um den Fall Groër.** Dieser hat nur eine viel grundlegendere Problematik deutlich gemacht, nämlich den Missmut weiter Teile des Kirchenvolks und seine **Unzufriedenheit mit der Kirche.** [...]
> Die wichtigsten Forderungen: 1. Schluss mit der menschenverachtenden Sexualmoral; 2. Keine bevormundende Verurteilung der Empfängnisregelung; 3. Abschaffung des Pflichtzölibats; 4. Zulassung der Frauen zu allen kirchlichen Ämtern; 5. Starkes Mitspracherecht der Basis."[311]

Unter dem Schlagwort der „Neuerung" nehmen also gewisse Gruppen die unbewiesenen Vorwürfe gegen Kardinal Groër zum Anlass, um daraus ihre Forderungen abzuleiten:

> Neben prominenten Unterstützern aus dem katholischen Dissidentenmilieu, etwa **Adolf Holl** und dem Innsbrucker Moraltheologen **Hans Rotter**, sind vor allem die einflussreichen und mitgliederstarken Vorfeldorganisationen der römisch-katholischen Kirche unterschriftswillig. **Eduard Ploier,** Chef der „Katholischen Aktion" Oberösterreichs [...].[312]

Das Interesse an diesem Begehren reichte von notorischen Kirchenrebellen bis in gewisse politische Lager.[313] Die Auswirkungen dieser Bewegung sind bis heute in der Kirche Österreichs spürbar, vor allem in

---

[311] Zitiert nach: Czernin, *Das Buch Groër*, 101. (Herv. G.W.) Der volle Wortlaut des Kirchenvolksbegehrens findet sich in: *Profil* vom 24. April 1995, Nr. 17, 50. – Zur späteren Entwicklung vgl. *Tiroler Tageszeitung* vom 11. September 2011, 8-9: „Frauen proben Aufstand in der Kirche. Eine Gruppe von engagierten Katholikinnen und Katholiken feiert schon seit Jahren heimlich die Eucharistie: Martha Heizer ist eine von ihnen". Bei diesen Versammlungen war kein Priester anwesend, sondern das Hochgebet wurde entgegen den Vorschriften des Kirchenrechts von den versammelten Laien, Männern und Frauen, gemeinsam gebetet: „Heizer spricht von einem Aufstand der Basis, **von einem Ungehorsam, der notwendig sei,** damit in der Kirche endlich Reformen umgesetzt werden." (Herv. G.W.)

[312] *Profil* vom 26. April 1995, Nr. 17, 48. (Herv. G.W.) – Vgl. auch *Die Presse* vom 29. März 1995, 6: „ 'Kirche soll Debatte über Missbrauch nicht abblocken'. Der Moraltheologe Rotter erklärt im Gespräch mit der *Presse* zum Vorwurf sexuellen Missbrauchs durch Kardinal Groër, es sei ‚gut, derartiges ordentlich zu diskutieren'. [...] In diesem Zusammenhang bekräftigte Rotter die Forderung nach Abschaffung des Pflichtzölibats." Bemerkenswert daran ist, dass Rotter diese Forderung bereits zwei Tage nach der Veröffentlichung der Anschuldigungen Hartmanns in *profil* gestellt hat.

dem durch Helmut Schüller initiierten „Aufruf zum Ungehorsam". Dem Kirchenvolksbegehren selbst stand der ehemalige Groër -Schüler zwar distanziert gegenüber, allerdings mit der Begründung, dass es ihm „zu fromm" sei und „keine Forderungen, sondern nur Bitten und Wünsche" enthalte.[314] Doch die Forderungen des Begehrens und die Initiative Schüllers zugunsten des Ungehorsams gehen in die gleiche Richtung:

> Als sich Bundespräsident Thomas Klestil bei seinem Papstbesuch im November 1994 als Postillon der aufgebrachten Krenn-Gegner betätigte und dem Papst ein Schreiben übergab, schwieg die Kurie ebenfalls. Der im Kampf gegen Kurt Krenn erfahrene Pater Udo Fischer über die Chancen des Kirchenplebiszits: „Ich mach' mir keine Illusionen. Es ist gut, wenn sich die Basis gegen die Minderheit der reaktionären Kirchenfürsten organisiert. **Es ist wichtig, zum Ungehorsam aufzurufen.**"[315]

Es muss den Initiatoren und den mit ihnen alliierten Medien allerdings bewusst gewesen sein, dass diese Forderungen eigentlich Ausdruck des Unglaubens und der Abkehr von der göttlichen Offenbarung sind, wie ein Foto von Anhängern des Begehrens in *news* zusammen mit folgender Bildüberschrift schließen lässt:

KIRCHE
Ohne Gott.
505.154 wollen eine Kirche, in der kein Stein auf dem anderen bleibt.
Auch KARDINAL KÖNIG fordert jetzt tiefgreifende Reformen.
DIE BISCHÖFE sind zum Gespräch mit den Rebellen bereit.
Nur KRENN bleibt hart. Und attackiert seine Bischofskollegen.[316]

---

[313] Vgl. *Die Presse*, 18. April 1995, 5: „Bischofsaufrufe für Neubeginn in der Kirche. [...] Die grüne Klubobfrau Madeleine Petrovic sagte dem geplanten Volksbegehren für eine Kirchenreform, das von Tirol ausgeht, die Unterstützung ihrer Fraktion zu. Tirols SP-Chef Herbert Prock ist ‚begeistert' über das Volksbegehren."
[314] *Oberösterreichische Nachrichten* vom 31. Mai 1995, 2.
[315] *Profil* vom 24. April 1995, Nr. 17, 50. (Herv. G.W.)
[316] *News* 27/95, zitiert nach: Kaspar, *Das Schweigen des Kardinals*, 174-175. (Herv. G.W.) – Vgl. auch *Profil* vom 24. April 1995, Nr. 17, 48: Auf einem Foto ist der Heilige Geist als Taube im Kreise von Engeln abgebildet, mit folgender Bildunterschrift: „Pfingsten, Fest des Heiligen Geistes. **Forderungen statt Fürbitten** sind die **Grundlagen des Kirchenvolksbegehrens**." (Herv. G.W.)

Bischof Krenn stand als einziger Vertreter des österreichischen Episkopats dieser Initiative von Anfang an ablehnend gegenüber, was ihm Kritik sogar von höchster staatlicher Stelle eintrug:

> Während Bischof Krenn bei seiner ablehnenden Haltung verblieb: **„Ich kann nur jedem einzelnen in einer Bewegung wie dieser empfehlen, sich zu Gott zu bekehren!"** – und sogar die öffentliche Missbilligung des Staatsoberhauptes Bundespräsident Thomas Klestil hinnehmen musste [...], – **erklärten sich die meisten Bischöfe bereit, in ein Gespräch über die Anliegen des Kirchenvolks-Begehrens einzutreten.**[317]

Der Großteil der österreichischen Bischöfe ging nämlich nicht auf klare Distanz zum Kirchenvolksbegehren, wie aus der Erklärung der Österreichischen Bischofskonferenz vom 7. – 9. November 1995 hervorgeht:

> [...]
> Die **Impulse zur Erneuerung** werden in den einzelnen Diözesen situationsgemäß verschiedene Verwirklichung finden.
> Beispielsweise könnte folgendes getan werden:
> 1. **Aufnahme von Kontakten mit Initiatoren des Kirchenvolks-Begehrens** und darüber hinaus mit Personen und Gruppen, die eher abseits, im Protest stehen, oder sich ausgegrenzt fühlen. **Persönliche Begegnungen mit dem Bischof halten wir für sehr wertvoll.**
> Die verschiedenen Initiativen wie Kirchenvolks-Begehren, Weizer Pfingstvision u.a. können zwar keinen Vertretungsstatus haben, aber es kann möglich sein, sie einzubinden und ihnen Raum für Ideen und Versuche in Verbindung mit den Einrichtungen der Diözese zu geben.
> 2. Es können in geeigneter Form „Offene Gespräche" stattfinden.
> [...][318]

Die Stellungnahmen einzelner österreichischer Bischöfe zur Causa Groër lassen den Schluss zu, dass das Kirchenvolksbegehren gerade für ihre kirchenpolitischen Bestrebungen höchst nützlich gewesen sein muss, auch wenn sie die darin aufgestellten Forderungen bis dato nicht erfüllen konnten und sich dessen höchstwahrscheinlich auch bewusst waren. Folglich sind die Reaktionen gewisser Bischöfe äußerst ambiva-

---

[317] Zitiert nach: Kaspar, *Das Schweigen des Kardinals*, 165. (Herv. G.W.)
[318] Zitiert nach: Czernin, *Das Buch Groer*, 112f.

lent, gekennzeichnet von einer Spannung von Distanzierung und latenter Zustimmung:

> **Kirchenvolksbegehren als „Nachhilfeunterricht Gottes"**
> Bischof Weber befürwortet Volksbegehren nicht, wertet es aber als Anstoß für die Kirche, „nicht sitzenzubleiben", sondern sich aktuellen Fragen zu stellen - Kärntner Bischof Kapellari: Betreiber des Volksbegehrens wollen die Kirche „nicht umbringen", sondern machen sich Sorgen - Weihbischof Laun: Über den Zölibat darf man verschiedener Meinung sein.[319]

Im Grunde aber war das Kirchenvolksbegehren einer Reihe von Bischöfen sicher willkommen, was sich aus den gleichgelagerten dissonanzmindernden Prozessen bei den Betreibern dieses Begehrens und gewissen kirchlichen Würdenträgern folgern lässt, die eine Reduzierung der Kirche auf ihr äußeres Erscheinungsbild und eine innerweltliche Funktion anstreben.[320]

6.3.4. Die oberste Symbolebene: Anteil der österreichischen Bischöfe an der Säkularisierung des Kirchenbildes

Der gemeinsame Nenner in den Aussagen gewisser österreichischer Bischöfe und jenen der Betreiber des Kirchenvolksbegehrens besteht in der kohärenten Ausklammerung der realitätsbezogenen Fakten und in der Folge der Rechtsverwertbarkeit zugunsten einer symbolischen Deutung der aufgestellten Anschuldigungen, die ihren persönlichen Ansichten und theologischen Präferenzen entgegenkamen. Die Säkularisierungsbestrebungen im Zuge des Kirchenvolksbegehrens finden nämlich ihre Entsprechung im Entwurf jenes Kirchenbildes, das Weihbi-

---

[319] KATHPRESS-Tagesdienst vom 18. Mai 1995, Nr. 114, 3. (Herv. G.W.) – Im Originaltext ist der gesamte Absatz fett gedruckt. Der Terminus „Nachhilfeunterricht Gottes" stammt von Bischof Weber.

[320] Vgl. *news* vom 8. Juni 1995: Unter einem Foto von Bischof Weber, der mit hochgezogenen Knien am Sims eines offenen Fensters sitzt, heißt es: „Einbruch und Aufbruch. Johann Weber. Die Kirche ist tot. Es lebe die Kirche. Die Frohbotschaft eines Bischofs." Zitiert nach: Kaspar, *Das Schweigen des Kardinals*, 59. – Ebd., 206: Bildunterschrift unter einem Foto von Bischof Weber und Thomas Plankensteiner: „Wie viel an Brisanz werden die Anliegen in den einzelnen Arbeitskreisen der Bischofskonferenz verlieren oder wird man sich ernsthaft um die Umsetzung bemühen? Thomas Plankensteiner übergibt am 7. Juli 1995 das notariell beglaubigte Ergebnis Bischof Johann Weber."

schof Helmut Krätzl bereits wenige Tage nach den ersten Anschuldigungen gegen Kardinal Groër öffentlich präsentierte und das symptomatisch ist für die Denkweise gewisser innerkirchlicher wie außerkirchlicher Kreise:

> Kirche wird umso **verständlicher, je transparenter ihr Leben wird**. Das gilt für interne Auseinandersetzungen, Ernennungen, Rechenschaft nach außen.
> Jeder Versuch der Verheimlichung nährt nur Verdächtigungen.
> Wer in der Öffentlichkeit steht, muss sich Kritik gefallen lassen.
> Selbst böswillige Kritik trifft oft am Rande noch die Wahrheit.
> **Die Glaubwürdigkeit der Kirche kommt heute nicht mehr aus der Autorität ihrer göttlichen Sendung, sondern aus der Kraft ihrer Argumente.**
> Um bessere Argumente muss man sich daher bemühen, aber auch bereit sein, **Fehler von gestern oder heute**, in der Lehre oder im Tun, **demütig einzugestehen und zu korrigieren.** [...]
> Sie [die Kirche] kann der Gesellschaft nur dienen, wenn ihr eigenes Leben überzeugend ist, vor allem aber, wenn ihre **Amtsträger** zum **offenen Dialog** in der Kirche und mit dieser Welt willens und auch fähig sind.[321]

Diese Darlegungen von Weihbischof Krätzl sind äußerst vielschichtig, was vor allem mit der Ausblendung der Rechtsebene und der Verallgemeinerung der Schlussfolgerungen im Hinblick auf die Gesamtkirche zusammenhängt. Da Kardinal Groër aufgrund des Beichtsiegels keine detaillierte Stellungnahme möglich war, konnten andere Bischöfe sein Schweigen beliebig deuten und für ihre Zwecke durch eine zweideutige bzw. symbolische Redeweise instrumentalisieren.

So kann die Forderung nach Transparenz vordergründig dahingehend interpretiert werden, dass Kardinal Groër nichts verschweigen soll. Eine solche Deutung legt auch der nächste Satz nahe („Versuch der Verheimlichung...Verdächtigungen"). Da aber Weihbischof Krätzl zumindest bei genauer Lektüre der Anschuldigungen Hartmanns gewusst haben muss, dass sich Kardinal Groër wegen des Beichtsiegels nicht präziser äußern konnte, darf man davon ausgehen, dass seine Aussage von einer kirchenpolitischen Perspektive bestimmt war. Eine Deutung dieser Art wird erhärtet durch die Verknüpfung der Transparenzforderung mit „Auseinandersetzungen" und „Ernennungen", wobei auch

---

[321] *Die Furche*, 6. April 1995, Nr. 14, 5: „Wieder Vertrauen gewinnen". (Herv. G.W.)

eine zumindest verhaltene Kritik an der Bischofsernennung Groërs und eine gewisse Enttäuschung des ehemaligen Diözesanadministrators Krätzl mitklingt.[322]
Anschließend wird die Unschuldsvermutung zu ungunsten des Kardinals systematisch untergraben, ausgehend von der Diktion, dass Kritik von denen, die im Blickfeld der Öffentlichkeit stehen, angenommen werden müsse, und dass selbst böswillige Kritik die Wahrheit oft noch am Rande treffe. Weihbischof Krätzl argumentiert hier in einem rechtsfreien Bereich, sofern er indirekt - ähnlich wie Bischof Weber - sowohl dem Kläger gewisse Rechte zugesteht, statt auf dessen ausschließliche Beweislast zu pochen. Mit anderen Worten: Recht und Unrecht, Wahrheit und Lüge werden zu einer künstlichen Gegensatzeinheit und erhalten den gleichen Stellenwert.
Diesem dialektischen Rechtsverständnis entspricht in der Folge ein auf innerweltliche Funktionen reduziertes Kirchenbild, das seine Legitimation nicht mehr von Offenbarung und dem göttlichen Stifterwillen ableitet. Vielmehr wird der mit der Gesellschaft geführte Dialog zum konstitutiven Moment der Kirche deklariert.
In dieser von Dialektik bestimmten Sicht der Kirche sind ferner Gut und Böse, Gott und Mensch miteinander untrennbar verwoben. Nicht eine persönliche Schuld ist darin das ausschlaggebende moralische Kriterium, sondern behauptete Fehler in Struktur und Leitung, ohne Begrenzung auf die Gegenwart. Dadurch wird eine Art von unbestimmter, nicht näher definierbarer Kollektivschuld zu einem bestimmenden Faktor eines nunmehr völlig entsakralisierten und zugleich destabilisierten, stets im Wandel begriffenen Kirchenbildes.
Diese Argumentation von Weihbischof Krätzl kam den Präferenzen einiger österreichischer Bischöfe offenkundig sehr entgegen, da sie sich

---

[322] Krätzl, *Mein Leben für eine Kirche*, 56f: „Nachdem der Rücktritt Kardinal Königs angenommen worden war, hat das Domkapitel, wie es das Kirchenrecht vorsieht, einen Diözesanadministrator gewählt. Die Wahl fiel auf mich. Daher wäre ich in die Vorgänge rund um die Ernennung des Nachfolgers von Kardinal König maßgeblich einzubeziehen gewesen. Aber es kam anders. [...] In Rom wurde nun die ‚heiße' Namensliste erstellt, die zur Begutachtung an einen ganz kleinen Kreis ging, den der Nuntius aussuchte. Als ich sie sah, stand für mich fest, dass keiner der Genannten wirklich geeignet war, in die Fußstapfen Königs zu treten. Ich schrieb daher an den Nuntius einen Brief mit der Bitte, eine andere Kandidatenliste zu erstellen, weil die namhaft Gemachten in keiner Weise dem Profil entsprechen würden, das ein Erzbischof von Wien haben müsse. Diese Intervention war vergeblich. Die breite Meinungsbildung in der Diözese mit ihrer Reihung war sicher völlig unberücksichtigt geblieben. Im Juli war ich mit meiner Familie in Wildbad Einöd. Da erhielt ich einen Anruf der bekannten Kirchenredakteurin der ‚Presse', Pia Maria Plechl. Sie teilte mir mit: ‚Pater Hermann ist neuer Erzbischof von Wien.' **Ich war sehr bestürzt.**" (Herv. G.W.)

zumindest teilweise bei ihnen wiederfindet. So reduziert etwa auch der Kärntner Diözesanbischof Egon Kapellari die Sendung der Kirche auf eine rein immanente, gesellschaftskritische Funktion:

> Viele Menschen in Österreich, auch solche, „denen es versagt ist, den christlichen Glauben anzunehmen", wünschten dringend, so Kapellari, dass die Kirche bald wieder deutlicher tun kann, was ihr aufgetragen ist: „das Stiften von Sinn, die soziale Diakonie als Fußwaschen an der Gesellschaft und schließlich auch der prophetische Dienst des ‚Kopfwaschens', der Kritik an nicht Hinzunehmendem in dieser Gesellschaft".[323]

Fast deckungsgleich mit der Argumentation Krätzls ist jene Stellungnahme, die Bischof Weber nach seiner Wahl zum neuen Vorsitzenden der Bischofskonferenz abgibt:

> **„Durch viele Jahre hat sich Missmut aufgestaut"**
> Vorsitzender der Österreichischen Bischofskonferenz nimmt in „Kleine"-Interview zu Ursachen der aktuellen Kirchenkrise in Österreich Stellung – „Menschenwürdige Lösung" für Auseinandersetzungen um Kardinal Groër.
> ... Hinter den Auseinandersetzungen um die Vorwürfe gegen Kardinal Groër steht eine tiefere Krise: Der Vorsitzende der Österreichischen Bischofskonferenz, Bischof Johann Weber, verwies in einem Interview der Sonntagsausgabe der Grazer „Kleinen Zeitung" darauf, dass sich „durch viele Jahre viel Missmut" aufgestaut habe, etwa bei den Auseinandersetzungen um Bischofsernennungen oder der Frage der wiederverheirateten Geschiedenen.[324]

Auch hier kommt die gleiche, vorläufig noch latente Kritik an den Bischofsernennungen des Heiligen Stuhls zum Vorschein wie bei Weihbischof Krätzl, die auffälligerweise mit einem Plädoyer für die wiederverheirateten Geschiedenen verbunden wird, ohne damit in einem logischen Konnex zu stehen. Die darin bereits implizierte Vorstellung einer entsakralisierten, auf die mitmenschliche Dimension beschränkten Kirche kommt bei Bischof Weber immer deutlicher zum Vorschein:

---

[323] Vgl. KATHPRESS-Tagesdienst vom 19. April 1995, Nr. 90, 8: „Kapellari: Christen erhoffen sich ein neues Ostern. Kärntner Diözesanbischof in ‚Kleiner Zeitung': [...]."
[324] Ebd. 2.

Grundsätzlich finde er es nicht „als das Schlimmste", wenn an der Kirche Wunden sichtbar werden, betonte der Vorsitzende der Bischofskonferenz. Die Zeit, „in der die Bischöfe als untadelige Erhabene gegolten haben", sei endgültig vorbei. Daran änderten auch „verzweifelte Rückzugsgefechte" nichts mehr. Weber wörtlich: „Das tatsächlich Schlimmste ist, wenn die Menschen das Gefühl haben, hier wird unehrlich, vertuschend vorgegangen".[325]

Folgerichtig muss Bischof Weber auch für eine autonome Sexualität plädieren, die er mit den nicht einmal überprüfbaren Anschuldigungen gegen Kardinal Groër in einen symbolischen bzw. ideologisch determinierten Zusammenhang bringt:

> Auch Sexualität sei eine wesentliche Dimension menschlichen Lebens. Echtes Lebensglück solle sich in Fülle entfalten können. Weber: „Wir müssen künftig das konkrete Leben mehr zur Kenntnis nehmen. [...]". In den **tragischen Ereignissen** der jüngsten Zeit sieht der steirische Bischof eine „Aufforderung Gottes, mit ‚aufgekrempelten Ärmeln' diese Herausforderung anzunehmen".
> [...]
> In einem Interview mit der Zeitung „Täglich alles" verwies Weber darauf, dass jede Krise auch eine „Chance und Herausforderung" sei. Kirche habe immer mit **„Umbruch"** zu tun, und in einer Zeit des Umbruchs von Gesellschaft, Politik und Familie könne sich auch die Kirche diesem Umbruch nicht entziehen.[326]

Ausgehend von diesen Prämissen, in denen Realität und Recht im Zuge der Dissonanzminderung bzw. einer symbolischen Denkweise ausgeklammert sind, kann Bischof Weber erste – wenn auch vorläufig nur indirekte – Rücktrittsforderungen an die Adresse von Kardinal Groër richten:

> Zur Frage der Bischofsernennungen betont Bischof Weber, er verstehe „die grundsätzliche Sorge Roms", glaube aber auch, „dass sich etwas ändern muss". Die Menschen in den Diözesen müssten das Gefühl haben, ernst genommen zu werden, Befragungen dürften nicht „Alibihandlungen" sein. Wörtlich stellte der Vorsitzende der Bischofskonferenz in diesem Zusammenhang fest: „Angenommen, ich würde als Bischof von meiner Diözese auf Dauer nicht

---
[325] Ebd.
[326] Ebd. 3. (Herv. G.W.)

akzeptiert, dann möchte ich Rom im Interesse der Einheit ersuchen: ‚Es hat keinen Sinn, es ist besser, ich geh'." Der Sinn des Hirtenamtes würde sich sonst „ins Gegenteil verkehren".[327]

Dass diese erzwungene Ablöse von Kardinal Groër wohl schon von langer Hand geplant war, lässt ein Beitrag in *news* vom 30. März 1995, also bereits drei Tage nach der Publikation der Anschuldigungen Hartmanns in *profil* vermuten:

> **Groërs Endkampf.** Der Wiener Erzbischof hat sich in seinem Palais verschanzt. **Sein Nachfolger steht längst fest.**[328]

Die „Nachfolgediskussion", von der *news* im Anschluss daran berichtet, dreht sich um die mit dem Papst auf Intervention des polnischen Erzbischofs Marian Jaworski festgelegte Strategie, dass Kardinal Groër zumindest bis zum Papstbesuch 1996 oder 1997 im Amt bleiben und dann von Bischof Krenn abgelöst werden sollte. Kardinal Groër sollte von Maria Roggendorf aus noch wichtigen Repräsentationspflichten nachkommen, Bischof Krenn die Amtsgeschäfte als Erzbischof von Wien, Vorsitzender der Bischofskonferenz und Metropolit der Wiener Kirchenprovinz führen sowie zwei Jahre nach seinem Amtsantritt den Kardinalshut erhalten. Dieser Plan sei aber nunmehr gescheitert:

> Ein Insider aus dem vatikanischen Staatssekretariat: „Das alles war vor der Affäre Groër. **Seine schwere Belastung erlaubt aber ein längeres Verweilen im Amt nicht mehr. Der Groër-Krenn-Plan ist gescheitert.** Nach Beruhigung der Fakten wird sich Groër noch im Sommer aus gesundheitlichen Gründen als Emeritus (Pensionist) zurückziehen. Krenn besitzt zwar das Vertrauen des Papstes, ist aber nicht der Favorit von Kardinal Angelo Sodano und Nuntius Donato Squicciarini.[329]

Anschließend wird eine Reihe von Nachfolgeoptionen in einzelnen österreichischen Diözesen genannt, bis schließlich der Name jenes Kandidaten fällt, der bald darauf den Platz von Kardinal Groër einnehmen sollte:

---

[327] Ebd. 2.
[328] *News* 13/95 vom 30. März 1995, 12. (Herv. 1 orig., Herv. 2 G.W.)
[329] Ebd. 13.

Gegen Schönborns Bestellung [zum Diözesanbischof von Kärnten] regt sich aber Widerstand aus dem römischen Palazzo del S. Ufficio, dem Sitz der Glaubenskongregation. Deren greiser Chef, Kardinal Ratzinger, wünscht sich Schönborn zum Nachfolger.[330]

Angesichts einer solchen Berichterstattung von *news* ist anzunehmen, dass gewisse österreichische Medien von innerkirchlichen Kreisen selbst über bestimmte Vorgänge gut informiert waren. Denn selbst wenn manche Details nicht überprüft werden können, so lässt sich doch aus dem gesamten Duktus in den Ausführungen von *news* auf eine Übereinstimmung mit den Interessen innerkirchlicher Kreise in Österreich schließen. Außerdem erklären die damals behaupteten Geschehnisse auch, wieso Kardinal Schönborn von seinem ehemaligen Lehrer Ratzinger volle Unterstützung für sein Vorhaben, eine Untersuchungskommission zur Klärung der Causa Groër einzusetzen, erhielt.[331] Der neu ernannte Koadjutor konnte sich also der Zustimmung höchster kirchlicher Stellen im Vatikan sicher sein und sich zugleich auf den Konsens weiter Teile des österreichischen Episkopats wie auch politischer Vertreter stützen. Symptomatisch für die Einstellung seiner Person gegenüber ist der einschlägige Beitrag von Kardinal König am Karfreitag 1995 für *Die Presse*:[332]

> Seit dem 26. März, dem Tag, an dem Vorwürfe eines schweren Vergehens gegen einen führenden Mann der Kirche in Österreich publiziert wurden, ist für viele Menschen in diesem Lande, Glaubende und Nichtglaubende, die Glaubensgemeinschaft der Christen in Frage gestellt worden. An diesem 26. März begann der

---

[330] Ebd.

[331] Vgl. news 14/95 vom 6. April 1995, 23: „Kurienkardinal Ratzinger verhinderte die Bestellung Krenns zum Erzbischof. Groër ‚passierte' en passant." Ebd., 25: „Als Ratzinger 1986 den Cecchini-Vorschlag las, Krenn mit der strategisch wichtigen Schlüsselstelle Wien zu betrauen, bekam er einen kardinalen Tobsuchtsanfall: Nur über seine Leiche wolle er Krenn mit diesem Amt betrauen. Da Ratzinger dem Papst wichtiger war und der Kardinalsstaatssekretär Casaroli die Meinung Ratzingers teilte, wurde Groër als Zweitgereihter Erzbischof von Wien." Der spätere und jetzt emeritierte Papst Benedikt XVI. beendete die Causa St. Pölten, d.h. den durch eine internationale Medienkampagne erzwungen Rücktritt Bischof Krenns, mit einer Approbation „in forma specifica", wodurch er die Kleruskongregation ermächtigte, die Rekurse der beiden ehemaligen Seminarleiter von St. Pölten, Prälat Ulrich Küchl und Dr. Wolfgang Rothe, nicht einmal anzunehmen und außerhalb des Rechtswegs „Maßnahmen" zu verhängen. Vgl. Waste, *Die Kirche als Gefangene*, 112-116: „Eine kirchenpolitische Entscheidung: Ausschaltung des Rechts unter Einschaltung des Papstes."

[332] Die Vorwürfe gegen Kardinal Groër wurden drei Wochen vor dem Ostertermin publiziert, also gegen Ende der Fastenzeit.

„lange Karfreitag", in dem die **Kirche Österreichs** derzeit steht. Es wird großer Anstrengungen bedürfen, um in der Kraft des Glaubens diesen Karfreitag zu überwinden. Mit der Wahl des neuen Vorsitzenden der Bischofskonferenz, Diözesanbischof Johann Weber und der Ernennung des neuen Wiener Erzbischof-Koadjutors Christoph Schönborn ist auf der Ebene des Episkopats ein wichtiger Schritt getan.[333]

Ebenso wie der Großteil des österreichischen Episkopats überspringt Kardinal König in seiner Predigt die rechtsverwertbare Ebene und schließt von den unbeweisbaren Vorwürfen gegen seinen Nachfolger unmittelbar auf einen „Karfreitag", auf „dunkle Wolken" über der Kirche Österreichs, auf „traumatische Erfahrungen". In seinen Ausführungen profiliert sich ebenso wie bei Bischof Weber eine „neue",[334] aber weitgehend säkularisierte Kirche, für ihn in symbolischer Manier das Ergebnis eines Läuterungsprozesses im Zeichen von Passion und Auferstehung. Diese Kirche soll, wie Kardinal König in Anlehnung an eine Aussage von Papst Johannes Paul II. sagt, ein „Haus aus Glas"[335] sein, wobei aber die Worte des Heiligen Vaters umgedeutet werden. Die Forderung nach einer „gläsernen Kirche" können nämlich sowohl als Aufforderung an Kardinal Groër gesehen werden, trotz Zurückweisung aller gegen ihn gerichteten Vorwürfe sich im Detail zu äußern bzw. in einen Dialogprozess einzutreten. Zugleich verbirgt sich hinter den Worten von Kardinal König in symbolischer Doppeldeutigkeit das Bild einer durchsichtigen, d.h. ihrer übernatürlichen Bestimmung entleerten säkularisierten Kirche.[336]

---

[333] *Die Presse* vom 14. April 1995, 3: „'In Offenheit bekennen, dass wir alle Sünder sind'. Erstmals meldet sich nun auch Kardinal König in der österreichischen Kirchen-Debatte zu Wort". (Herv. G.W.)

[334] Vgl. dazu *Die Presse* vom 18. April 1995, 5: „Bischofsaufrufe für Neubeginn in Kirche. – Die Osterpredigten der Bischöfe waren überschattet von der innerkirchlichen Situation um den Fall Groër. – Während der Wiener Erzbischof Kardinal Hans Hermann Groër im überfüllten Wiener Stephansdom am Ostersonntag in seiner Osterpredigt auf die aktuelle Diskussion der Kirche nicht einging, betonte der Vorsitzende der Bischofskonferenz, der Grazer Diözesanbischof Johann Weber, ,all das Schwere und Böse kann auch von Gott bereitgestelltes Baumaterial sein, um eine Kirche **neuer Gestalt** zu bauen.'" (Herv. G.W.)

[335] *Die Presse* vom 14. April 1995, 3.

[336] Vgl. auch die gleichgelagerten Äußerungen von Bischof Kapellari, KATHPRESS-Tagesdienst vom 13. April 1995, Nr. 86, 3: „'Ich glaube, dass die Kirche in der derzeitigen Mediengesellschaft nur versuchen kann, ein gläsernes Haus zu sein.'" – Vgl. auch KATHPRESS-Tagesdienst vom 19. April 1995, Nr. 90, 5: „Zu einer ,neuen Allianz' für ein ,neues Ostern' in der Kirche Österreichs hat der Kärntner Diözesanbischof Dr. Egon Kapellari am Ostersonntag aufgerufen. Wie der Bischof beim Osterhochamt sagte, sei der Kirche Österreichs in den vergan-

In dieser so beschaffenen Kirche, deren Wesensmerkmal in der Sündhaftigkeit ihrer Mitglieder besteht, können sich alle wiederfinden. Der am 13. April 1995, dem Gründonnerstag jenes Jahres, neu ernannte Koadjutor Christoph Schönborn wird damit von Anfang an zum Prototyp dieser „neuen" Ausrichtung, was auch die positiven Reaktionen auf seine Ernennung zeigen.[337] Diese Tendenz belegt auch die spätere Entwicklung, vor allem aber die Aussage Schönborns, das „Fehlverhalten" seines Vorgängers Kardinal Groër sei „ein menschliches Drama, auch für die Opfer, und ein Problem für die ganze Kirche." Zugleich plädierte Schönborn für die „Vermenschlichung der Sexualität" als einer der „stärksten Energien im Menschen"[338]. Damit bewegt er sich genau auf der gleichen Linie wie seinerzeit Bischof Weber und die Initiatoren des Kirchenvolksbegehrens mit ihrer Forderung nach einer „neuen" Kirche. Die bestimmenden Faktoren dieses neuen Kirchenbilds, das mit der Ablösung von Kardinal Groër in ursächlichem Zusammenhang steht, verdanken sich zugleich gewissen kirchenpolitischen Bestrebungen unter konsequenter Ausschaltung des Rechtsdenkens. Daher konnte es keine rechtliche Lösung der Causa Groër geben, sondern nur eine von kirchenpolitischen Interessen diktierte, die sich aber den Anschein des Rechtes geben musste. Unter diesen Prämissen ist auch die Erklärung jener vier österreichischen Bischöfe vom 27. Februar 1998 zu sehen, die eben durch den Ausschluss des Rechtsdenkens zugleich den Höhepunkt der Mythisierung der gesamten Causa Groer darstellt:

> Wir sind nun zu der moralischen Gewissheit gelangt, dass die gegen Alterzbischof Kardinal Hans Hermann Groër erhobenen **Vorwürfe** im wesentlichen zutreffen.[339]

Weil eine „moralische Gewissheit" nur im Rahmen eines ordentlichen Verfahrens erlangt werden kann und vor allem den Ausschluss jedes

---

genen Wochen ein ‚langer Karfreitag' auferlegt gewesen […]."
[337] KATHPRESS-Tagesdienst vom 15. April 1995, Nr. 88, 3f. „Positiv hat Bundeskanzler Dr. Franz Vranitzky auf die Ernennung von Bischof Dr. Christoph Schönborn zum Erzbischof von Wien reagiert. Die Ernennung sei ‚wichtig', weil damit ‚eine Phase der Unsicherheit und der Spekulationen beendet wird', sagte Vranitzky, […]. Vizekanzler Dr. Erhard Busek hat Schönborns Ernennung als ‚erfreulich' bezeichnet." –KATHPRESS-Tagesdienst vom 19. April 1995, 9: „Bundespräsident Dr. Thomas Klestil hat dem neuernannten Wiener Erzbischof Dr. Christoph Schönborn seine herzlichen Glückwünsche übermittelt."
[338] KATHPRESS-Tagesdienst vom 21. März 1998, Nr. 66, 6. „Schönborn: Lernbedarf der Kirche im Umgang mit Sexualität."
[339] Zitiert nach: Czernin, *Das Buch Groer,* 188. (Herv. G.W.)

begründeten Zweifels[340] fordert, muss man sich fragen, wie diese vier Bischöfe – Schönborn, Kapellari, Weber, Eder – dazu gelangen konnten. Denn einerseits war Kardinal Groër durch das Beichtsiegel gebunden und konnte sich nicht verteidigen, andererseits gab es keinerlei Zeugen und lagen keine wirklichen Beweise vor. Die Projektionen Hartmanns und der übrigen Ankläger entsprachen von ihrer Struktur her keinem objektivierbaren Beweis, und es ist nichts bekannt, dass diese Bischöfe jemals einen Zeugen hatten, dessen Aussagen rechtsverwertbare Ansatzpunkte für wirklichen sexuellen Missbrauch enthielten, so wie er in einem ordentlichen Verfahren anerkannt worden wäre.

Die kirchenpolitische Dimension dieser Erklärung wird offenbar angesichts des Terminus „Vorwürfe", den die Bischöfe in diesem Kontext verwenden. Es bleibt unklar, was damit ausgesagt werden soll: Hat Kardinal Groër wirklich jemanden missbraucht – oder hat er seine Zöglinge nur an ihrer sexuellen (Selbst-)Entfaltung etwa durch strengen Zuspruch in der Beichte gehindert? Diese zweideutige Redeweise lässt jede Erklärung zu. Auf diese Weise vollendet sich jene Widersprüchlichkeit, die bereits in den Aussagen Hartmanns in seinem ersten *profil*-Interview am 27. März 1995 zutage trat und die auf vielfache Weise von verschiedenen Seiten instrumentalisiert wurde. Vor allem aber wurde auf diese Weise sichergestellt, dass sich die Causa Groër zu einem unangreifbaren Mythos entwickelte und als solcher nach dem Willen seiner Erzeuger in die Kirchengeschichte eingehen sollte.

---

[340] Vgl. dazu Mörsdorf, *Lehrbuch des Kirchenrechts*, 177: „Hierdurch wird die moralische Gewissheit einerseits negativ dadurch gekennzeichnet, dass die Möglichkeit des Irrtums nicht unbedingt ausgeschlossen ist, und andererseits positiv dadurch, dass sie keinen Zweifel zulässt, der irgendwie sachlich begründet und vernünftig ist."

Zeittafel

1986, 16. Juli

Papst Johannes Paul II. ernennt den Benediktinerpater Hans Hermann Groër zum Erzbischof von Wien. Die päpstliche Entscheidung stößt auf den Widerstand modernistischer Kreise und löst heftige Kritik in den links-liberalen und kirchenfeindlichen Medien aus.

1986, 14. September

P. Hans Hermann Groër wird im Wiener Stephansdom zum Bischof geweiht.

1987, 3. März

1987, 26. April

Papst Johannes Paul II. ernennt Prof. Dr. Kurt Krenn, bis dahin Inhaber des Lehrstuhls für Philosophie an der Theologischen Fakultät der Universität Regensburg, zum Weihbischof für Wien; es kommt zu einer **von modernistischen Klerikern angefachten Medienkampagne.**

Dr. Kurt Krenn wird von Erzbischof Hans Hermann Groër im Wiener Stephansdom zum Bischof geweiht. Das Forum „Kirche ist Gemeinschaft" hatte in einer Unterschriftenaktion, die von 10.000 Personen unterstützt wurde, den Aufschub der Weihe verlangt und gebeten, im Rahmen der Weiheliturgie eine „Erklärung" verlesen zu dürfen. Erzbischof Groër geht auf diese Forderung nicht ein und ruft bei der Weihe – ebenso wie der Weihekandidat Dr. Krenn selbst in seiner Dankansprache – nachdrücklich zu Einheit und Versöhnung auf.

1988, 28. Juni

Papst Johannes Paul II. ernennt Erzbischof Hans Hermann Groër zum Kardinal.

1989, 13. Mai

Kardinal Groër wird zum Vorsitzenden der Österreichischen Bischofskonferenz gewählt.

1991, 29. September

Der Theologieprofessor Dr. Christoph Schönborn O.P., von Papst Johannes Paul II. zum Weihbischof für die Erzdiözese Wien ernannt, erhält von Kardinal Groër die Bischofsweihe. Einer der Mitkonsekratoren ist der Wiener Altbischof Kardinal Franz König. Im Gegensatz zur Weihe von Dr. Kurt Krenn erfolgen **diesmal keine medialen Attacken oder sonstigen Störaktionen.**

1994, 13. Oktober

Kardinal Groër bietet dem Heiligen Vater anlässlich seines 75. Geburtstags den vom kanonischen

	Recht vorgeschriebenen Rücktritt an. Papst Johannes Paul II. beauftragt ihn aber, sein Amt als Erzbischof von Wien weiter auszuüben, bis er etwas anderes verfüge.
1995, 27. März	Ein ehemaliger Schüler Groërs, Josef Hartmann, erhebt im Boulevardmagazin *profil* schwere Anschuldigungen wegen angeblichen früheren sexuellen Missbrauchs von Jugendlichen durch Groër. **Fast alle österreichischen (Erz)-Bischöfe erklären ihre Solidarität mit Kardinal Groër.** Die Wiener Weihbischöfe Christoph Schönborn und Helmut Krätzl vergleichen die Vorwürfe gegen Kardinal Groër bereits im Vorfeld der Veröffentlichung mit den **kirchenfeindlichen Praktiken des Nationalsozialismus**. Generalvikar Rudolf Trpin schließt einen Rücktritt Groërs aus, weil es dafür „keine Veranlassung" gebe.
1995, 28. März	Der Apostolische Nuntius Donato Squicciarini erklärt, eine Verlängerung der Amtszeit Groërs sei „denkbar". Auch die **Bischöfe Egon Kapellari** (Gurk-Klagenfurt) **und Maximilian Aichern** (Linz) **erklären sich solidarisch mit Kardinal Groër.** Nur Bischof Reinhold Stecher (Innsbruck) und Erzbischof Georg Eder (Salzburg) halten sich weiterhin bedeckt. Der Präsident der Katholischen Männerbewegung, Vinzenz Strasser, legt Kardinal Groër den Rücktritt „zum Wohle der Kirche" nahe.
1995, 29. März	Der Sekretär Kardinal Groërs, Dipl.-Ing. Michael Dinhobl, veröffentlicht eine kurze Erklärung, dass Kardinal Groër über die **mediale Lynchjustiz** betroffen ist und jede persönliche Stellungnahme deshalb ablehnt, weil er ein Tribunal dieser Art nicht anerkennen kann.[1] P. Udo Fischer meldet sich mit Anschuldigungen

---

[1] Die Erklärung stammt vom 28. März und wurde am 29. in der *Neuen Kronenzeitung* veröffentlicht.

1995, 31. März	gegen den Kardinal, seinen Ordensmitbruder, im Boulevardmagazin news zu Wort.
	Das Sekretariat der Österreichischen Bischofskonferenz teilt mit, dass für die in der darauffolgenden Woche stattfindende Frühjahrssession des Episkopats „weder eine Beratung noch eine Erklärung" über die Anschuldigungen gegen Kardinal Groër vorgesehen ist.
1995, 3. April	*profil* präsentiert vier weitere anonyme Fälle angeblicher sexueller Belästigung durch Groër.
1995, 4. April	**Weihbischof Krätzl** fordert ein „Umdenken" in der Kirche, „Fehler in der Lehre oder im Tun demütig einzugestehen und zu korrigieren" und damit zumindest indirekt von Kardinal Groër, zu den gegen ihn erhobenen Vorwürfen Stellung zu nehmen.[2] Auch **Caritas-Präsident Helmut Schüller, ein ehemaliger Groër-Zögling**, hofft auf ein „klärendes Wort" des Kardinals und verlangt, den Pflichtzölibat zu überdenken.
	Die Katholische Aktion der Diözese Linz und der Katholische Akademikerverband fordern den Kardinal zu einer Stellungnahme auf, ebenso Vertreter von SPÖ und Grünen. Heide Schmidt, die Vorsitzende des Liberalen Forums, verlangt seinen sofortigen Rücktritt.
1995, 5. April	Die **Dekane der vier theologischen Fakultäten** an den Universitäten richten einen Appell an die österreichische Bischofskonferenz, zu den Vorwürfen Stellung zu beziehen, und fordern eine Aufklärung.
1995, 6. April	Kardinal Groër tritt auf Druck der Medien und einiger Mitglieder des Episkopats als Vorsitzender der Österreichischen Bischofskonferenz zurück, nachdem er zwei Tage zuvor im dritten Wahlgang mit

---

[2] Diese Stellungnahme von Weihbischof Helmut Krätzl erscheint im Originaltext zwar erst in *Die Furche* vom 6. April 2005, wird aber im Vorfeld bereits von anderen Medien zitiert.

einfacher Mehrheit wiedergewählt worden war. Bischof Johann Weber (Graz-Seckau) wird zu seinem Nachfolger gewählt. Die **Bischöfe geben – ungeachtet ihrer Ankündigung, sich in der Frühjahrssitzung nicht mit der Causa Groër zu beschäftigen – eine öffentliche Erklärung ab**, dass sie das Schweigen von Kardinal Groër aufgrund der von ihm vorgebrachten Gründe als sein gutes Recht respektieren, ohne aber ausdrücklich die Unschuldsvermutung für ihn einzufordern.

Der Grazer Theologe **Prof. Philipp Harnoncourt** verlangt von den Bischöfen eine **Untersuchungskommission** und macht die letzten Bischofsernennungen („ungeeignete Bischöfe") für die „katastrophale Situation" verantwortlich.

1995, 7. April

Der neue Vorsitzende der Bischofskonferenz, **Johann Weber, will einen „Weisenrat" zur Klärung der Causa Groër einsetzen**, da eine kirchenrechtliche Klärung nicht möglich sei.

1995, 8. April

Kardinal Groër weist die gegen ihn erhobenen Vorwürfe als Verleumdung zurück. Seine Erklärung wird aber **nur von der Kronenzeitung im Wortlaut veröffentlicht.**

Einige österreichische Bischöfe und kirchenfeindliche Medien zeigen sich **über diese Erklärung verärgert und bezeichnen sie als „unzureichend".**

Bischof Krenn lässt wissen, dass er dem Vorschlag Webers nicht zustimmen werde, und zeigt sich überzeugt, dass Kardinal Groër im Amt bleiben wird.

1995, 9. April

Bischof Weber bekräftigt seine Forderung nach einem Untersuchungsausschuss und erhält dabei Unterstützung von der Katholischen Aktion.

1995, 10. April

Bischof Reinhold Stecher (Innsbruck) empfiehlt dem Kardinal den Amtsverzicht und erhält dabei

1995, 11. April	Unterstützung von **Bischof Egon Kapellari**, der **Groërs Rücktritt „unabhängig von Schuld oder Unschuld"** fordert.
1995, 13. April	Auch der Salzburger **Weihbischof Andreas Laun** legt Kardinal Groër indirekt den **Amtsverzicht** nahe. Bischof Krenn sieht sich daraufhin verpflichtet, seinem Amtskollegen „Einhalt zu gebieten". Auf entsprechendes Drängen Bischof Krenns stellt **Kardinal König, Groërs Vorgänger, öffentlich klar, dass er während seiner ganzen Amtszeit niemals mit Vorwürfen sexueller Verfehlungen gegen Groër konfrontiert gewesen ist**.
1995, 15. Mai	Papst Johannes Paul II. ernennt auf Bitten von Kardinal Groër um einen Koadjutor den bisherigen Weihbischof Schönborn zum Erzbischof-Koadjutor mit dem Recht der Nachfolge.
1995, 15. Mai	In einer anlässlich seines Amtsantritts stattfindenden Pressekonferenz **entschuldigt sich Erzbischof-Koadjutor Schönborn für die Art und Weise seiner früheren Verteidigung von Kardinal Groër**, die ihm neuerdings zu wenig differenziert und stichhaltig erscheint.
1995, 20. Mai	Wenige Stunden später veröffentlicht Kardinal Groër eine **weitere Erklärung**, in der er die **gegen ihn erhobenen Vorwürfe erneut zurückweist** und sein Schweigen mit der Unmöglichkeit einer wirksamen Verteidigung begründet.
	Die Gruppierung „Wir sind Kirche" initiiert mit großangelegter medialer Unterstützung das sog. „Kirchenvolksbegehren", in dem unter anderem die Zulassung von Frauen zum Weihesakrament und die Abschaffung des Pflichtzölibats verlangt wird.

1995, 23. Mai	Papst Johannes Paul II. empfängt Kardinal Groër in Privataudienz. Über den Inhalt des Gespräches wird nichts verlautbart.
1995, 5. Juli	Das Ergebnis des „Kirchenvolks-Begehrens" wird im Presseclub Concordia veröffentlicht. Angeblich haben an die 500.000 Personen unterschrieben.
1995, 17. Juli	**Bischof Weber**, neuer Vorsitzender der Österreichischen Bischofskonferenz, rechnet damit, dass die Annahme des Rücktrittsgesuchs von Kardinal Groër als Erzbischof von Wien „nicht mehr allzu lange dauern wird", und beklagt, dass sein **Wunsch nach einer innerkirchlichen Aufklärung der „Causa Groër" nicht erfüllt wurde**.
1995, 15. August	Kardinal Groër teilt am Endes des Hochamtes mit, dass der Papst sein im Vorjahr eingebrachtes Rücktrittsgesuch mit Wirkung vom 14. September angenommen habe.
1995, 8. September	Brief Papst Johannes Paul II. an die Kirche in Österreich. Der Heilige Vater spricht darin von einer „harten Prüfung", die zuerst den Erzbischof von Wien, dann aber andere Mitbrüder betroffen hat. Diese seien ohne Rücksicht auf ihre menschliche oder gar kirchliche Würde öffentlich angeklagt worden.
1995, 13. September	Kardinal Groër verlässt das Erzbischöfliche Palais und nimmt seinen Wohnsitz in dem von ihm gegründeten Zisterzienserinnenkloster Marienfeld im Weinviertel.
1995, 14. September	Mit Inkrafttreten des Rücktrittsgesuchs tritt der bisherige **Koadjutor Schönborn die Nachfolge von Kardinal Groër als Erzbischof von Wien** an. Im Stephansdom wird ein Dankgottesdienst für das Wirken von Kardinal Groër gehalten, der am 9.

	Jahrestag seiner Bischofsweihe aus dem Amt des Erzbischofs von Wien ausgeschieden ist. Der Kardinal ist bei dieser hl. Messe nicht zugegen. Caritas-Präsident Helmut Schüller wird zum Generalvikar ernannt.
1995, 1. Oktober	Im Stephansdom wird die Amtsübernahme von Erzbischof Christoph Schönborn gefeiert.
1995, 7.-9. November	Erklärung der Österreichischen Bischofskonferenz, dass sie sich dem „Weg der Erneuerung" verpflichtet weiß. Dazu gehören auch die Einbindung von „Initiativen wie Kirchenvolks-Begehren, Weizer Pfingstvision u.a.", denen „Raum für Ideen und Versuche in Verbindung mit den Einrichtungen der Diözese" gegeben werden soll.
1996, 14. April	Das Boulevardmagazin *profil* berichtet von angeblichen Protesten von Eltern aus dem Umkreis von Maria Roggendorf, weil Kardinal Groër eingeladen worden war, ihren Kindern das Firmsakrament zu spenden.
1996, 5. August	*profil* kritisiert die bevorstehende Ernennung Groërs zum Prior des Benediktinerklosters Maria Roggendorf und bezeichnet sie als Brüskierung jener, die eine Aufklärung der gegen ihn gerichteten Vorwürfe gefordert hatten, sowie als Gefahr für die in Gang geratenen „zaghaften Reformbemühungen". *profil* veröffentlicht ein (angebliches?) Interview mit Kardinal Groër, worin dieser erstmals sein Schweigen gebrochen und behauptet haben soll, bezüglich der gegen ihn erhobenen Anklagen sei in jeder Hinsicht „längst alles abgekartet" gewesen.
1996, 1. September	Kardinal Groër wird von Abt Lashofer nach Befragung und Beratung in den zuständigen Gremien des Ordens als Prior in Maria Roggendorf eingesetzt.

1997, 12. Oktober	Der Prior des Benediktinerstifts Göttweig, Gottfried Schätz, teilt Abt Clemens Lashofer mit, dass er infolge von Schwierigkeiten mit dem zölibatären Leben den Austritt aus dem Orden erwäge, aber dennoch nach Möglichkeiten zum Verbleiben suche.
1997, 14. Oktober	Bei einem weiteren Gespräch mit Abt Lashofer, der sich anfangs verständnisvoll gezeigt hatte, beschuldigt der auf die klösterliche Disziplin angesprochene Schätz den Abt, Groër niemals gemaßregelt zu haben.
1997, 8. Dezember	Kardinal Groër erteilt zwei Mönchen des Stiftes Göttweig die Diakonatsweihe. Einige (Ex-)Mönche nehmen den Weiheakt zum Anlass, erneut Anschuldigungen gegen ihn vorzubringen. Die behaupteten Vorfälle liegen allerdings 15 – 20 Jahre zurück und betreffen Personen, die damals schon erwachsen waren.
1997, 19. Dezember	In einem Gespräch mit Abt Lashofer **weist Kardinal Groër die gegen ihn erhobenen Vorwürfe zurück**.
1997, 21. Dezember	Prior Schätz trifft Erzbischof Schönborn zu einem vertraulichen Gespräch.
1998, 3. Januar	Abt Lashofer veröffentlicht via kathpress die Nachricht, dass Kardinal Groër sein Amt als Prior von Maria Roggendorf mit Wirkung vom 5. Januar zurücklegen wird.
1998, 5. Januar	**Bischof Weber, Vorsitzender der Bischofskonferenz, verlangt eine „objektive Prüfung" der erneuten, jedoch rechtlich verjährten Vorwürfe gegen den Kardinal.** Erzbischof Christoph Schönborn ruft zur „Barmherzigkeit" auf und betont, dass er sich nicht als „Richter" über seinen „Bruder" sehe.

1998, 11. Januar

Bischof Krenn erklärt in der ORF-Sendung „Zur Sache", dass es keine weiteren Beweise gegen Kardinal Groër gebe und dieser ein unschuldiges Opfer sei.
P. Udo Fischer erhebt in der von ihm herausgegebenen Kirchenzeitung „JA" die Forderung, dass die Kardinalswürde Groërs bis zur endgültigen Aufklärung ruhen solle.

1998, 12. Januar

Abt Lashofer gibt bekannt, dass er beim Heiligen Stuhl eine Apostolische Visitation seines Stiftes beantragen wird.
Bischof Krenn stellt klar, dass nach kirchlicher Rechtsordnung ein Kardinal Immunität genießt, die nur vom Papst aufgehoben werden kann. Daher sei eine „Untersuchung" gegen Kardinal Groër nicht möglich. Für ihn sind die neuen Vorwürfe „undenkbar".

1998, 18. Januar

Papst Johannes Paul II. verkündet beim sonntäglichen Angelusgebet die Ernennung von Erzbischof Christoph Schönborn und weiteren Bischöfen zu Kardinälen.

1998, 27. Januar

Die Chefredaktion der Kronenzeitung berichtet, dass sie über ein Schreiben von Josef Hartmann verfügt, das er kurz vor den Anschuldigungen gegen Kardinal Groër an einen Leser der Zeitung gerichtet hatte. In diesem Schreiben lobt Hartmann die glückliche Zeit und Geborgenheit im Knabenseminar Hollabrunn unter P. Hans Hermann Groër, die das bleibende Fundament für sein Leben geworden sei.

1998, 30. Januar

Abt Lashofer erteilt P. Udo Fischer im Hinblick auf die bevorstehende Visitation den „Verwaltungsbefehl", keine Stellungnahmen in den Medien ohne seine schriftliche Erlaubnis abzugeben, und kündigt für den Fall der Zuwiderhandlung die Einleitung ei-

	nes kanonischen Prozesses mit dem Ziel seiner Entlassung aufgrund hartnäckigen Ungehorsams an.
1997, Ende Januar	Gründung des parteiübergreifenden „Club Österreichischer Katholiken", der sich als Gegengewicht zu dem von den Bischöfen proklamierten „Dialog" und zu den Forderungen des Kirchenvolksbegehrens versteht.
1998, 1. Februar	Erzbischof Schönborn, designierter Kardinal, stellt in der ORF-Pressestunde fest, dass er das **Schweigen Kardinal Groërs zwar respektiere**, sich aber gewünscht hätte, dass dieser „**klärende Worte**" findet. Er zeigt sich auch „froh" über die vom Stift Göttweig beantragte Visitation.
1998, 4. Februar	Lt. Bericht im Kurier bricht Pater Udo trotz Entlassungsdrohung das ihm vom Abt erteilte Redeverbot.
1998, 10. Februar	Die Apostolische Nuntiatur teilt mit, dass der Heilige Stuhl die erbetene Apostolische Visitation des Stiftes Göttweig unter Leitung von Abtprimas Marcel Ronney genehmigt hat.
1998, 16. Februar	Erzbischof Eder spricht erstmals von „Beweisen" für die Vorwürfe gegen Kardinal Groër, ohne jedoch juristisch stichhaltige Gründe anzuführen.
1998, 17. Februar	Bischof Krenn enthebt P. Udo Fischer vom Amt des Pfarrers von Paudorf.
1998, 20. Februar	Kardinal Groër wird von Papst Johannes Paul II. in Privataudienz empfangen. Über den Inhalt der Aussprache wird nichts verlautbart. Die ebenfalls in Rom anwesenden (Erz)Bischöfe **Schönborn und Weber, die über die Romreise des Kardinals und über die Papstaudienz verärgert sind, fordern diesen im Rahmen einer Pressekonferenz**

	zu einem Wort des Bekenntnisses und zu einer „Vergebungsbitte" auf.
1998, 21. Februar	Erzbischof Schönborn wird ins Kardinalskollegium aufgenommen. Kardinal Groër ist bei der Verleihung der Kardinalsinsignien in Rom zugegen. Bischof Krenn erhält einen Drohbrief vom „Aktions-Kreis Wehrhafter Deutsch-Katholiken": „Spätestens beim Papstbesuch werden Sie Ihre Wunder erleben ... Wir garantieren Ihnen eine Bomben-Überraschung."
1998, 22. Februar	Beim Rückflug nach Wien erklärt Kardinal Groër, weiterhin „eisern" zu schweigen. **Prof. DDr. Robert Prantner**, a. o. Gesandter und bevollmächtigter Minister des Souveränen Malteserritterordens, bezeugt in der ORF-Sendung „Zur Sache", **er wisse unmittelbar aus höchsten Kreisen des Heiligen Stuhles, dass Papst Johannes Paul II. hinter Kardinal Groër stehe und von dessen Unschuld überzeugt sei.**
1998, 23. Februar	Bischof Egon Kapellari empört sich über die Äußerungen Prof. Prantners und interpretiert sie als Vertuschungsversuch bzw. Unterstellung, dass der Papst damit „einverstanden" sei. Er werde solchen „Vertuschungen" Widerstand leisten, womit er auch **gegen Bischof Krenn Front** bezieht.
1998, 27. Februar	**Als Reaktion auf die Äußerungen Prof. Prantners erklären Kardinal Schönborn und die (Erz-)Bischöfe Georg Eder** (Salzburg), **Johann Weber** (Graz-Seckau) und **Egon Kapellari** (Gurk-Klagenfurt) **noch vor Beginn der Visitation in Göttweig, <u>dass sie „nun zu der moralischen Gewissheit gelangt" seien, dass die Anschuldigungen gegen Kardinal Groër „im wesentlichen zutreffen".</u>** Sie üben auch schwere Kritik an Bischof Krenn. Für Bischof Krenn sind die Vorwürfe gegen Kardi-

	nal Groër „nicht vorstellbar", zumal man ihm auch „keine neuen Beweise gezeigt" habe.
1998, 1. März	Auf entsprechende Medienappelle hin versammeln sich mehrere tausend Menschen in Paudorf zu einer Solidaritätskundgebung für P. Udo Fischer und gegen Bischof Kurt Krenn. Der Präsident der Katholischen Aktion Österreichs, Christian Friesl, zeigt sich über die Erklärung der vier Bischöfe „erfreut und erleichtert zugleich". Die Zeitung Kurier berichtet, dass sich der Linzer Diözesanbischof **Maximilian Aichern der Erklärung der „Kirchenspitze" angeschlossen habe. Spätestens zwei Tage später stellt sich heraus, dass diese Behauptung nicht den Tatsachen entspricht.**
1998, 2. März	Die Benediktinerabtei Göttweig wird einer Apostolischen Visitation unterzogen. Abt-Primas Marcel Rooney warnt in seinem Antritts-Statement vor falschen Erwartungen in bezug auf die Folgen der Visitation und verkündet, dass eine Befragung Groërs nicht vorgesehen („nicht Teil meines Auftrags") sei.
1998, 3. März	Bischof Maximilian Aichern (Linz) begründet die Tatsache, dass er die Erklärung der vier Bischöfe nicht mitunterschrieben hat, mit einem Mangel an nötigen Informationen und nicht als Geste der Unterstützung für die Position von Bischof Krenn. **Militärbischof Christian Werner erklärt, er sei mit der Erklärung seiner Amtskollegen nicht einverstanden**, vor allem nicht vor Abschluss der Visitation in Göttweig. Denn auch er habe keine Kenntnis von einem neuen Wissensstand über die Vorwürfe gegen Kardinal Groër. Das Domkapitel von St. Pölten gibt eine Mehrheitserklärung ab, worin den vier Bischöfen für deren „klare Worte" in der Causa Groër gedankt wird. Zudem sei die Absetzung von P. Udo Fischer

	als Pfarrer von Paudorf ohne Zustimmung des Konsistoriums erfolgt. Die Konferenz der Äbte Niederösterreichs übt heftige Kritik an Bischof Krenn („Sorge über die dauernden Unruhen in der Diözese") und verlangt von den österreichischen Bischöfen, „in wirksamer Form und an geeigneter Stelle eine Korrektur" in der Diözese St. Pölten einzuleiten.
1998, 7. März	Zum Abschluss der Göttweiger Visitation erklärt Abtprimas Rooney, dass ein Bericht an den Heiligen Stuhl als Grundlage für weitere Entscheidungen erarbeitet wird. Die Causa Groër wird darin nicht erwähnt.
1998, 27. März	Schönborn ruft Kardinal Groër auf, „vorerst von bischöflichen Handlungen wie Firmungen Abstand zu nehmen". Die Diözese St. Pölten schließt sich diesem Appell nicht an.
1998, 31. März	**Die Österreichische Bischofskonferenz beschäftigt sich in ihrer Frühjahrssitzung mit der Causa Groër**; der Apostolische Nuntius Erzbischof Squicciarini berichtet von einem Gespräch mit dem Papst. Bereits zu Beginn der Sitzungen spricht der Vorsitzende **Bischof Weber die Hoffnung aus, dass der Papst der „Affäre Groër" bald ein Ende setzen werde**.
1998, 7. April	Die (Erz)Bischöfe Schönborn, Weber und Eder fahren zu einem Gespräch mit dem Papst nach Rom. Sie werden anschließend vom Heiligen Stuhl aufgefordert, der Öffentlichkeit mitzuteilen, dass die Belange von Kardinal Groër „allein in der Hand des Papstes liegen" und dass dieser eine Lösung finden werde, „die von Gerechtigkeit und Liebe getragen ist".

1998, 7. April

Die Religiosenkongregation (Rom-Vatikanstadt) spricht in einem im Anschluss an die Visitation verfassten Schreiben Abt Lashofer ihren Dank für seinen Dienst zusammen mit dem Vertrauen in seine Fähigkeit aus, Schwierigkeiten zu begegnen und die ordensinternen Probleme im Zusammenhang mit P. Udo Fischer zu lösen. Im vorangehenden Visitationsbericht waren der „gute monastische Geist des Klosters" sowie die „Treue und der apostolische Eifer der Patres" in den anvertrauten Pfarreien gelobt worden. Die Causa Groër wird im Schreiben nicht erwähnt.

1998, 9. April

Die österreichischen Medien veröffentlichen Auszüge aus dem Schreiben der Religiosenkongregation an Abt Lashofer und den Konvent von Göttweig.

1998, 14. April

Der Apostolische Nuntius Erzbischof Squicciarini teilt offiziell mit, dass **Kardinal Groër eine Erklärung abgegeben hat, wonach es in den letzten drei Jahren oft unzutreffende Behauptungen zu seiner Person gegeben habe und er Gott und die Menschen um Vergebung bitte, wenn er Schuld auf sich geladen habe**. Auf die Bitte des Heiligen Vaters hin sei er selbstverständlich bereit, seinen bisherigen Wirkungskreis aufzugeben.

1998, 16. April

In einer „klärenden Stellungnahme" entschuldigt sich Kardinal Schönborn für die angeblichen Vergehen seines Vorgängers und anderer kirchlicher Amtsträger. Zugleich bekräftigt er seine Forderung, dass Kardinal Groër der „klaren Bitte des Papstes nachkommen" wird, seinen „bisherigen Wirkungskreis aufzugeben". Dies bedeutet für Schönborn, dass er „nicht mehr als Bischof oder Kardinal in Erscheinung treten und Österreich verlassen wird".

1998, 30. April	Kardinal Groër geht in ein Kloster in Goppeln nahe bei Dresden ins Exil, was offiziell als „Genesungsbesuch" deklariert wird. Dadurch wird seine Teilnahme am dritten Besuch Papst Johannes Paul II. in Österreich verhindert.
1998, 14. Juni	**Kardinal Schönborn erklärt in der ORF-Pressestunde, dass er ein dauerndes Exil von Kardinal Groër nicht für nötig halte.**
1998, 20. Juni	Im Rahmen seiner Pastoralreise durch Österreich besucht Papst Johannes Paul II. St. Pölten. In seiner Predigt lobt der Papst die Bemühungen Bischof Krenns um Priesternachwuchs. Bischof Krenn äußert sich in einer Rede zum Ärger des österreichischen Episkopats lobend über den exilbedingt abwesenden Kardinal Groër. Der Papst würdigt die Bemühungen Krenns, die Verbindung und Freundschaft zu Kardinal Groër aufrechtzuerhalten. Die linksgerichteten Medien hatten bereits im Vorfeld einen Boykott der Papstmesse in St. Pölten „empfohlen".
1998, 30. Juni	**Kardinal Schönborn wird Vorsitzender der Österreichischen Bischofskonferenz.** Ab 1996 hatte er das Amt des stellvertretenden Vorsitzenden inne.
1998, August	Zwischen **Josef Hartmann und dem Wiener Generalvikar Helmut Schüller findet ein „Geheimtreffen" statt.** News berichtet in der Ausgabe von 12/99, dass die Erzdiözese Wien die **Kosten für Hartmanns Ausbildung zum Waldorflehrer in der Schweiz übernimmt und ihn bis 2001 mit insgesamt 150.000 Schilling „unterstützen" wird.**
1998, 20. Oktober	Kardinal Groër kehrt aus seinem Exil endgültig nach Maria Roggendorf zurück.

1998, 23.-26. Oktober	Delegiertenversammlung zum Abschluss des „Dialogs für Österreich" in Salzburg.
1998, 14. November	Im Vorfeld des Ad-limina-Besuchs der österreichischen Bischöfe wird verkündet, dass der dem Heiligen Stuhl vorzulegende Bericht der Bischöfe auch den Vorwurf eines „höchst ungeschickten" Vorgehens in der Causa Groër enthält. Es sei nicht gelungen, ein Zusammenwirken des Beschuldigten, der Bischofskonferenz und der römischen Instanzen zu erreichen.
1998, 23. November	Beginn des turnusmäßigen Ad-limina-Besuchs der österreichischen Bischöfe. In einem von Kardinal Schönborn sanktionierten Bericht werden schwere Vorwürfe gegen Bischof Krenn erhoben. Dieser setzt sich gegen die üble Nachrede zur Wehr. Die Medien berichten bereits im Vorfeld des Besuches, dass die Causa Groër von den Bischöfen in dieser Meldung als kircheninternes Versagen präsentiert wird.
1998, 7. Dezember	Der Apostolische Nuntius Erzbischof Donato Squicciarini bezeichnet die Vorwürfe gegen Bischof Krenn in einem Brief an die Mitglieder der Österreichischen Bischofskonferenz als „Missverständnisse" und „Versehen".
1999, 5. Januar	Kardinal Schönborn gesteht in einer Pressekonferenz „Fehler und Versäumnisse" im Zusammenhang mit dem Ad-limina-Bericht der Österreichischen Bischofskonferenz und den darin gegen Bischof Krenn erhobenen Vorwürfen ein.
1999, 4. Dezember	Kardinal Groër wird von Papst Johannes Paul II. zu einem Gespräch unter vier Augen empfangen.
1999, Ende Dezember	Herausgabe des von Kardinal Groër verfassten Buches „Maria im Geheimnis Jesu".

2000, 10. Dezember	*profil* berichtet, dass der frühere Wiener Bürgermeister **Helmut Zilk Kardinal Groër als „Opfer einer Hetzkampagne"** bezeichnet. Zehn Jahre zuvor hatte der Kardinal die Trauung von Zilk und seiner Lebensgefährtin Dagmar Koller vorgenommen.
2002, 23. Mai	News veröffentlicht ein Interview mit Josef Hartmann, worin dieser die Kirche nach US-Vorbild auf Schadenersatz klagt. Er deklariert sein Vorgehen als Protest auf die kurz zuvor erhobene Forderung von Bischof Krenn, Kardinal Groër zu rehabilitieren.
2003, 24. März	**Kardinal Groër stirbt nach langem schwerem Krebsleiden im Krankenhaus von St. Pölten.**
2003, 5. April	Beisetzung von Kardinal Groër im Zisterzienserinnenkloster Marienfeld.
2005, 21. Februar	Bischof Küng setzt als Zeichen des „Neuanfang[s]" den 1998 von Bischof Krenn abgesetzten P. Udo Fischer wieder als Pfarrer von Paudorf ein.
2008, 24. März	Zum 5. Jahrestag des Heimgangs von Kardinal Groër feiert der Apostolische Nuntius, Erzbischof Edmond Farhat, einen Gedenkgottesdienst im Kloster Marienfeld. In seiner Predigt sagt er wörtlich: „Das Flüstern des Teufels ist manchmal frisch und angenehm in schwachen Ohren", wodurch sich viele versuchen und verführen ließen. Diese Realitäten finden sich – mutatis mutandis – im Schicksal des verstorbenen Kardinals. Die Wahrheit hingegen geht ruhig durch die Zeit und lässt ihr Licht leuchten.
2010, 1. April	Auf Betreiben von Kardinal Schönborn wird eine kirchliche „Opferschutzkommission" unter dem Vorsitz der früheren steirischen Landeshauptfrau

2010, 28. April	Waltraud Klasnic zur Aufarbeitung von Missbrauchsfällen und zur Entschädigung von Opfern errichtet.
	Kardinal Schönborn beschuldigt den früheren Kardinal-Staatssekretär Angelo Sodano, Missbrauchsfälle vertuscht und die Einsetzung einer Prüfungskommission im Fall Groër verhindert zu haben, während sein früherer Lehrer Kardinal Ratzinger sich dafür eingesetzt habe.
2010, 28. Juni	Papst Benedikt XVI. rügt Kardinal Schönborn bei einem Treffen für seine verbalen Attacken gegenüber Kardinal Sodano. Bei dem Gespräch sind auch Kardinal-Staatssekretär Tarcisio Bertone und sein Vorgänger Sodano anwesend. Es wird darauf hingewiesen, dass Kritik dieser Art an Kardinälen nur dem Papst zustehe. **Schönborn muss sich bei Kardinal Sodano entschuldigen.**
2011, 4. April	*profil* berichtet, dass der Psychiater Oskar Sommer für seine Behauptung, von Kardinal Groër vor ca. fünfzig Jahren im Knabenseminar Hollabrunn missbraucht worden zu sein, von der Klasnic-Kommission € 25.000,-- erhalten hat.
2011, 30. August	In einem in *profil* online veröffentlichten Interview gibt **Josef Hartmann** auf entsprechende Anfrage zu, dass ihm „die Kirche" im Jahre 2003 an die € **40.000 überwiesen hat, die er als „Schweigegeld" bezeichnet.**

Anhänge

Neue Kronen Zeitung vom 27. Jänner 1998[1]

Unter der Rubrik **„Das freie Wort"** veröffentlichte die Zeitung folgenden (Leser-)Beitrag „Zum Fall Groër":

Ein gewisser Josef Hartmann hat die Beschuldigungen gegen Kardinal Erzbischof Hans Hermann Groër seinerzeit an die Öffentlichkeit gebracht. Das ist geschehen, nachdem sich Hartmann um den Posten eines Generalsekretärs im Pastoralamt der Erzdiözese beworben hatte, aber abgewiesen wurde, weil ihm die Qualifikation fehlte.
Als „Krone"-Leser war ich stets beeindruckt davon, wie Sie im Falle Groër die Unschuldsvermutung einforderten. Natürlich kümmerte das seine Feinde nicht. Bei dem unter dem dringenden Verdacht, die Briefbomben verschickt zu haben, stehenden Franz Fuchs, wurde dagegen immer wieder darauf hingewiesen, wie wichtig diese Unschuldsvermutung sei; obgleich ja ein Teilgeständnis schon vorlag. Dieses Verhalten entlarvt die Groër-Gegner als Kirchenfeinde; der Antichrist trägt viele Masken.
Nie hat man so recht verstanden, wie es kommen konnte, daß dieser Hartmann, dem Kardinal Groër immer nur Gutes getan hatte, nach so langer Zeit derartige Beschuldigungen erhoben hat - gegen Honorar. Das Unbegreifliche wird noch verstärkt, wenn man den Bewerbungsbrief liest, den Hartmann - kurz bevor er gegen den Kardinal die bekannten Vorwürfe erhob - schrieb. In diesem Schreiben heißt es unter anderem:
„Mein Vater, Bauer, ermöglichte mir mit Hilfe unseres Pfarrers ... das erzbischöfliche Knabenseminar in Hollabrunn zu besuchen. Dort durfte ich eine glückliche Mittelschulzeit verbringen. Vor allem ... Hermann Groër, mit dem mich sowohl als Religionsprofessor als auch als geistiger Leiter der Legio Mariae eine lange Zusammenarbeit verbunden hat, ist das Fundament für meine Leben geworden und auch geblieben.
Rückblickend glaube ich sagen zu dürfen, daß meine Unsicherheit, den Weg zum Priestertum fortzusetzen, daraus erwachsen ist, daß ich die

---

[1] Wörtliche Abschrift des Zeitungstextes

Geborgenheit, die ich im Kleinen Seminar so wohltuend vespürt habe, im Großen Seminar leider nicht erfahren habe."

*

Soweit der Brief Hartmanns. Ist eigentlich, so muß man sich fragen, mehr heuchlerische Unehrlichkeit überhaupt vorstellbar? Läßt dieses Schreiben nicht die ganze Affäre Groër in einem neuen Licht erscheinen?
Wir haben dieses Dokument von einem Leser erhalten, der nicht genannt werden will und den wir deshalb unter das gesetzliche Redaktionsgeheimnis stellen. Falls der Brief aber für die Aufklärung des Falles Groër von zuständigen Stellen benötigt werden sollte, sind wir bereit, ihn zur Verfügung zu stellen.
Chefredaktion „Kronen Zeitung"

Neue Kronen Zeitung[1]

Österreichs auflagengrößte Tageszeitung

Chefredaktion
KRONE · Verlag Ges.m.b.H. & Co. KG.
1191 Wien, Muchgasse 2 · 36 011· FS 11 56 99

Herrn
Dr. Friedrich Engelmann
Die Zeitung
ergeht per Fax
02782/579713
Di/ab
Sehr geehrter Herr Engelmann,

3. Februar 1998

zu Ihrem Schreiben vom 30. Jänner 1998 teile ich Ihnen gerne folgendes mit:
Das Original unserer Veröffentlichung über Herrn Hartmann ist mit der Hand geschrieben. Es ist an jemanden gerichtet, der die Handschrift Hartmanns kennt bzw., der die Möglichkeit hat, sie zu vergleichen. Wir haben diese Unterlagen von einer Persönlichkeit erhalten, der wir voll und ganz trauen.
Wenn Sie da Zweifel haben, ist es doch möglich, daß Sie Herrn Hartmann unsere Veröffentlichung vorlegen und ihn sagen lassen, ob er das geschrieben hat oder nicht. Behauptet er, nicht der Urheber des Wortlautes zu sein und gibt er Ihnen dieses schriftlich, so könnten wir Herrn Hartmann wegen des Vorwurfes, unseren Lesern ein gefälschtes Schreiben als echt bezeichnet zu haben, klagen. In diesem Fall, das haben wir ja angekündigt, werden wir den Brief (allerdings ohne Empfänger) zum Beweis der Echtheit dem Gericht vorlegen.
Ich hoffe, mit diesen Mitteilungen gedient zu haben.
Mit freundlichen Grüßen
gez. Hans Dichand

---

[1] Wortgetreue Abschrift der vorliegenden Faxkopie

DOKUMENTATION

zum Fall Josef Hartmann

**Von Frau Mag. Sonja Mund, wie gehört,
vom Tonband abgeschrieben**

27. 3. 1995, ORF 2, „Wien heute"

<u>Sprecherin:</u> Noch immer das Tagesthema in Wien: die schweren Vorwürfe gegen Kardinal Groër. Der heute 37jährige Josef Hartmann beschuldigt Groër, ihn vor 20 Jahren, als er Schüler im Knabenseminar Hollabrunn war, sexuell missbraucht zu haben. Der Kardinal schweigt nach wie vor:

<u>Josef Hartmann</u> hat uns heute in einem Interview seine Gefühle nach dem Schritt an die Öffentlichkeit beschrieben:

„Es ist so, dass ich es als enorm befreiend finde, darüber gesprochen zu haben und nicht so unter die Tuchent, unter den Teppich zu kehren, sondern einmal auszulüften, auch in diesen, wenn es auch lange zurückliegt. Internatssituationen. Frische Luft sozusagen. Und ich glaube, dass es auch für ihn, Kardinal Groër, befreiend wäre, wenn er endlich einmal den Mut fände, persönlich dazu Stellung zu nehmen. Nachdem er sich bis jetzt nur gewagt, über Dritte **irgendwelche haltlosen Anschuldigungen** jetzt gegen mich zu führen, nicht dieses Opfer-Täter-Verhältnis umzukehren und sich jetzt selbst sozusagen als Opfer der Verleumdung hinzustellen und die ganzen Sachen, die Behauptungen, wo ich kein Jota und kein Strichlein zurücknehme, im besonderen was ich dem *profil* im Interview gegeben habe, wo dies auch alles authentisch nachzulesen ist. Ich kann mir vorstellen, das es auch für ihn befreiend ist, er muss ja auch in irgend einer Form bedrückt sein davon."

Sprecherin: Haben Sie sich manchmal geärgert, dass Sie erst jetzt damit an die Öffentlichkeit treten und einen Mann so hoch kommen lassen?

Hartmann: Ja. Es war vielleicht nicht mutig genug, damals schon, zu dem Zeitpunkt, wie ich erfahren habe, dass er als solcher Mensch zum Kardinal erhoben wird, dass ich mich nicht schon damals gemeldet habe.

Sprecherin: Von Seiten der Kirche setzte heute eine Solidaritätswelle für den Kardinal ein. Mehrere Bischöfe stellten sich hinter den Kardinal, ebenso wie sein Stellvertreter, der Generalvikar der Erzdiözese Wien, der heute eine Pressekonferenz gab.

27.3.1995, Pressekonferenz

Sprecher: In der Erzdiözese bekräftigte man heute noch einmal, dass Kardinal Groër zu den Vorwürfen weder Stellung nehmen noch bei Gericht klagen werde. So stehe Aussage gegen Aussage, eine Klage habe keinen Sinn, hieß es.

Generalvikar Rudolf Trpin: Ich habe heute mittags wieder mit ihm gesprochen, dass diejenigen, die Vertrauen zu ihm haben, die ihn kennen, die um seine Einstellung wissen, keine Erklärung brauchen, und diejenigen, die ihm nicht vertrauen, die dem anderen mehr glauben, das steht jedem frei, auch von irgendeiner Erklärung von seiner Seite nicht zufriedengestellt sein werden.

Sprecher: Die Dechanten beschuldigten heute in einer Erklärung die Unverantwortlichkeit der Medien, die den Ruf eines Menschen ruinieren wollten. Journalisten würden ihre Medien als Waffen gebrauchen, hieß es. Von Amtsmüdigkeit sei dennoch bei Groër nichts zu spüren.

Generalvikar: Wenn Groër jetzt dennoch zurücktreten würde, wäre das schließlich ein Eingeständnis von Schuld.

Sprecher: Was würden Sie ihm raten?

Generalvikar: Raten? Sicher raten, dass er heute auf seinem Posten steht, warum sollte er irgendetwas verändern? Er braucht sich ja nichts vorzuwerfen.

Sprecher: Der 75jährige Groër hat schon im Vorjahr beim Vatikan um seinen Rücktritt eingereicht. Intern heißt es allerdings, dass der Kardinal bis zum Papstbesuch 1995 oder 97 bleiben will. Dass der Zeitpunkt der Vorwürfe ein Mosaikstein im Nachfolgekampf sein könnte, nimmt man auch in der Diözese an. Ein ungeduldiger Nachfolgekandidat könnte vielleicht den Antritt des Amtes nicht erwarten.

27.3.1995, ZIB 2

Runder Tisch: Moderator: H. Fischer
Teilnehmer: Dr. Lueghammer, P. Sporschill
Josef Hartmann, Hubertus Czernin (*profil*)

Fischer: ... Sie mussten doch rechnen, dass Sie den Ruf eines Menschen schädigen, wenn nicht ruinieren.

Hartmann: Dazu muss man ein bisschen die Entwicklungsgeschichte verfolgen. Ich weiß nicht, ob die Öffentlichkeit das schon in dem Maß erfahren hat, jedenfalls waren damals zu der Zeit, als er 1986 zum Kardinal berufen worden ist, unterschwellig sehr verschiedene Stimmen zu hören, vor allem aus dem Bekanntenkreis im Seminar Hollabrunn, die es sehr wohl gewusst haben, welches Verhalten er gegenüber uns Zöglingen an den Tag gelegt hat. Allerdings ist es sozusagen nur im Insiderkreis gelaufen, und ich habe einfach jetzt durch eine Aussage von ihm, die er in seinem Hirtenbrief erwähnt hat, wo ihm sozusagen das Unterbewusstsein einen Streich gespielt hat, wo er ausgerechnet die Stelle zitiert, wo es heißt: „Täuscht euch nicht, weder Götzendiener noch Knabenschänder noch Lustknaben werden das Reich Gottes erben." Das hat sozusagen meine alte Wunde wieder aufbrechen lassen, und ich finde es einen blasphemischen Missbrauch dieses Zitates.

Fischer: Es war Ihnen klar, wenn Sie das sagen, sein Ruf ist damit beschädigt, fast ruiniert. Das haben Sie in Kauf genommen.

Hartmann: Ja, es ist die Wahrheit.

Fischer: Herr Dr. Lueghammer, Sie haben das unter anderem sehr scharf kritisiert, Herrn Dipl. Ing. Hartmann bzw. die Vorgangsweise des *profil*, das zu veröffentlichen. Was hat Ihnen an der Veröffentlichung und an der Meinung des DI Hartmann nicht gefallen?

Dr. Lueghammer: Ich habe zum Herrn Hartmann überhaupt nicht Stellung genommen, sondern lediglich zur Berichterstattung. Ich muss dazu als erstes einmal sagen, ich kenne Herrn Kardinal persönlich, für mich persönlich ist es einfach unvorstellbar. Das weitere ist, Chefredakteur Josef Votzi war selbst Mitschüler von Josef Hartmann und

Hartmann: Er war mir nicht bekannt. Er war einige Klassen vor mir bitte, und es hat fast überhaupt keine Kontakt gegeben, weder in der Fußballmannschaft noch...

Dr. Lueghammer: ... nur, dass in einem Knabenseminar man einander...

Hartmann: Dem muss ich entschieden entgegentreten.

Czernin: Welche Bedeutung hätte das in der Sache?

Dr. Lueghammer: Grundsätzlich jedenfalls, er war selbst in diesem Seminar, damit auch Schüler von Kardinal Groër und lange Mitarbeiter in der Legio Mariens.
Und die Frage ist, wenn tatsächlich hier so etwas vorgekommen ist, wird das erst zum jetzigen Zeitpunkt aufgewärmt? Als Journalist hätte er an sich Interesse haben müssen, dass das möglichst schon vor der Bischofsweihe bekannt wird und damit als Hinderungsgrund öffentlich wird. Da ist nichts geschehen. Überhaupt nichts. Dann kommt noch eines hinzu, dass nach den Schilderungen alles **im Zusammenhang mit Beichtgesprächen** gestanden ist. Und dass das Beichtgeheimnis etwas ist, das absolut gilt. Von dem den Kardinal niemand entbinden kann, auch der Papst nicht. Das heißt, er muss dieses Beichtgeheimnis einhalten, unter allen Umständen. Jetzt haben wir die Situation, dass ich der Herr Kardinal gar nicht wehren kann und gar nicht wehren darf, weil er das Beichtgeheimnis brechen würde. Das würde natürlich auf jeden Fall die Erschütterung des Vertrauens in die Priester überhaupt mit sich bringen. Und es kommt hinzu, dass hier ganz offensichtlich **blinder Hass** mit im Spiel ist, **Kirchenhass**. Denn Herr Votzi hat nicht zum

ersten Mal, der genau wissen muss, dass der Kardinal sich nicht wehren kann, nicht zum ersten Mal gegen die Kirche losgeschlagen, durch Falschzitieren, etwa nachweislich in der (**wird von Fischer niedergeredet**) ... Diplomarbeit.

Fischer: Was konkret werfen Sie dem *profil* vor, werfen Sie dem *profil*-Herausgeber vor? Das überhaupt veröffentlicht zu haben? Das ist für Sie ungeheuerlich?

Dr. Lueghammer: Für mich ist es an sich ungeheuerlich, dass der Herr Chefredakteur hätte wissen müssen, dass der Herr Kardinal in dieser Frage unter Beichtgeheimnis steht und dass es daher äußerst merkwürdig ist, dass er zunächst im Vorwort des Herausgebers und dann sagt, er hätte ihn um Stellungnahme gebeten, obwohl er genau wissen muss, dass er gar keine Stellungnahme geben kann. Für mich ist das Ungeheuerliche, dass dem Herrn Chefredakteur hätte bewusst sein müssen, dass der Herr Kardinal in dieser Frage unter Beichtgeheimnis steht.

Czernin: Ich bin, Herr Dr. Lueghammer, über die Darstellung von Ihnen einigermaßen verwundert, denn alles kann man aus der Geschichte des Josef Hartmann entnehmen, nur nicht, dass der sexuelle Missbrauch im Rahmen von Beichtgesprächen stattgefunden hat. Ich glaube, ich kann mir auch nicht vorstellen, um das in der wirklich degoutanten Deutlichkeit zu sagen, dass Beichtgespräche in einer Dusche stattfinden.
Das zweite, das mich interessiert, haben Sie (Dr. L.) oder Sie, Pater Sporschill, den Erzbischof gefragt zu den von Josef Hartmann veröffentlichten Vorwürfen? Ich glaube, bei Ihnen, Pater, weiß ich es nicht, und Sie (Dr. L.) haben es offenbar nicht getan, wenn ich Sie vorhin richtig verstanden hab.
Und dann frag ich Sie, was Sie an meiner Stelle, und auch an jener Stelle des Josef Votzi, der kein Kirchenhasser, **sonst würden nicht eine Reihe von Bischöfen mit ihm regelmäßig reden**, einschließlich des von uns immer wieder massiv kritisierten Bischofs von St. Pölten, Kurt Krenn.
Was hätten Sie an meiner Stelle gemacht, wenn Sie eine absolut glaubwürdige Darstellung eines Opfers haben, wenn diese Darstellung bestätigt, was man schon von anderen Personen gehört hat. Und ich bin heute von anderen – übrigens auch mein Kollege – von anderen Hollabrunner Schülern (also Mehrzahl) angerufen worden, der folgendes gesagt

hat: „Ich danke für die Geschichte. Und zweitens, bitte versteht, ich nicht meinen Namen nennen kann, weil ich Religionsprofessor bin und Angst habe, wenn ich mit vollem Namen an die Öffentlichkeit ginge, die Missio zu verlieren, also nicht mehr als Religionsprofessor arbeiten zu können.
3., wenn es eine eidesstattliche Erklärung des Josef Hartmann gibt;
4., wenn alle Recherchen, die wir mehr als zwei, fast drei Wochen getätigt haben, alle Recherchen die Seriosität des Josef Hartmann bestätigen. Und wenn Sie zuletzt dann den Kardinal mündlich und schriftlich um Stellungnahme bitten ...

Dr. Lueghammer: Das war eine Alibihandlung.

Czernin: Das war keine Alibihandlung. Wenn Sie sich in unserer Redaktion erkundigen würden, würden Sie folgendes erfahren: dass ich bis Freitag Nachmittag ein Parallel-Cover, Thema Streit um die Schule, habe produzieren lassen, weil ich eine Stellungnahme haben wollte. Als Freitag Nachmittag immer noch keine gekommen ist, sondern nur die Erklärung des Sekretärs des Erzbischofs von Wien, Dipl. Ing. Dinhobl, „es gibt grundsätzlich keine Erklärung", dann hab ich gesagt, okay, dann fahren wir mit dieser Geschichte, wissend, wie schwierig sie ist.

Dr. Lueghammer: Es darf keine Erklärung geben.

Czernin: Was hätten Sie an meiner Stelle gemacht, wenn Sie alle diese Dinge gewusst hätten?

Dr. Lueghammer: Sie berichten ja nicht nur objektiv, Sie machen ja bereits eine Vorverurteilung, wenn Sie den Kardinal der Heuchelei zeihen. Dann kann man das nicht machen, ohne dass der andere überhaupt eine Möglichkeit hat, Stellung zu nehmen.

Czernin: Er hat ja Zeit gehabt, Stellung zu nehmen.

Dr. Lueghammer: Er stand unter dem Beichtgeheimnis.

Czernin: Er steht nicht unter Beichtgeheimnis.

P. Sporschill: Er steht nicht nur unter Beichtgeheimnis, das stimmt, zu so einer Verleumdung kann man nicht Stellung nehmen, ohne... (**Hartmann unterbricht**)

Hartmann: Entschuldigen Sie, haben Sie das Interview im *profil* gelesen?

P. Sporschill: Ja... (**wird niedergeredet**)

Hartmann: Aber dann wissen Sie, dass das Beichtgespräch in diesem Fall missbraucht worden ist. Darum verstehe ich Ihre Argumentation nicht, Herr Doktor. Das kann doch nicht unter das Beichtgeheimnis fallen. Aber mir ist durchaus bewusst, dass ein Vorsitzender der Österreichischen Bischofskonferenz, wenn er solche Vorwürfe hören muss, die absolut wahr sind, wo ich kein Jota und kein Stricherl davon wegnehmen kann, weil es meine persönliche zutiefste Demütigung war in meinem Leben, da können Sie nicht mit dem Argument „Beichtgeheimnis", entschuldigen Sie, das ist ein Verbrechen am Beichtgeheimnis, wenn man einen jungen Menschen im Zuge der Beichtgespräche derartig missbraucht.

P. Sporschill: Wissen Sie, es gibt den Fall, relativ oft, wenn jemand starke Aggressionen hat oder sich von jemandem löst, zu dem man einmal großes Vertrauen hatte, und diese Aggressionen in starke sexuelle Phantasien sich ummünzen. Diesen Fall gibt's mehrfach... (**Hartmann dazwischen, P. Sporschill wird niedergeredet**).

Hartmann: Das weise ich entschieden zurück. Und es ist ja im *Standard* eine Gegendarstellung erschienen.

P. Sporschill: ... und ich möchte ein zweites dazu sagen, das ist ja nicht das erste Mal, das sind bereits Phantasien, die die Wirklichkeit... (wird niedergeredet).
Sie haben eine Aussage gemacht, gegen die man sich nicht wehren kann. Ein Mann in der Position und mit der Verantwortung des Erzbischofs, in seinem Alter von 76 Jahren, kann sich da nicht einlassen, er hat gar keine Möglichkeit, darauf menschlich zu reagieren.
Aber, ein wesentlicher Punkt ist, das haben Sie selber angesprochen, Sie wollten sich mit der Sexualmoral der Kirche auseinandersetzen, auf Grund dieses Bibelzitats.

Hartmann: Mit meiner Geschichte, nicht mit der Sexualmoral der Kirche.

P. Sporschill: Sie haben selbst gesagt „Sexualmoral".

Dr. Lueghammer: Es ist bereits das Wort „Blasphemie" gefallen.

P. Sporschill: Aber, indem man einen Mann fertig macht, von dem ich dazu sagen möchte, dass er nicht nur 50 Jahre Tag und Nacht für die Jugend gearbeitet hat als Lehrer. Ich habe ihn die letzten 10 Jahre erlebt, wo er mit oft in heikelsten sozialen Anliegen, wo es um den Schutz von Schwachen, etwa Straßenkindern, Behinderten ging ... **(wird niedergeredet)**.

Hartmann: Da haben Sie nur die eine Seite von ihm erlebt.

P. Sporschill: Na eben, ich habe n u r die erlebt, und ich möchte auch die 50 Jahre Schulunterricht und die Verantwortung als Erzbischof in die Waagschale werfen, wo Ihre einsame Aussage dasteht, die ich als Verleumdung empfinde ... **(wird unterbrochen)**.

Fischer: Keine einsame Aussage. Das muss ich insofern korrigieren, als heute schon in der Sendung „Freizeichen" mehrere offenbar ehemalige Zöglinge nur telefonisch sich zu Wort gemeldet haben, die wüssten von ähnlichen Vorfällen.

P. Sporschill: Ich habe davon gehört, das sind ja... **(wird niedergeredet)**... waren ja keine... (*wahrscheinlich: „Beweise"*).

Fischer: In der morgigen Presse steht, Sie sagen: Die Kirche besteht aus Menschen, das wollen wir alle. Und jetzt verlangt man plötzlich, dass wir Heilige sind... Heißt das, dass Sie unter Umständen Verständnis dafür haben, wenn so etwas in einem Internat passiert? Kommt es vor?

P. Sporschill: Das kommt sicher vor, die Kirche besteht aus Menschen. Das kommt sicher vor, gar keine Frage. Nur möchte ich dazu sagen, ich möchte jetzt nicht diese Assoziation. Priester zu sein ist ein gefährlicher Beruf, weil man mit Menschen zu tun hat, weil man auf Menschen zugehen muss, weil man Jugendliche gewinnen muss. Und das ist immer gefährlich bis hin zum Missverstand –

Fischer: Missverständnis oder Missbrauch?

P. Sporschill: Es mag beides geben, nur mag ich nicht in diesem Zusammenhang, wo ich absolut auf Grund meiner Erfahrungen den Herrn Kardinal als glaubwürdige Person, der sein Leben hingegeben hat, nicht ein Jahr, sondern 60 Jahre, in diesen 60 Jahren großer Leistungen – und ich kenne viele Schüler, die für ihn sind – steht e i n e solche Aussage, gegen die man sich nicht wehren kann, die ich als Auseinandersetzung mit kirchlicher Sexualmoral empfinde, aber nicht auf dem Weg, indem man einen Mann in dieser Position und mit dieser Qualität fertig macht mit Hilfe des *profil*.

Czernin: Sie halten also den Josef Hartmann, Sie beide, für einen Lügner.

P. Sporschill: Eine Möglichkeit ist, wie ich schon gesagt habe, und die ist nicht so selten, dass Aggressionen, die sind ja auch deutlich da, die mir leid tun und die geheilt werden müssten, **umschlagen in sexuelle Phantasien**, weil damit kann man - das ist ein gutes Beispiel dafür - wirklich jemanden fertig machen, wogegen man sich wirklich nicht wehren kann... (**wird niedergeredet**).

Czernin: Für mich stellt sich die Sache etwas anders dar: Es gibt nicht nur die Aussage des Josef Hartmann und die nicht bekannte Aussage des Erzbischofs Groër, es gibt auch einen Zeugen, der die Vorfälle vor 20 Jahren bestätigt. Wir haben mit diesem Zeugen gesprochen, und der hat uns alles bestätigt, was Josef Hartmann uns vergangene Woche dargestellt hat.

Hartmann: Sie stehen hier für einen Mann ein, den Sie nicht wirklich kennen.

P. Sporschill: Ich möchte wirklich sagen, dass ich schon vor Gericht erlebt habe, wie in ähnlichem Fall ganze Gebäude von Lügen zusammengefallen sind. Das ist ja kein... ich kann's ja nicht, niemand kann's beweisen.

Dr. Lueghammer: Das ist eine fürchterliche Zwickmühle, die gelungen ist, aufzumachen auf ganz geniale Weise. Er kann keine Stellung dazu nehmen, weil er unter Beichtgeheimnis steht, das ist das eine... (**wird niedergeredet**).

Czernin: Das ist kein Beichtgeheimnis.

Hartmann: Kennen Sie dieses Buch (zeigt es: *Das Buch der Schande*).

Fischer: P. Sporschill hat es zugegeben, es gibt offenbar dieses Problem, in Amerika wird das diskutiert seit zwei bis drei Jahren.

Dr. Lueghammer: Das Problem ist, dass auf der einen Seite nicht Stellung genommen werden kann – wir würden uns alle freuen, wenn der Herr Kardinal mit einer klaren Stellungnahme die Sache klären könnte, aber es geht eben nicht.

Hartmann: aus Feigheit.

P. Sporschill: Ich versteh ihn ganz, dass er das nicht macht, denn auf dieses Niveau, in dieser Sache kann er sich nicht einlassen.

Hartmann: Er schickt Sie als sein Vasall vor.

Dr. Lueghammer: Ich bin mitten aus einer Sitzung herausgeholt worden - P. Sporschill wurde **von Bischof Schönborn geschickt, weil er selbst nicht kommen wollte.**

Fischer: Ich wollte noch eine Frage ansprechen: Hängt diese Veröffentlichung mit der Sache - es wurde ja auch heute schon in der Bischofskonferenz angesprochen - hängt diese Frage zusammen - die Frage richte ich auch ans *profil* - hängt diese Frage zusammen mit dem Nachfolgekampf Groër? Das ist ja nichts Neues, der Kardinal wird ja einmal zurücktreten, es wird ein neuer Kardinal kommen. Hängt das ein bissl damit zusammen?

Czernin: Ich halte das also wirklich für das schwachsinnigste Argument -

Fischer: Danke -

Czernin: die von allen bisherigen gefallen sind. So wie ich nicht glaube, dass der Herr Hartmann der Agent des Bischof Krenn oder anderer geistlicher Herren ist, so ist auch nicht *profil* das Werkzeug irgendeiner Interessensgruppe der römisch-katholischen Kirche. Was mich zunehmend zu faszinieren beginnt: dass die Kirche sich genau so verhält wie alle anderen großen Organisationen, wenn sie zugegebenermaßen mit schwerwiegenden Vorwürfen konfrontiert wird. Es wird von Infamie, von Verleumdung gesprochen. Nur auch in allen anderen Fällen, wo es um Parteienpolitik gegangen ist, haben wir - wie auch andere Medien - in 9 von 10 Fällen recht behalten. Und Sie können sicher sein, dass uns die Darstellung der ganzen Geschichte bei Gott nicht leicht gefallen ist. Und ich hab durchaus auch ein Mitgefühl für den Erzbischof von Wien, er ist sicher in einer ganz ganz grauenhaften Situation. Das ändert aber nichts an der Tatsache, dass dieser Fall jetzt restlos aufgeklärt werden muss. Und dazu wird auch der Mithilfe des Herrn Kardinal bedürfen. Weil die Argumente und die Darstellung des Josef Hartmann nicht nur glaubwürdig, sie ist auch bezeugt. Und das sind die besseren Argumente als im Erzbischöflichen Palais zu sitzen und zu schweigen. So geht es auch nicht.

Fischer: Ich muss zur Schlussrunde kommen. Was soll der Kardinal jetzt tun, soll er zurücktreten, soll er dazu Stellung nehmen, soll er an die Öffentlichkeit treten, was soll er tun?

Dr. Lueghammer: Wir wären alle an einer Klärung interessiert. Das Problem ist nur, dass in der Situation hier Schwierigkeiten auftauchen, die nicht bewältigbar sind. So sehe ich keine Möglichkeit. Ich kann nur hoffen, dass der Herr Kardinal eine findet. Ich kann ihm nicht raten.

P. Sporschill: Also ich glaub, der Herr Kardinal kann nur schweigen. Dazu kann man nur schweigen. Ich kann nur hoffen, dass der Weg über der Auseinandersetzung über Themen, die der Herr Hartmann auf den Tisch gelegt hat in Form von Büchern, nicht so funktioniert, dass man Menschen dadurch hetzen muss.

Hartmann: *Das Buch der Schande*, erstes Kapitel, das in Amerika begonnen worden ist zu schreiben über sexuell missbrauchte Kinder, von Priestern missbrauchten Kindern, ist bereits in Österreich geschrieben worden, das erste Kapitel, ich kann nur bestätigen und die Hörer und

Seher bitten, meine authentische Aussage zu lesen, sie ist **von meiner Mutter bezeugt** und sie ist auch, wie mein Chefredakteur gesagt hat, von anderen Menschen auch bezeugt.

Fischer: Was soll der Kardinal jetzt tun?

Hartmann: Er möge endlich sich einem Menschen, der ihm helfen kann, aussprechen. Und glaube auch, dass er - wie Herr Czernin gesagt hat - in einem unglaublichen Konflikt leben muss mit dem Wissen und mit seinem belasteten Gewissen.

Czernin: Ich glaub, dass die Geschichte sich jetzt anders entwickeln wird, unabhängig von der Frage, ob der Kardinal Groër sein Schweigen beenden wird. In Wahrheit wird jetzt eine Diskussion über die Frage der kirchlichen Sexualmoral und all jene Zwänge, die diese katholische Sexualmoral auslöst bei Geistlichen und bei ganz normalen katholischen Gläubigen.

(Zwischenruf: Das ist nicht fair!)

P. Sporschill: Die Verleumdung ist kein Weg, die Sexualmoral der Kirche zu diskutieren.

Czernin: Es ist nur keine Verleumdung.

SAT I, 20.4.95

SCHREINEMAKERS – Hartmann-Interview, mit anderen Geschädigten. Dieser Auszug beschränkt sich auf die Befragung Hartmanns.

Schrein.: Herr Hartmann, gab es in der Zeit, wo es keinen Kontakt mehr gab mit dem Kardinal, einen Menschen, dem Sie das erzählen konnten, was Sie erlebt haben?

Hartmann: Ich habe es andeutungsweise einmal versucht, gegenüber meiner Frau, von der ich jetzt getrennt lebe (geschieden), zu sagen, aber sie hat es in diesem Moment nicht so verstanden, wie ich es verstanden haben wollte. Heutzutage versteht sie es schon besser.

Schrein.: Wieso hat sie das damals nicht verstanden?

Hartmann: Sie konnte sich das einfach nicht vorstellen, weil ich mich damals nicht gewehrt habe gegen diese **Ausnützung**. Und bei mir ist ein besonderer Fall vorgelegen, dass ich keine besondere physische Gewalt erfahren habe in dieser Beziehung, sondern eher einen **ganz subtilen seelischen Druck**, natürlich mit dauernder physischer Annäherung.

Schrein.: Worin hat sich dieser seelische Druck geäußert?

Hartmann: Na ja, ich hätte ja Priester werden **sollen**. Das war die Bestimmung dieses Internats, in dem ich aufgewachsen bin von meinem 9. bis zum 17. Lebensjahr, und er, Groër, setzte seine ganze Persönlichkeit ein, um mich auf diesen Weg zu bringen. Mit eingeschlossen war auch **die Rolle des Geliebten, die er eingenommen** hat.

Schrein.: Wobei doch Körperkontakte, Körpernähe, geschlechtliche Handlungen für Priester einfach überhaupt nicht existieren. Das ist ja für Priester mit einem Tabu belegt, das gibt es nicht, das nennt man Zölibat, ob es nun ein Gleichgeschlechter ist, das andere sowieso, das ist eine sexuelle Handlung, wie gesagt.
Haben Sie sich nie gefragt oder gedacht: Wir tun hier etwas Verbotenes?

Hartmann: Da war als etwas Besonderes meine besondere Situation **von meinem Elternhaus** dazugekommen, dass ich kaum Kontakt hatte zu meinen Eltern und ich in einer besonderen Naivität gelebt habe, da ich **weder vom Internat noch vom Elternhaus aufgeklärt** worden bin, was für einen heutigen Jugendlichen kaum mehr nachvollziehbar, damals vor 20 Jahren noch voll gegeben war. Und das hat er, Groër, auch irgendwie raffiniert auszunützen verstanden, weil er ja gewusst hat, er braucht von meinem Vater nichts zu fürchten, weil er sowieso alles, was von der Kanzel kommt, für bare Münze hält. In dieser Situation hab ich mich dann sozusagen in einer Einbahnstraße bewegt.

Schrein.: Als Sie dann den Knoten zum Platzen gebracht haben in sich, als Sie beschlossen haben, jetzt will ich darüber reden, lag da eine besondere Situation vor, war da ein besonderer Tag?

Hartmann: Ja, es war konkret eine Meldung in einem Nachrichtenmagazin *profil*, in dem der Hirten-Fastenbrief, den er dieses Jahr herausgegeben hat, Groër als Erzbischof, eine Stelle ausgerichtet im Korintherbrief zitiert, die wortwörtlich lautet: „Täuscht euch nicht...", weil er sozusagen das Fass in mir zum Überlaufen gebracht hat, weil er sozusagen mit einem Bibelzitat das Gottesurteil **sozusagen auf sein Haupt herabgerufen** hat.

Schrein.: Nachdem Sie das gemacht haben, haben sich ja noch einige andere gemeldet, die ähnliche Erlebnisse hatten wie Sie. Gibt Ihnen das eine gewisse Befreiung?

Hartmann: Ja. Ich war ja einem besonderen Druck ausgesetzt, weil ich mir sehr wohl bewusst war, es kommt jetzt nur auf dein alleiniges Auftreten in der Öffentlichkeit an. Ich konnte nicht rechnen, dass sich andere melden werden, ich hab natürlich insgeheim gehofft und gebaut, und es war ja ein offenes Geheimnis im Weinviertel, in dieser Umgebung, wo ja Groër seine meisten Jahre verbracht hat, dass er solche Kontakte unterhält. Nur durfte man ja nicht... Die Klugen haben es gewusst, die Blöden waren halt zu blöd, dass sie dies überzogen haben, so auf die Art.

Schrein.: Im Gespräch mit anderen... Wir wollen ja nicht alle in einen Topf werfen.
In einem niederländischen Dorf wurde eine kirchliche Beratungsstelle für sexuell Missbrauchte eingerichtet. Es haben sich angeblich seit den zwei Jahren des Bestehens 300 bis 400 Fälle gemeldet (finde ich sehr grob geschätzt, wie kann man sich gleich um 100 verschätzen!)
4 Millionen DM wurden in Deutschland bisher für missbrauchte Opfer aufgewendet (von Krankenkassen), für Folge-Therapien.
Herr Hartmann, waren Sie in der Lage, ein normales Sexualleben mit Ihrer Frau zu führen, eine normale sexuelle Beziehung zu Ihrer Frau zu haben. Was ja normalerweise sehr unwahrscheinlich ist nach solchen Vorfällen. Oder war das immer überschattet?

Hartmann: Es ist schon natürlich immer ein Schleier über meiner Ehe gelegen. Mich hat das alles sehr stark beeinflusst. Meine Frau hat das natürlich auch gespürt. Sie konnte es natürlich auch nicht nachvollziehen. Sie konnte sich nicht vorstellen. Sie hat mich vom intellektuellen

Niveau bewundert, als Mann. Konnte sich nicht vorstellen, dass ich auf emotionalem Gebiet nicht auch von dieser Qualität bin.
Und ich bin mir jetzt erst bewusst, durch den befreienden Schritt an die Öffentlichkeit ist mir erst bewusst geworden, wie sehr dieser Mann mich in seiner dominanten Aufdringlichkeit in meiner Jugend geknechtet hat und sozusagen die Jugend gestohlen hat und sozusagen jede normale Entwicklung gegenüber dem andern Geschlecht genommen hat.

<u>Schrein.</u>: Empfinden Sie jetzt, wo Sie hören, wo dieser entscheidende Schritt getan wurde, wo Sie hören, dass er nicht mehr sein Amt ausübt, eine gewisse Art von Genugtuung? Oder was sind das für Gefühle in so einem Moment?

<u>Hartmann:</u> Ich denke in diesem Moment an die vielen lieben Menschen, die mir geschrieben haben, die mir Mut zugesprochen haben in dieser Sache, weil ohne die Zuwendung dieser Leute hätte ich das enorme negative Presse-Echo nicht überstanden, auch nicht ohne diese ganz lieben Kollegen in der *profil*-Redaktion, die ich hier jetzt sehr herzlich grüßen möchte.

Christian Zeitz/16.4.2012

Einige Erinnerungen an Kardinal Groer

Mit Kard. Groer hatte ich bis zuletzt Kontakt. U.a. erzählte er mir, dass er wenige Wochen vor dem Ausbruch der Kampagne ein Schreiben von Hartmann bekommen hatte, in dem sich dieser überschwänglich für die Begleitung seines bisherigen Lebensweges und die vielen konkreten (beruflichen) Unterstützungen bedankte. Abschließend hatte er den Kardinal inständig gebeten, ihm eine leitende Stelle im pädagogischen Bereich der Erzdiözese anzuvertrauen, die dort gerade ausgeschrieben worden war. Groer befand, dass Hartmann dafür nicht geeignet gewesen wäre, und entspach der Bitte nicht. Wenige Wochen später ging´s los ...

Der Kardinal beteuerte mir gegenüber ganz klar seine Unschuld. Er litt darunter, dass er von allen Brüdern im Bischofsamt isoliert und von keinem (mit Ausnahme von Krenn und Laun) in seiner "Verbannung" besucht wurde. Auf meine Vorschlag, dass wir doch eine Gegenkampagne machen sollten, antwortete er: "Kurz nach dem Anschluß Österreichs an Hitlerdeutschland traf ich auf der Straße den nachmaligen Caritas-Päsidenten und Prälaten Leopold Ungar (war mit Groer seit Jugendtagen eng befreundet, Anm.). Auf meine Frage, was wir gegen die heraufziehende Katastrophe unternehmen sollen, antwortete Ungar: ´Gar nichts. Denn gegen eine Brandwoge der Irrationalität und gleichzeitigen Bösartigkeit kann man nichts unternehmen. Sie muß sich erst wieder von selbst verziehen.´ So kam es dann auch. In meinem Fall ist es genauso. Die Stimmung des Hasses und des Vernichtungswillens ist nicht anders als unter den Nazis."

Groer erzählte mir ein anderes Mal, daß er im Kardinalskollegium in Rom immer neben einem Mitbruder aus Frankreich zu sitzen kam. Diesem widerfuhr eine ganz ähnliche Geschichte. Nach seiner Verleumdung mußte er abtreten, bekam später (wie Groer) Prostata-Krebs, verstarb daran. Nach seinem Tod widerrief der ursprüngliche Ankläger. Groer sagte: "Bei mir wird es genauso sein. Ich werde bei meiner Rehabilitierung schon tot sein."

Übrigens stand Groer seinem nahenden Ende mit geradezu unglaublichem Gottvertrauen und grandioser Gelassenheit gegenüber. Einmal, als ich wieder mal einen kleinen Energieanfall hatte und in (damals noch jugendlichem) Ungestüm einforderte, dass wir eine Kampagne gegen die Feinde der Kirche in Angriff nehmen sollten, entgegnete er mit einem gütigen Lachen in der Stimme, fast glücklich: "Aber brems Dich doch ein (Er sagte meistens "Du" zu mir, ich selbstverständlich "Sie"). Dafür ist jetzt keine Zeit - ich werde doch bald sterben." Leider hatte er auch damit recht.

Ja, das sind so einige Erinnerungen an den für mich heiligmäßigen Groer, über den Helmut Schüller mir gegenüber einmal (nach der ersten Welle des Angriffes, als er selbst noch nicht daran beteiligt war) sagte, der Kardinal hätte es sicher geschafft, die Diözese zu remissionieren und zu respiritualisieren, wenn man ihn nicht entfernt hätte.

Apropos Schüller. Ich lernte ihn 1988 kennen, als ich einen Arbeitskreis zum Thema "Kirche und Wirtschaft" leitete und ihn einlud. Seine Selbstvorstellung in der Runde widmete er größteils einem bewundernden Lob auf Groer, von dem er sagte, dass er ihm u.a. 80 % seiner theologischen Kenntnisse verdanken würde. "Der Rest auf der Uni war nur Feinschliff." Kein Wort der Kritik oder irgendwelcher Vorwürfe aus der Vergangenheit.

Jahre später, als Schüller maßgeblich an der 2. Welle der Angriffe beteiligt war, luden wir ihn wieder in den Akademikerbund zu einem Referat über die Causa Prima ein. Er faselte das Übliche. Der damalige Akademikerbund-Präsident Ernst Wolfram Marboe (ein ganz übler und pharisäischer Opportunist) bat mich inständig, mich nicht zu Wort zu melden, um das Gastrecht nicht zu verletzen. Nachher, beim Inoffizium im Wirtshaus Schimanko in der Biberstraße, konnte ich mich aber nicht mehr halten. Ich fragte Schüller: "Damals, bei ihrem ersten Besuch im AB, waren Sie voll des Lobes für Groer. Kein Wort der Kritik, kein noch so kleiner Vorbehalt. Was gilt jetzt?" Schüller verlegen: "Na ja, ich weiß nicht ..." Ich: "Haben Sie in der Schulzeit im Freundeskreis irgendwelche Wahrnehmungen gemacht, die auf Mißbrauch hingedeutet hätten?" - "Nein." - "Oder kennen Sie heute irgendjemanden, der damals im Kovikt irgendwelche Wahrnehmungen gemacht hätte?" - "Nein..." Darauf ich (mit ca. 150 Phon): "Und Sie selbst? Haben Sie ihre persönliche moralische Gewißheit schon verdrängt? Oder waren Sie etwa nur nicht sein Typ ...?" Daraufhin schwere Eskalation. Marboe entschuldigte sich kriecherisch. Grimmige Feindschaft zwischen Schüller und mir.

 **BEZIRKSGERICHT FÜNFHAUS**
BEGLAUBIGUNGSABTEILUNG

013 G 166/12v - 1
Gebühr: € 29,00 entrichtet

Die Echtheit der Unterschrift von

- Herr Mag. Christian Zeitz, geboren am 8. Oktober 1958 in Wien, An der Niederhaid 26, 1140 Wien, Österreich

wird bestätigt.

Bezirksgericht Fünfhaus, 16. April 2012

Isabella Vogler

Eidesstättige Erklärung

Ich, KommR. Ing. Wilfried Scherner, geb. 19.02.1937 in Stronsdorf, Landesproduktenhändler in Ruhe, wohnhaft in Illmauerstraße 1, 3851 Kautzen, erkläre hiermit an Eides statt :

Ich war in den Jahren 1947 bis 1952 Schüler des Realgymnasiums in Hollabrunn. Unser Religionslehrer und väterlicher Begleiter für mich und einige andere Mitschüler, die frühzeitig durch die Kriegswirren den Vater verloren haben, war der Priester Dr. Hans Hermann Groer, unser Ansprechpartner mit viel Verständnis für unsere jugendlichen Entwicklungsphasen, der nachmalige Benediktiner Hans Hermann Groer und dann sowohl Erzbischof als auch Kardinal von Wien.

Ich war mit Dr. Hans Hermann Groer persönlich bekannt und hatte sowohl in der Schule, als auch in vielen Freizeitstunden regelmäßigen und engen Kontakt.
Noch Jahrzehnte später konnte sich der damalige Kardinal Groer an mich erinnern und übermittelte mir Grüße.

Während meiner gesamten Schulzeit hatte ich keinerlei unsittliche Annäherungen oder auch nur einschlägige Versuche dazu von Dr. Hans Hermann Groer weder an mir noch an meinen Schulkollegen wahrgenommen,

Mit meiner Unterschrift bestätige ich die Wahrheit dieser eidesstättigen Erklärung.

Raabs an der Thaya, am 12. September 2011

....
Unterschrift

Notarielle Beglaubigung :

Gebühr in Höhe von € 14,30 gem. § 14 TP 13 Gebührengesetz entrichtet.

B.R.Zl.: 551/11

Ich bestätige die Echtheit der Unterschrift des Herrn Ingenieur Wilfried **Scherner**, geboren am 19.02.1937 (neunzehnten Februar neunzehnhundertsiebenunddreißig), Pensionist, Illmauerstraße 1, A-3851 Kautzen. ---------------------
Raabs an der Thaya, am 12.09.2011 (zwölften September zweitausendelf).--------

Mag. Herbert KURZBAUER
öffentlicher Notar

Urkundenrollen-Nr. __328__ /2010

Verhandelt

zu 48712 Gescher am 10. September 2010

Vor dem unterzeichneten Notar

Wilhelm Brefeld

im Bezirk des Oberlandesgerichts Hamm,
mit dem Amtssitz in
Gescher

erschienen heute:

1. Frau Gertrud Dörner geb. Cleef, geboren am 26.09.1942, wohnhaft in 48703 Stadtlohn, Alter Dyk 42 a

2. Herr Reinhard Dörner, geboren am 17.06.1942 wohnhaft in 48703 Stadtlohn, Alter Dyk 42 a

Die Erschienenen sind dem Notar von Person bekannt.

Der Notar hat die Urkundsbeteiligten gefragt, ob der Notar und/oder die in gleicher Kanzlei mit ihm praktizierenden Rechtsanwälte in der Angelegenheit der Urkunde durch anwaltliche oder sonstige Tätigkeit außerhalb der notariellen Amtsführung vorbefaßt waren (§ 3 Abs. 1 Ziff. 7 BeurkG). Dies wurde von den Erschienenen verneint.

Die Erschienenen erklärten, die Richtigkeit der Angaben in dem von ihnen gemeinsam erstellten, nachstehend in dieser Urkunde wiedergegebenen und niedergelegten Gedächtnisprotokoll über das Gespräch mit dem hochw. Herrn Erzbischof em. Exzellenz Dr. Georg Eder von Salzburg vom 10.07.2010 an Eides Statt zu versichern.

Die Erschienenen wurden über die Bedeutung einer eidesstattlichen Versicherung und über die strafrechtlichen Folgen einer vorsätzlich oder fahrlässig abgegebenen falschen Versicherung an Eides Statt belehrt.

Sodann erklärten mir die Erschienenen mit der Bitte um Beurkundung und unter Versicherung der Richtigkeit ihrer Angaben an Eides Statt, was folgt:

Die in unserem Gedächtnisprotokoll über das Gespräch mit dem hochw. Herrn Erzbischof em. Exzellenz Dr. Georg Eder von Salzburg vom 10.07.2010, welches wie folgt in dieser Urkunde wiedergegeben wird:

"Gedächtnisprotokoll
über das Gespräch mit dem hochw. Herrn Erzbischof em., Exzellenz Dr. Georg Eder von Salzburg,
am Samstag, 10. Juli 2010

<u>Beteiligte:</u> S. Exz., Dr. Georg Eder sowie Eheleute Gertrud und Reinhard Dörner, Protokollanten
<u>Ort:</u> Fisching 19 (Wohnort von Dr. Eder), Ortsteil von Mattsee
<u>Zeit:</u> 10.34 - 10.55 Uhr

<u>Vorbemerkung:</u> Mit Schreiben vom 14.06.2010 haben sich die Unterzeichneten um einen Gesprächstermin mit EB Eder bemüht. Dieses Schreiben blieb jedoch unbeantwortet. Durch persönlichen Kontakt erhielten sie die Telefonnummer des EB und riefen schon vor Antritt einer Reise nach Österreich bei ihm an. Die Bitte um einen Gesprächstermin am 5. Juli 2010 wies er ab, da er an Polyneuropathitis leide und am Montag und Dienstag (5. und 6. Juli 2010) auf keinen Fall Besuch empfangen könne. Auf Rückfrage stimmte er zu, daß wir ihn am Ende der entsprechenden Woche besuchen dürften. Beim Telefonat am Donnerstag, 8. Juli 2010, äußerte sich die Haushälterin, der Herr Erzbischof rechne mit unserem Besuch, wir sollten aber am folgenden Tag noch einmal anrufen. Bei diesem Telefonat am Freitag, 9. Juli 2010, war der Herr Erzbischof selbst am Telefon und mit dem Besuch einverstanden, machte aber zur Bedingung, daß es nur ein sehr kurzes Gespräch sein dürfe, was wir zusagten. Es wurde vereinbart, daß wir am folgenden Samstag, 10. Juli 2010, etwa um 11.00 Uhr bei ihm vorsprechen könnten.

<u>Besuchs- und Gesprächsverlauf:</u> Als wir am Grundstückstor klingelten, war der Herr Erzbischof persönlich am Haustelefon und öffnete uns. Die Haushälterin war nicht anwesend. Im Haus wurden wir am Treppenabsatz im 1. Stock von ihm empfangen und in sein Empfangszimmer geführt, wo er

uns Platz nehmen ließ. Dort überreichten wir ihm zunächst als Präsent die von uns herausgegebene Dokumentation zum Religionsunterricht. Der Herr Erzbischof machte einen körperlich sehr schwachen Eindruck, wirkte aber geistig frisch und aufgeschlossen und reagierte auf Fragen oder Einwände absolut korrekt und sinnentsprechend.

Nachdem wir uns bedankt hatten, daß er uns die Möglichkeit gegeben habe, mit ihm zu sprechen, eröffnete er das Gespräch selbst mit der Frage, was er für uns tun könne.
Wir berichteten, daß wir mit Kardinal Hans Hermann Groër befreundet gewesen seien und es unsere Absicht sei, dessen Ehre wieder herzustellen. Wir bezweifelten, daß der Herr Erzbischof mit persönlicher Überzeugung ohne Veranlassung von außen im Februar 1998 seine Unterschrift unter die "Moralische Gewißheit" der Schuld Groërs gesetzt habe. Daraufhin gab er zu, von Kardinal Schönborn (ohne Anstoß unsererseits sofort namentlich!) "massiv unter Druck" (wörtlich!) gesetzt worden zu sein, aber letztlich habe er doch aus persönlicher freier Entscheidung unterschrieben, weil da "doch irgendetwas gewesen sein muß". Gegen seinen Willen hätte er sich nicht zu einer Unterschrift zwingen lassen. Bezüglich "massiven Drucks" nannte er nur den Namen "Schönborn", keine anderen Namen.
Im weiteren Gespräch wiederholte er mehrfach, daß "da sicher irgendetwas war". Nähere Begründungen gab er nicht. Er erwähnte aber im weiteren Gespräch als Beleg für diese Auffassung einen handschriftlichen Brief mit Anklagen gegen Groër, den er gelesen habe. Auf unsere Feststellung, daß es sich wohl um einen Brief von Josef Hartmann gehandelt habe, der für seine Falschaussage nach unserem Kenntnisstand 2 Mill. Schillinge erhielt, fragte Dr. Eder nur nach dem Geldgeber. Als wir "Profil" nannten, gab er dazu keinen Kommentar.
Im weiteren Verlauf des Gespräches erwähnte er wieder seine Erkrankung, an der er jetzt schon 25 Jahre leide. Die Nervenenden würden allmählich absterben. Er bestätigte auf Rückfrage, daß die Krankheit mit großen Schmerzen verbunden sei.
Zum Ausgangsthema zurückgekehrt, erläuterte er seine Haltung zu Groër folgendermaßen: Dieser habe es den Mitbrüdern im Bischofsamt nicht leicht gemacht, obwohl er es doch so einfach gehabt hätte, wenn er nur die vier Worte gesagt hätte: "Es ist nicht wahr!" Dies wiederholte er mehrere Male. Groër habe dies nicht getan, so daß den Bischöfen letztlich nichts anderes übrig geblieben sei, als von seiner Schuld auszugehen. Unserem Einwand, daß Groër alle Anschuldigungen öffentlich als Verleumdungen zurückgewiesen habe, ließ er nicht gelten. Auf unseren Hinweis auf das Buch "Der Wahrheit die Ehre!", in dem diese öffentliche Zurückweisung mit Datum dokumentiert sei, ging er nicht ein und erwiderte: "Das muß ich besser wissen." Als wir anboten, ihm das Buch zu überreichen, merkte er nur an, daß er auf einem Auge blind sei und nur noch mit Lupe lesen könne. Außerdem kenne er das Buch.
Aufgrund mehrfacher Besuche am Grabe Groërs wiesen wir hin auf die zahlenmäßig zunehmenden Danktafeln für Gebetserhörungen. Daraufhin erklärte er, daß die Rehabilitierung Groërs sicher kommen werde, wenn Gott das wolle. So werde sich dann auf diese Weise herausstellen, daß Groër unschuldig gewesen sei. Er selbst lehnte aber jede Aktivität mit dieser Absicht ab. Wenn Gott es so wolle, werde es sich "von selbst" ergeben.
Wir fragten ihn auch, ob er Groër besucht habe, als dieser krank war. Er bestätigte mehrere Besuche bei ihm. Hinsichtlich des Homo-Skandals im Stift Göttweig (Apostolische Visitation 2. März 1998), der zum Austritt vieler Mitglieder führte, berichtete EB Eder, daß Groër ihm selbst gesagt habe, wenn er über alle Kenntnisse interner Vorgänge gesprochen hätte, dann wäre "das Stift in die Luft gegangen". Nach ca. 20 Minuten merkten wir, daß Dr. Eder müde und angestrengt wirkte, so daß wir von uns aus das Gespräch beendeten. Wir baten um seinen Segen, den er uns sofort gab. Noch vor Verlassen des Zimmers erwähnte er uns gegenüber die Legionäre Christi und das Doppelleben ihres Gründers und meinte mit Verweis auf eine Aussage Luthers (Heilige und Sünder zugleich), daß wir immer angefochten seien, ständig kämpfen müßten und der äußere Erfolg nichts aussage über Schuld und Unschuld.

Er verabschiedete sich von uns in seiner Wohnung und begleitete uns die Treppe hinunter in den Garten bis an einen kleinen Teich vor dem Haus. Dort trennten wir uns endgültig.

Stadtlohn, 11. Juli 2010

gez. Gertrud Dörner
gez. Reinhard Dörner"

enthaltenen Angaben, insbesondere die Äußerungen des hochw. Herrn Erzbischof em. Exzellenz Dr. Georg Eder von Salzburg sind von uns vollständig und richtig wiedergegeben.

Die Erschienenen erbitten für ihre Unterlagen jeweils eine Ausfertigung dieser Urkunde.
Die Kosten dieser Urkunde tragen die Erschienenen als Gesamtschuldner.

Das Protokoll wurde den Erschienenen vorgelesen, von ihnen genehmigt und wie folgt eigenhändig unterschrieben:

Beileidstelegramm Papst Johannes Pauls II. zum Tod von Kardinal Hans Herrmann Gröer OSB
An den Erzbischof von Wien Kardinal Christoph Schönborn OP

VATIKAN, 21. März 2003 (ZENIT.org).- Nachdem er die Nachricht vom Tod des emeritierten Erzbischofs von Wien, Kardinal Hans Herrmann Gröer in der Nacht von Sonntag auf Montag erfahren hatte, hat Papst Johannes Paul II. an den Erzbischof von Wien Kardinal Christoph Schönborn OP ein Beileidstelegramm geschickt. Wir veröffentlichen den Wortlaut.

Seiner Eminenz
Hochwürdigstem Herrn Kardinal Christoph Schönborn OP
Erzbischof von Wien
Erzbischöfliches Palais
Rotenturmstr. 2
A-1010 Wien

Mit Trauer habe ich die Nachricht vom Heimgang Ihres Vorgängers im Amt des Erzbischofs von Wien, des hochwürdigsten Herrn Kardinals Hans Hermann Gröer OSB aufgenommen. Mit großer Liebe zu Christus und seiner Kirche hat er in Treue zum Nachfolger Petri das Erzbistum Wien von 1986 bis 1995 unter dem Motto „in verbo autem tuo" geleitet und stand auch einige Jahre an der Spitze der Österreichischen Bischofkonferenz. In den letzten Jahren, die er zurückgezogen verbrachte, war er von Krankheit gezeichnet. Indem ich Ihnen versichere, dass ich betend am Gedenken, das die Erzdiözese Wien ihrem früheren Oberhirten schenkt, Anteil nehme, empfehle ich ihn dem Herrn, dem er sein Leben übereignet hatte. Möge ihm der ewige Lohn zuteil werden, den der Herr selbst seinen treuen Dienern verheißen hat. Auf die Fürsprache Mariens, der Mutter der Priester, erteile ich allen, die um den Verstorbenen trauern, als Unterpfand reichen göttlichen Trostes den Apostolischen Segen.

IOANNES PAULUS PP. II

[Originalsprache: Deutsch]

ZG03032403

*In verbo autem tuo
Auf Dein Wort hin
(Lukas 5,5)*

Als Erzbischof von Wien gebe ich gemeinsam mit dem
Metropolitan- und Domkapitel zum hl. Stephan in tiefer Betroffenheit Nachricht, dass

Hans Hermann Kardinal Groër

Doktor der Theologie
emeritierter Erzbischof von Wien

nach langem, geduldig ertragenem Leiden am Montag, dem 24. März 2003,
friedlich im Herrn entschlafen ist.

Geboren am 13. Oktober 1919 in Wien, von Kardinal Theodor Innitzer am 12. April 1942 in Wien zum Priester geweiht, war er zunächst Seelsorger in Petronell und Bad Vöslau. Ab 1946 war er als Religionslehrer an Hollabrunner Schulen und als Studienpräfekt am Seminar Hollabrunn tätig, 1949 promovierte er zum Doktor der Theologie. 1970 wurde er von Kardinal Franz König zum Wallfahrtsdirektor in Maria Roggendorf ernannt. 1974 erfolgte die Ernennung zum Direktor des von ihm initiierten Aufbaugymnasiums Hollabrunn, im selben Jahr trat er in das Benediktinerstift Göttweig ein und nahm den Ordensnamen P. Hermann an, die feierliche Profess legte er am 8. September 1980 ab. Am 15. Juli 1986 berief ihn Papst Johannes Paul II. zum Erzbischof von Wien, am 14. September 1986 wurde er im Stephansdom zum Bischof geweiht. Am 28. Juni 1988 überreichte der Heilige Vater ihm das Kardinals-Insignien. Am 13. März 1989 wählten ihn die österreichischen Bischöfe zum Vorsitzenden der Bischofskonferenz. Am 14. September 1995 trat er in den Ruhestand.

Kardinal Groër wollte den Menschen das Evangelium bringen, überzeugt, dass der Dienst des Priesters und Bischofs wegen der menschlichen Schwäche nicht aus eigener Kraft, sondern nur in der Kraft Gottes gelingen kann. In dieser Gewissheit ging er seinen vom Kreuz Christi gezeichneten Weg bis zuletzt.

Als Bundeskurat der „Pfadfinderinnen St. Georg" und geistlicher Leiter der „Legion Mariens" in Österreich ging es ihm um die Verantwortung des Laien in der Kirche, die er immer mit der spirituellen Vertiefung zusammensehen wollte. Geistliche Erneuerung war auch das Ziel der „Wallfahrt für die Kirche", die er zunächst in Maria Roggendorf verwirklichte und die heute eine europaweite Bewegung geworden ist. Die Sorge um die geistlichen Berufungen ließ ihn zum Gründer mehrerer Klöster werden. Um die Einheit der Diözese zu wahren, machte er sich den Vorschlag eines Diözesanforums zu eigen. Tief geprägt von der Spiritualität des heiligen Louis-Marie Grignion de Montfort, suchte er im Glauben zu leben und anderen im gleichen Bemühen zu helfen, Maria den Menschen nahe zu bringen und die Liebe zu ihr zu mehren.

Am nächsten Herz-Jesu-Freitag, dem 4. April 2003, um 19 Uhr, werden wir im Stephansdom die heilige Messe für die Verstorbenen feiern.

Was an ihm sterblich war, wird am Donnerstag, 3. April, von 16 bis 20 Uhr, und am Freitag, 4. April, von 9 bis 20 Uhr, in der Klosterkirche von Marienfeld aufgebahrt. Am Samstag, dem 5. April, erfolgt die Aufbahrung in der Wallfahrtsbasilika von Maria Roggendorf ab 8 Uhr. Um 16 Uhr feiern wir ebenda das Requiem, gefolgt von der Beisetzung in dem von ihm gegründeten Zisterzienserinnenkloster Marienfeld, wo er auch die letzten Lebensjahre verbracht hat.

Im Vertrauen auf die Barmherzigkeit Gottes und die Fürsprache der Gottesmutter Maria bitten um das Gedenken im Gebet

Christoph Kardinal Schönborn
Erzbischof von Wien

Das Metropolitan- und Domkapitel zum hl. Stephan

Literaturverzeichnis

Adamowsky, Natascha /Peter Matussek: Formen des Auslassens. Ein Experiment zur kulturwissenschaftlichen Essayistik. In: Dies. (Hg.): [Auslassungen] Leerstellen als Movens der Kulturwissenschaft. Würzburg 2004 (Verlag Königshausen & Neumann), 13-28.

Barkhoff, Jürgen: „Ein reizender Gegenstand für Pantoffelministranten". Zur Einnistung des Sexualfetisch in den Leerstellen des Diskurses. In: Adamowsky, Natascha/Peter Matussek (Hg.): [Auslassungen] Leerstellen als Movens der Kulturwissenschaft. Würzburg 2004 (Verlag Königshausen & Neumann), 101-108.

Beckmann, Jürgen: Kognitive Dissonanz. Eine handlungstheoretische Perspektive. Lehr- und Forschungstexte Psychologie. Berlin/Heidelberg/New York/Tokio 1984 (Springer-Verlag).

Butterweck, Hellmut: Österreichs Kardinäle. Von Anton Gruscha bis Christoph Schönborn. Wien 2000 (Ueberreuter).

Czernin, Hubertus: Das Buch Groër. Eine Kirchenchronik. Klagenfurt 1998 (Wieser).

DUDEN. Deutsches Universalwörterbuch. Herausgegeben und bearbeitet vom Wissenschaftlichen Rat und den Mitarbeitern der Dudenredaktion unter der Leitung von Günther Drosdowski. 2., völlig neu bearbeitete und stark erweiterte Auflage. Mannheim/Wien/Zürich (Dudenverlag) 1989.

Eckard, Rolf: Symboltheorien. Berlin 2006 (De Gruyter).

Fux, Ildefons M. OSB: Zum Altare Gottes will ich treten. Hans Groërs Weg zum Priestertum. Gottgeweiht (Zeitschrift zu Vertiefung geistlichen Lebens), Beiheft 15. Wien 2011.

Fux, Ildefons M. OSB: Die Hollabrunner Jahre. Hans Groër als Professor, Jugendseelsorger und Pfarrprovisor. Gottgeweiht (Zeitschrift zu Vertiefung geistlichen Lebens), Beiheft 16. Wien 2011.

Iser, Wolfgang: Der Akt des Lesens. 2. Auflage. München 1984 (Fink Verlag, UTB 636).

Kaspar, Peter Paul: Das Schweigen des Kardinals und das Begehren des Kirchenvolks. Wien 1995 (Kulturverlag).
(*Kurz*: Das Schweigen des Kardinals)

Krätzl, Helmut: Mein Leben für eine Kirche, die den Menschen dient. 2. Auflage. Innsbruck (Tyrolia) 2011.
(*Kurz*: Mein Leben für eine Kirche)

Kurz, Gerhard: Metapher, Allegorie, Symbol. 4. Auflage. Göttingen 1997 (Kleine Vandenhoeck Reihe 1486).

Lurker, Manfred: Wörterbuch der Symbolik. Stuttgart 1991 (Kröner Verlag).

METZLER LITERATURLEXIKON. Herausgegeben von Günther und Irmgard Schweikle. 2. überarbeitete Auflage. Stuttgart (Metzlersche Verlagsbuchhandlung) 1990.

Mörsdorf, Klaus: Lehrbuch des Kirchenrechts auf Grund des Codex Iuris Canonici. 11. [verbesserte und vermehrte] Auflage. Paderborn/München/Wien/Zürich (Verlag Ferdinand Schöningh) 1979.

Planyasvky, Peter: Gerettet vom Stephansdom. Wien-Klosterneuburg 2007 (Edition Vabene).

Tavris, Carol/Elliot Aronson: Ich habe recht, auch wenn ich mich irre. Warum wir fragwürdige Überzeugungen, schlechte Entscheidungen und verletzendes Handeln rechtfertigen. München

2010 (Riemann Verlag). Übersetzung der amerikanischen Originalausgabe (2007): „Mistakes Were Made (but not by me)".

Rabelbauer, Béla: Der Vatikan ohne Maske. Eigenverlag 2000.

Waldvogel-Frei, Bruno: Das Lächeln des Dalai Lama... und was dahinter steckt. 2. Auflage. Witten 2008 (SCM-Verlag).

Waste, Gabriele: Die Kirche als Gefangene der Medien und ihrer eigenen Hierarchie. In: Reinhard Dörner (Hg.): Der Wahrheit die Ehre! Der Skandal von St. Pölten. Norderstedt 2008 (Kardinal-von-Galen-Kreis e.V.), 11-116.
(*Kurz*: Die Kirche als Gefangene)

Winkler, Gerhard G: Die katholische Kirche in Österreich von 1986 bis 2005. In: Jan Mikrut (Hg.): Die katholische Kirche in Mitteleuropa nach 1945 bis zur Gegenwart. Wien 2006 (Dom Verlag), 193-226.
(*Kurz*: Die katholische Kirche in Österreich)

Zinke, Flavia: Meine Erinnerungen an Hans Hermann Kardinal Groër.

Nachwort

In Verbo autem tuo (Lk 5,5)

Dem Vernehmen nach hat sich P. Hans Hermann Groër drei Tage Bedenkzeit ausgebeten, bevor er 1986 die Ernennung zum Erzbischof von Wien annahm. Zwei Dinge werfen ein bezeichnendes Licht auf dieses Verhalten: einmal das Weihedatum, 14. September, Fest Kreuzerhöhung, zum andern sein Wahlspruch, der zurückgeht auf die obige Lukasstelle: „Meister, wir haben die ganze Nacht gearbeitet und nichts gefangen. **Aber auf Dein Wort hin** will ich die Netze auswerfen."

Es steht außer Zweifel, dass er sich der Schwere der Verantwortung bewusst war und sie im Gehorsam auf sich genommen hat. Tatsächlich fing ja die mediale Hetze gegen ihn schon kurz nach seiner Ernennung an und steigerte sich im Laufe der Jahre in einer Weise, die letztlich zu einer Art „sozialem Mord" führte.

Hier war regelrecht eine Rufmord-Mafia am Werke. Man gewinnt den Eindruck, als ob das federführende Sensationsblatt *profil* jahrelang nach einer geeigneten Person gesucht hätte, die als erste den Dolch zum „Meuchelmord" ziehen würde. EB Kardinal Groër war immerhin seit 1986 im Amt, bevor der „Kronzeuge" 1995 mit seiner Anklage an die Öffentlichkeit trat.

Besonders verhängnisvoll wirkt sich aber die konzertierte Aktion zwischen antikirchlichen Medien und kircheninternen Zuträgern aus.

Nach anfänglichen Äußerungen scheinbar zugunsten des Geschmähten verwandelte sich die demonstrativ zur Schau gestellte „Loyalität" mit dem Vorsitzenden der Österreichischen Bischofskonferenz und Mitbruder in Verdächtigungen und letztlich in Vorverurteilung gegen ihn. Die wiederholt von ihm eingeforderte öffentliche Stellungnahme durch Medien und Mitbischöfe erreichte ihren Höhepunkt in der für Groër vernichtenden Erklärung Schönborns, Eders, Kapellaris und Webers, sie seien nun zu der „moralischen Gewissheit" gelangt, dass die Vorwürfe gegen ihn „im wesentlichen" zutreffen, eine Behauptung ohne jeden juristischen Nachweis! Auf welchen Einfluss und auf wessen Druck diese Erklärung zurückgeht, erläuterte EB em. Dr. Eder dem Ehepaar Dörner anlässlich eines Besuches bei ihm im Juli 2010, wie in der eidesstattlichen Erklärung des Ehepaars Dörner niedergelegt, die EB Eder selbstverständlich als Kopie zugestellt wurde und der er nie widersprach.

Der einzige Bischof, der loyal zu Groër hielt, war sein früherer Weihbischof und späterer Diözesanbischof von St. Pölten, Dr. Kurt Krenn, was diesen nach Groërs Tod als nächstem sein Amt als Diözesanbischof kostete durch mediales kombiniert mit kircheninternem Mobbing. (s. im Literaturverzeichnis: „Der Wahrheit die Ehre! Der Skandal von St. Pölten")

Die widersprüchlichste Rolle in den Vorgängen um das Entfernen des Erzbischofs von Wien aus seinem Amt spielt offensichtlich der Haupt-Ankläger und als einziger namhaft gemachte „Belastungszeuge" von *profil*, Groërs ehemaliger Schüler Josef Hartmann. Wer die von Frau Mag. Sonja Mund erstellte Nachschrift der verschiedenen Äußerungen Hartmanns über Groër als Dokumentation liest, kann schwerlich zu einem anderen Urteil kommen. Noch deutlicher werden die Widersprüche in Hartmanns Äußerungen, wenn man zur Kenntnis nimmt, was Hartmann ursprünglich über Groër gesagt hat, während er später Groër für seine - Hartmanns - negative Entwicklung verantwortlich macht, nachzulesen im Leserbrief in der Kronenzeitung und der Stellungnahme der Chefredaktion.

Die Familie Hartmanns muss über alles sehr unglücklich gewesen sein. Der Kardinal selbst erzählte uns nach seiner Rückkehr aus dem „Exil" in der Nähe von Dresden anlässlich eines Besuches unserer Familie in Marienfeld, dass Hartmanns Bruder ihn „auf Knien um Verzeihung gebeten" habe.

Weiter äußerte Groër in diesen Gesprächen über seine Wirkmöglichkeiten als Erzbischof von Wien wörtlich: „Meine Weihbischöfe haben von Anfang an gegen mich gearbeitet." Diese Aussage nehmen wir auf unseren Eid. Die gesamte Aktion gegen Groër kann man nur als das qualifizieren, was sie war: eine Schlammschlacht gegen einen verdienstvollen treu-gläubig katholischen Seelsorger.

Möge dieses Buch zehn Jahre nach seinem Tod und 18 Jahre nach Beginn des Rufmordes gegen ihn der Anfang der verdienten Rehabilitierung sein! Die Art und Weise aber, wie man zuletzt jedoch verhinderte, daß der Eisenstädter Bischof die Messe zum „Hochfest der Verkündigung" mit dem Gedenken an den vor zehn Jahren verstorbenen Kardinal Groër verbinden und im Kloster Marienfeld eine Gedenkmesse an ihn feiern konnte, zeigt, wie gründlich die Verleumdung immer noch die Köpfe beherrrscht.

Gott sei Dank, dass die „himmlische" Rehabilitierung schon im vollen Gange ist, wie die Danktafeln an seinem Grabe bezeugen! Möge er allen auf vergleichbare Weise verleumdeten Priestern Helfer und Vorbild sein!

Gelobt sei Jesus Christus durch seinen Diener Hans Hermann!

24. Mai 2013, Gedenktag Maria, Hilfe der Christen

Kardinal-von-Galen-Kreis e.V., Reinhard Dörner

www.ingramcontent.com/pod-product-compliance
Lightning Source LLC
Chambersburg PA
CBHW032129160426
43197CB00008B/569